지금에서야 한국인이 왜 한(恨)과 신(神)이 많고, 그것이 역사적으로 때로는 긍정적으로, 때로는 부정적으로 작용하는지에 대해 설명할 수 있을 것 같다고 지은이는 말한다. 한국인의 집단무의식에는 '위대한 어머니'가 있다. 위대한 어머니는 한국인으로 하여금 자연친화적이고 평화적인 삶을 지향하게 한다.

박정진의 소리철학  근현대 철학을 추월하는 철학적 ~~~~ 은 철학적 자아와 역사적 자아 ~~~~ 것을 기대할 정도로 지은이에가 ~~~~ 저술한 100여 권의 정기신(精氣神)이 녹아 있다고 할 수 있다.

지금 한국은 아시아·태평양 시대를 맞아 한류(韓流)를 이끌어 내면서 문화 여러 분야에서 세계적인 두각을 나타내고 있다. 이제 '한국적인 것이 세계적인 것'이 될 날이 머지않았다. 한국은 예부터 가무(歌舞)의 나라였다. 그만큼 한국인은 심정과 정감에 의해 살아가는 나라이다.

지금 정감의 문화는 산업화의 바로미터인 자동차 산업에 이어 정보화 사회의 전기전자 산업, 스마트폰, 인터넷 등에서 타의 추종을 불허하고 있다. 프랑스의 사회철학자이면서 미래학자인 기 소르망은 한국이 세계 최고의 나라가 될 것을 점치고 있다. 그러나 세계 최고의 나라가 되기 위해서는 그것을 뒷받침하는 자생철학이 필요하다. 이 책은 한국 자생철학의 탄생에 적극적으로 부응한 소산이다.

박정진의 소리철학 4부작

1권 철학의 선물 선물의 철학
　　신국판 반양장/1,004쪽/40,000원

2권 소리의 철학 포노로지
　　신국판 반양장/648쪽/30,000원

3권 빛의 철학 소리철학
　　46판 양장/360쪽/15,000원

4권 니체야 놀자-超人이 道人을 만났을 때
　　46판 양장/404쪽/15,000원

빛의 철학 소리철학

박정진

소나무

빛의 철학 소리철학

초판 발행일 | 2013년 7월 20일
지은이 | 박정진
펴낸이 | 유재현
편집교정 | 온현정 이윤미
마케팅 | 장만
디자인 | 박정미
인쇄제본 | 영신사
종이 | 한서지업사

펴낸곳 | 소나무
등록 | 1987년 12월 12일 제2013-000063호
주소 | 412-190 경기도 고양시 덕양구 현천동 121-6
전화 | 02-375-5784
팩스 | 02-375-5789
전자우편 | sonamoopub@empas.com
전자집 | www.sonamoobook.co.kr

이 도서의 국립중앙도서관 출판시도서목록(CIP)은 서지정보유통지원시스템 홈페이지(http://seoji.nl.go.kr)와 국가자료공동목록시스템(http://www.nl.go.kr/kolisnet)에서 이용하실 수 있습니다.(CIP제어번호: CIP2013011253)

ISBN 978-89-7139-086-3　03100
책값 15,000원

빛의 철학 소리철학

이 책을 가난한 선비의 아내로 꿋꿋이 현명하게 살아온 아내 우경옥(禹敬玉)님에게
바친다.

서문

철학한다는 것이 무엇일까? 지난해 필자의 철학적 사유를 종합한 『철학의 선물 선물의 철학』과 『소리의 철학 포노로지』를 펴냈다. 그 뒤 필자는 좀 더 쉽게 일반에게 다가갈 수 있는 길을 모색하던 중, 일상이나 생활 주변에서부터 철학하는 힘이 발현되어야 우리의 미래를 바꿀 수 있다고 확신하게 되었다. 이번에 발표하는 두 책은 그러한 노력의 결실이다.

구미의 철학은 그들의 생활과 밀접한 관련이 있고, 철학이 생활에서부터 출발한 게 사실이다. 말하자면 그들은 생활 자체도 그들의 철학과 같은 레벨에서 움직이고 있다.

독일 사람들은 평소에도 관념적이고 이데아에 관심이 많고, 프랑스 사람들은 평소에도 이성적이고 텍스트에 관심이 많다. 영국 사람들은 평소에 매우 경험적이고 귀납적인 사고를 좋아한다. 그래서 그들의 철학은 생활과 떼려야 뗄 수가 없다.

그러나 우리는 그렇지 않다. 아직 우리의 생활에서 우러나온 철학을 가지고 있지 않기 때문이다. 우리가 신봉하고 있는 철학이라는 것이 살고 있는 환경이나 시절에 맞지 않거나 억지춘향 격으로 혹은 도그마로서 우상화되고 그것에 사대할 뿐이다.

우리의 생활 리듬에 맞고, 함께 호흡하고, 함께 소통되는 물심일체의 철학은 불가능한 것일까? 우리는 근대 철학이라고 하면 으레 칸트나 니체를 떠올리고, 좀 더 철학에 관심이 있는 사람이면 하이데거나 데리다를 떠올린다. 이들은 모두 서양의 이름난 철학자들이다.

결국 우리의 근대 철학은 수입 철학이었고, 그 철학마저도 소화하기에 급급했던 게 사실이다. 심지어 어떤 철학자들은 그렇게 수입 철학을 배우고 이해하는 게 으레 철학의 본령인 줄 착각하기도 한다. 참으로 체질화되고만 사대적 발상이라고 하지 않을 수 없다.

이제 한국도 그런 수입 철학에 의존해서 삶을 논하고 의미를 찾는 수준에서 벗어나야 할 때가 되었다. 그래서 우리의 삶에서 출발하고 우리의 전통에서 우러나오는 철학, 그러면서도 서양의 철학자들과도 같은 레벨에서 논의가 가능한 철학을 탄생시켜야 할 때가 된 셈이다.

고대 동양의 한자 문화권에서는 천지인 사상이나 태극 음양 사상을 중심으로 삶을 영위해왔다. 하지만 천지인 사상이나 태극 음양 사상은 딱히 한국의 철학이라고 소유권을 주장할 수가 없다.

또 공자의 유교 철학이나 노장 철학, 불교 철학, 그리고 주자학 등은 아무리 그것을 정교화 했다고 하더라고 국제적으로 한국 철학이라고 말할 수는 없다. 우리의 오리지낼리티를 주장할 수 있는 철학은 아니라는 말이다.

더욱이 근대 철학은 철학자 개인의 이름이 붙는 철학이다. 아직 한국인의 이름이 붙은 철학을 구경할 수가 없었다. 한국의 국제적 위상이 점차 높아지고, 인류 문화의 여러 분야에서 한국인의 참여와 개입이 늘어나고 있는 요즘, 철학이 이러한 움직임에 아무런 반응을 하지 않는다는 것은 참으로 부끄러운 일이다.

결국 한국이 선진국 대열에 들어서려면, 자신의 철학으로 자신을 주장하고, 말하고, 삶의 의미를 찾을 수 있는 철학적 여건이 구비되어야만 한다. 여기에 한국인 모두와 한국의 철학자 제현의 분발이 요구되는 것이다.

국내에서 누가 서구의 철학을 잘 이해하고 있는가를 따지면서 철학적 키 재기를 하고 철학의 유능 정도를 겨루는 것은 참으로 골목대장식의 사대적·식민주의적 철학의 나쁜 버릇이다.

우리의 생활 깊숙이에서 우러나오면서, 삶의 여러 부면을 소통시키고, 우리를 국제 사회의 철학적 선진국의 일원으로 가입하게 해줄 철학이 없을까, 아니면 그것이 불가능한 것일까를 생각하면서 내놓는 책이 『빛의 철학 소리철학』, 『니체야 놀자』이다. 이번에 세상에 내놓는 책은 '소리철학' 제 3탄, 4탄인 셈이다.

이번 책의 특징은 한국에서 살았으면 으레 아! 그렇지! 그래! 라고 수긍할 수 있는 내용들로 가득 차 있다. 철학의 길고 지루한 글쓰기를 지양하고, 철학적 주제들을 200여 주제로 잘라서 바쁜 시간 중에도 틈틈이 읽을 수 있게 구성했다. 말하자면 원의 어떤 둘레에서도 중심에 도달할 수 있게 했다.

독자들은 어느 지점(어느 항목)에서 출발하더라도 소리철학의 중심에 도달하게 된다. 절묘하게도 소리철학은 동양의 '공(空)의 철학', 혹은 '허(虛)의 철학'의 전통 위에 있을 뿐만 아니라 서양의 하이데거의 존재론이나 데리다의 문자학을 앞지르는 철학이다.

그동안 소리를 물리 현상으로 연구한 책은 있고, 언어학에서 음성학이나 음운론 연구가 있긴 하지만 '소리'를 정면에서 철학적 주제로 설정한 철학은 없었다.

한국의 전통 문화 속에서 살아온 필자가 소리철학을 연구하게 된 것은 그야말로 한자 문화권(표의문자) 속의 한글 문화권(표음문자) 출신이기에 가능한 문화적 기회였고, 자연의 선물과도 같은 것이었다.

소리철학은 세계적으로 유행하고 있는 후기 근대의 '해체 철학'과 동양적 '빔의 철학', '여백의 철학', '기운생동(氣運生動)의 철학'과 맥락을 같이하고 있다.

지난해에 시중에 선보인 두 책은 200자 원고지 1만 장 분량으로 어쩌면 한국인으로서 세계적 보편성에 처음 도전한 것인지도 모른다. 그런데 역설적이게도 그 철학은 '일반성'과 '소리'를 주장하는 일반성의 철학이었다. 일반성은 내포하지 않는 것이 없고, 소리는 잠재되어 있지 않은 곳이 없다는 점에서 내재성이다. 이것은 또한 기(氣)이기도 하다.

인위(人爲)와 자연(自然)은 언제나 철학의 주요 주제였다. 인위는 일부러 '하는 것'이고 자연은 저절로 '되는 것'이다. 그런데 인간은 인위적 존재이면서 동시에 자연적 존재이다. 인간의 문명이 아무리 발전한다고 해도 자연적 존재로 태어난 것을 버릴 수 없을 것이다. 인간은 결국 자연적 존재이기 때문에 자연으로 돌아갈 수밖에 없다.

바로 여기에 문제가 있다. 이 이중성과 애매모호성 때문에 철학은 복잡하다. 그동안 서양 철학은 이중성을 대립시키고 구분해서 '과학의 철학=등식의 철학'을 완성했다. 그런데 사물을 대상화한 인간은 스스로 남(사물과 타자)으로부터 대상화되는 소외에 빠졌고, 서양 철학은 마르크시즘을 반환점으로 종래의 이성 중심주의 철학을 해체하는 철학적 대전환을 맞았다.

그런데 이즈음 그동안 힘을 못 썼던 동양의 천지인 사상과 음양 사상 등 상징 철학들이 다시 제 때를 만났고, 철학 시장이 활기를 띠는 데에 일조를 하게 되었다. 큰 맥락에서 보면 필자의 '소리철학'도 그러한 철학적 풍류 혹은 유행을 타는 셈이다.

한국 근대 철학의 기초를 다진 박종홍(朴鍾鴻) 선생은 우리의 전통철학과 동양 철학, 그리고 자생 철학인 동학(東學) 등 동서고금의 철학을 섭렵하는 한편 서양의 최첨단 철학이었던 하이데거의 존재론 철학을 국내에 처음으로 도입한 인물이다.

음으로 양으로 그런 선구자적인 인물들이 있기에 오늘날 필자의 소리철학이 탄생한 것 같다. 참으로 선배제현들의 노고에 감사를 표하지 않을 수 없다. 출퇴근길 지하철에서, 혹은 여가 중에, 혹은 바쁜 비즈니스 중에도 짬을 내서 읽어주었으면 하는 바람이다.

어려운 출판 환경에도 불구하고 어렵고 부피가 큰 책들을 세상에서 빛 보게 해준 소나무출판사 여러분에게 감사를 드린다.

바라건대, 이 책이 시장의 반응을 받아서 철학하는 분위기가 우리 사회 전반에 퍼졌으면 하는 바람이다. 의식주 생활은 과거보다 향상되었다고 하지만 인문적·교양적 지혜가 부족한 탓인지, 삶의 여러 지표를 보면 우리 사회가 '행복한 사회'는 아니라는 생각이 든다. 보다 많은 다수가 행복한 사회가 되기를 바란다.

철학에도 완성은 없다. 철학은 시작도 없고, 끝도 없다. 세상 만물이 유전하는 것이고 보면 그저 과정적 존재로서 부단히 나아갈 뿐이다.

한 가지 독자들에게 분명히 밝히고 싶은 것은 시종일관 한국인으로서 철학을 한다는 자세를 견지했다는 점이다. 혹자는 말할 것이다. 보편성을 추구하는 철학에 한국인이라는 특수성이 무엇 필요하냐고? 바로 거기에 한국 철학의 맹점이 있다.

이 책이 우리의 철학적 질곡을 벗어나는 데 일조했으면 하는 바람이다. 대한민국의 웅비를 기대한다.

끝으로『소리철학』을 읽고 누구보다도 감동을 전하면서 우리 시대의 청담(淸談)을 논하자고 제안하고 이 책의 제목을 결정하는 데 도움을 준 위진(魏晉) 현학(玄學)의 대가 나석(羅石) 손병철(孫炳哲) 박사와 옥광(玉光) 이달희(李達熙) 시인에게도 감사를 드린다.

2013년 7월
경기도 남양주에서 心中 박정진 씀

차례

앎의 철학, 삶의 철학: 기(氣), 일반성, 소리

　우주 및 세계의 본질은 무엇일까? 지금까지 인간의 머리로 만들어 낸 개념으로는 도대체 알 수가 없다. 그렇다면 그것은 개념으로는 도저히 알아낼 수 없는 존재인가? 신도 아니고, 정신도 아니고, 물질도 아니고, 원자도 아니고, 그보다 아주 작은 '질량 없는 끈의 진동'도 아니다. 개념으로 성립하는 어떤 것도 궁극적 존재가 아니다.

　그렇다면 개념의 밖에 그것이 있다고 할 수밖에 없다. 개념으로 잡을 수 없는 그것은 음악이나 소리의 박동(파동, 박자)이나 리듬 같은 것일 수밖에 없다. 그것은 주체나 정체성을 가진 개념의 명사가 아니라 움직이는 동사의 형태이면서 의미가 없는 것이어야 한다. 그렇다면 음악보다는 소리이다.

　개념이나 의미가 없는, 비어 있는 움직이는 것, 무한소(無限小)의 존재를 기(氣)라고 하면 어떨까? 그리고 기의 궁극을 기소(氣疎)라고 해두자. 기소는 결코 개념으로 잡을 수 없는, 스스로 흩어짐으로써 기산(氣散)한다는 의미에서 기소이다. 따라서 기소는 개념이 아니기 때문에 보편성이 될 수가 없다.

　기 혹은 기소는 보편성의 비대칭에 있는(개별성과 대칭에 있는) 일반성과 하나가 된다. 보편성에서 특수성과 개별성을 지나 보편성의 크로스(cross) 위치에 있게 된다. 기소는 궁극적 소통(疎通)을 내포하고 있다. 비어 있어야 소통된다는 함의가 있다. 기소는 존재의 본질이다. 소통이 존재의 본질이다. '기소= 소통= 공(空)= 존재의 본질= 소리'는 철학의 새로운 출구가 될 수 있다.

세계는 보편성과 일반성이라는 하나의 비대칭 속에 수많은 대칭으로 있게 된다. 기를 개념이 아닌 것으로 가장 설명하기에 적합한 것이 소리(phone)이다. 소리는 또 잡을 수 없지만 동시에 추상이 아니고 구체이기 때문에 사물의 전체성을 은유하기에 적합하다. 사물의 전체성은 환유하면 바로 그것이 절대성이 된다. 그 절대성은 절대리(絶對理)이다. 소리는 이(理)의 도움을 받지 않고 기(氣)를 표현할 수 있다. 그래서 '기 = 일반성= 소리'이다.

우주가 진정으로 하나가 되기 위해서는 '보편성= 하늘[天]'에서 '하나[一者]'를 찾을 것이 아니라 '일반성= 땅[地]'에서 '하나[包一]'를 찾아야 한다. 보편성은 하늘을 빙자해서 존재하는 허상이다. 우주를 진정으로 하나 되게 하기 위해서는 '보편성= 하늘'을 없애야 한다. 보편성은 개념이다. 보편성이라는 말에 묶여 있는 한 진정으로 하나가 될수 없다. 말이 아닌 소리로 돌아가야 진정한 하나가 된다.

보편성의 일(一)은 '분자의 일(一)'이고, 일반성의 일(一)은 '분모의 일(一)'이다. '분모의 일'은 분모에 어떤 숫자를 넣더라도 '전체로서의 일(一)'을 잃지 않는다. 그러나 '분자의 일'은 분모를 잃어버릴 수 있는, 전체를 잃어버릴 수 있는 일이다. '분모의 일'은 '음악의 일'이다. 음악의 박자는 항상 '몇 분음 몇 박자(/)'이다. 항상 분모의 전체를 잃지 않는다. 소리는 항상 우주 전체, 즉 분모의 전체를 잃지 않는다. 소리는 항상 전체성으로서 숨어 있다.

음악에는 협화음과 불협화음이 있지만, 소리는 불협화음뿐이다. 소리는 그래서 혼돈(混沌)이며 무질서의 질서이다. 소리는 질서를 강요하지 않는다. 소리철학, 포노로지(Phonology)는 그래서 불협화음의 철학이 된다. 자연은 소리이고, 소리는 물 자체이다. 진정한 소리는 물 자체의 소리이다.

세계의 철학은 이제 개념의 철학에서 존재의 철학으로, 존재의 철학에서 소리철학으로 옮겨가고 있다. 존재는 인간 이성의 작용으로 존재자가 될 수 있지만 소리는 이성의 작용 밖에 있기 때문에 존재자가 될 수 없다. 존재와 소리의 차이점은 존재는 의미가 있는 반면에 소리는 의미가 없다는 점이다. 의미는 주관적인 과정의 산물이다. 객관적인 의미라는 것도 실은 주관적인 의미에 대한 집단적 합의나 약속이다.

일반성은 보편성을 해체한다. 지금까지 일반성은 보편성을 따라다니는 종속변수처럼 취급되어왔다. 그러나 보편성이야말로 일반성의 바탕 위에 건립된 것이다. 소리는 의미를 해체한다. 소리를 의미로 고정시키면서 의미의 세계, 개념의 세계가 전개되었다. 그러나 소리야말로 의미가 아니고 우주 자체이다. 동양의 기(氣)라는 개념은 처음부터 해체의 개념이다. 기는 해체의 궁극에 있는, 개념도 아니고 의미도 아니다.

소리(음파)는 1차적 신호이다. 기호는 2차적 신호이다. 1차적 신호가 더 근본적인 것이다. 1차적 신호인 소리는 같은 기호로서 여러 숨은 의미를 전달한다. 기호도 여러 의미를 전달한다. 그러한 점에서 기호도 소리와 공통성을 가지고 있다. 그러나 기호는 고정되거나 약속되어 있기 때문에 소리만 못하다.

기호학의 '시니피앙(signifiant)＝능기(能記)＝의미하는 것', '시니피에(signifié) = 소기(所記) = 의미되는 것'처럼 시니피앙은 비어 있어서 어떤 시니피에라도 들어갈 수 있다. 시니피앙과 시니피에의 관계는 결정적이 아니고 임의적이다. 기호에는 어떤 의미도 들어갈 수 있다. 중요한 것은 시니피앙은 주체가 아니고 시니피에는 대상이 아니라는 점이다.

결국 시니피앙과 시니피에의 등장으로 서양 철학은 '주체와 대상'의 이분법을 벗어나게 된 셈이다. 시니피앙과 시니피에는 이미 동거하고 있다. 떨어지려야 떨어질 수 없는 동거 관계에 있다. 이는 동시에 세계를 '의미로부터 해방시키는' 길이기도 하다.

소리에는 본래 의미가 없다. '성무의미(聲無意味)'이다. 아무 의미도 없기 때문에 소리에는 어떤 의미도 들어갈 수 있다. 기호와 소리는 둘다 본래 의미가 없다. 그러나 소리[聲] 가운데 사람의 음성(音聲)이 음성언어가 되면서 음(音)은 의미를 가지게 되었다. 의미를 갖는 것을 형태소(形態素. 의미를 갖는 음의 최소 단위)라고 한다. 물론 의미를 가지지 않는 음소(音素)도 있다.

음은 음성이 되면서 말[言]이 되어 의미(意味)가 붙게 되었고, 음악이 되면서 음의 예술이 되었다. 음악의 의미도 실은 음 자체에 의미가 있는 것이 아니라 '음'에 대한 주관적인 의미부여 혹은 문화적 습관이나 관습이 가미된 체계의 결과이다.

음악이 다른 어떤 예술보다 위대한 것은 의미를 지울 수 있기 때문이다. 의미를 지울 수 있기 때문에 음악은 만국어가 될 수 있다. 예술 가운데 음악만큼 의미를 완벽하게 지울 수 있는 것은 없다. 음악은 소리를 재료로 하기 때문에 추상이면서 구상이다.

음악은 기호 체계라고도 하지만 정확하게 말하면 기호 체계가 아니다. 언어는 기호 체계인 반면에 음악은 기호 체계가 아니라 그냥 소리의 체계이다. 소리 체계를 오선지에 기호 체계로 옮겨 놓은 것이다. 음악은 오선지가 없어도 가능하지만, 예컨대 미술은 바탕(캔버스, 화선지)이 없으면 불가능하다. 음악은 그런 점에서 감정의 굴곡을 전달하는 일종의 상징 체계(음양 체계, 파동 체계)라는 편이 옳다.

소리에 의미가 들어가면 기호가 된다. 소리의 문자화는 의미의 시작이면서 동시에 의미의 경계를 이룬다. 유럽의 언어학(기호학)은 소리를 '제1의 의미'로 치환했다. 의미를 가진 '말씀[言, logos]'과 의미를 가지지 않는 '소리[聲]'는 다르다. 소리는 '말씀'보다 더 본원적이고, '음악'보다 더 본원적이다. 말씀과 음악에는 이미 보편성을 추구하는 인간의 생각이 들어가 있다. 말씀과 음악이 소리를 바탕으로 한 점에서 분자적이라면, 소리는 그들의 바탕이 되었다는 점에서 분모적이다.

이것은 인격신 '여호와'를 무인격의 '소리'로 대체한 것이고, '이(理)의 보편성'을 '기(氣)의 일반성'으로 대체한 것이다. 이것은 『성경』의 '태초의 말씀'의 '말씀'을 자연의 '소리'로 대체한 것이다. '말씀' 속에 있는 인간 중심적인 요소를 제거한 셈이다. 포노로지는 "태초에 소리가 있었다"라고 가정한다.

"움직이는 것엔 소리가 있다." 따라서 세계는 소리로 가득 차 있다. 단지 인간이 그것을 듣지 못할 따름이다. 들을 수 있는 것은 음파이고, 그렇지 못한 것은 초음파이다. 세계에는 항상 감각할 수 있는 것이 있고, 감각할 수 없는 것이 있다. 세계에는 드러난 것이 있고, 드러나지 않는 것이 있다. 세계에는 눈으로 보이는 것이 있고, 보이지 않는 것이 있다. 눈으로 보이지 않는 세계에 대한 철학의 대안은 소리이다. 움직이는 것에는 '소리'가 있다. 움직이는 것의 원천은 '기(氣)'이다. '소리와 기'가 만나서 이루는 철학은 일반성의 철학이다.

그동안 서양 철학은 '앎의 철학'이었다. '소리철학'은 '삶의 철학'이라고 말할 수 있다. 앎의 철학이 머리(대뇌)의 철학이라면 삶의 철학은 몸(마음)의 철학이다. 앎의 철학이 '전체에서 부분으로' 나아가는 철학이라면, 삶의 철학은 모든 것을 '부분에서 전체로' 돌아가게 하는(전체성을 회복하는) 철학이라고 할 수 있다. 인간의 철학은 이제 보편성에서 다시 일반성으로 돌아가는 해체의 과정을 밟지 않으면 안 된다.

	상징적 상호작용	
앎의 철학		삶의 철학
머리(대뇌)의 철학		몸(마음)의 철학
'대상-주체'의 철학 *전체에서 부분으로		'생성-존재'의 철학 *모든 것을 전체로
소리→개념(서양 철학)	소리↔의미	소리=무의미(소리철학)
소유의 철학		존재의 철학
눈의 철학(시각-언어)		귀의 철학(청각-상징)

서양 철학은 이데아(플라톤)와 자유(칸트)에서 시작하여 절대정신(헤겔)과 평등(마르크스)에서 끝났다. 그리고 철학 자체를 해체하기 시작했다. 일반성의 철학은 해체 철학의 종결자이다. 일반성의 철학은 삶의 철학을 지향한다. 모든 존재(사물을 포함)는 그 나름대로 삶이다. 그것을 '자기 자신(self)'이라고 한다. 철학은 시간과 공간에서 출발한 과학을 넘어서야 한다. 눈에 보이는 것이 아닌, 존재의 드러남(솟아오름)에 귀를

기울여야 한다.

앎의 철학은 사물을 대상화는 것에서 시작해 그것을 소유한다. 대상화는 소유의 출발인 셈이다. 앎의 철학은 언어학상 소리를 개념화(의미화)하여 사물을 대상화하고, 대상의 반사적 존재로서 주체를 설정하는 '대상-주체'의 철학이다. 이에 비해 삶의 철학은 사물을 대상화하는 것을 거부하고 스스로 생성(생멸)하는 것으로 보는 '생성-존재'의 철학이다. 소리철학은 삶의 철학 계열에 속한다. 어떤 의미도 삶을 대신할 수 없다. 삶은 어떤 의미로도 환원되지 않는다.

'소리철학'은 소리를 무(無)의미한(의미가 없는) 것으로 본다. 그러나 굳이 의미가 있는 것으로 볼 경우, '존재적 의미'에 가깝다. 의미에는 소유적 의미가 있고 존재적 의미가 있다. 의미는 이미 소유의 출발이다. 무의미는 존재 자체이다. 의미가 없어도 존재는 생멸의 과정에 있다. 생멸 자체가 의미가 될 수는 있지만, 의미가 있기 때문에 생멸하는 것은 아니다.

인간은 왜 그토록 사물을 대상화하지 않으면 안 되었던가? 아마도 인구 증가에 그 원인이 있는 것 같다. 늘어난 인구를 부양하기 위해 대상과 소유의 개념이 강화되고, 모계 사회는 부계 사회로 바뀌었을 것이다. 가장 먼저 나타난 소유는 남자가 여자를 소유하는 것이고, 그 다음은 토지를 소유하는 것이었을 것이다. 살아남기 위해서 철학도 앎의 철학으로 전환했을 것이다.

소리에서 포노로지의 탄생

서양의 이성(理性)과 동양의 이(理)는 다르다. 둘은 같은 점이 있기도 하지만 다른 점도 있다. 이성은 사물을 대상화하는 힘이다. 그러나 이(理)는 처음부터 기(氣)와 상호 보완의 관계에 있는 개념이다. 말하자면 이는 대상화하는 힘이라기보다는 기를 드러내는 혹은 보완하는 역할을 한다.

동양의 이기론(理氣論)은 흔히 이기불상리(理氣不相離), 이기불상잡(理氣不相雜)으로 설명된다. '이기불상리'는 "이와 기는 서로 떨어지지 않는다", '이기불상잡'은 "이와 기는 서로 섞이지 않는다"는 뜻이다. 전자는 이와 기는 함께 따라다니는 동봉(同封)의 관계에 있다는 뜻이며, 후자는 이와 기는 자신의 성질을 잃고 통합(統合)되어서는 안 된다는 뜻이다.

이것은 동양의 음양론으로 설명하는 것이 더 적절할 듯하다. 음양은 대립이 아니라 상호 보완의 관계이다. 상호 보완의 관계는 항상 함께 있으면서 동시에 서로의 역동성(동태성)을 잃어버리고 정태적인 하나가 되어서는 안 되는 관계이다. 남녀는 흔히 대립 관계처럼 설명된다. 그러나 남녀는 보완 관계이다.

음양론은 서양의 전기(電氣) 이론과 흡사하다. 전기의 플러스(+)와 마이너스(−)는 개념이 아니라 작용이다. 말하자면 전기가 작용하기 전에는 전기가 있는 줄 모른다. 이것을 두고 동시적이라고 말할 수 있다. 그러나 전기 이론으로 환원하면 음양론은 축소된다. 음양론은 일종의 일반론으로, 전기 이론을 상징적으로 확대한 이론으로 보면 된다. 음양론은 인과론이 아니라 상징론으로 우주를 상징적 상호작용으로 본다. 이런 작용을 바탕으로 동양의 음양(오행) 이론이나 천지인 사상, 주역(周易), 한의학 이론 등이 성립하는 것이다.

서양의 이성 중심의 대립적 세계관은 동양의 음양의 대칭적 세계관과 크게 다르다. 동양의 세계관은 기(氣)라는, 개념 아닌 개념의 존재 유무와 상관을 맺는다. 또한 소리철학은 인간(이성) 중심의 보편성의 철학이 아니라 물(物, physis) 중심의 일반성의 철학이며, 기 철학을 토대로 하는 철학이다. 소리와 기는 밀접한 관계가 있다.

기(氣)는 논의의 차원(level)에 따라 기운생동(氣運生動), 기운생동(機運生動), 기운생동(氣韻生動)으로 설명될 수 있다. 순서대로 생명체의 차원, 기계적인 차원, 운율적(소리의) 차원에서 이루어진다. 이들 차원은 서로 밀접한 관계에 있으면서 동시에 순환의 관계에 있다.

한국이 세계 철학계에 독자적인 철학, 오리지낼리티가 있는 철학인 '포노로지(Phonology)'를 제시한 것은 유사 이래 처음이다. 이는 마치 훈민정음(한글) 창제와 맞먹는 문화적 성취이다. 훈민정음은 아마도 포노로지의 탄생을 오래전부터 배태하고 기약하고 있었는지도 모르겠다. 포노로지는 세계에서 가장 자연에 가까운 철학일 것이다. 포노로지는 소리글자인 한글을 가진 한글문화권의 일원이기에 가능한 것이다. 따라서 포노로지는 한글의 철학적 금자탑이라고 할 수 있다.

금세기에 가장 주목받은 프랑스 철학자 데리다(Jacques Derrida, 1930~2004)는 서양 철학사가 알파벳 소리글자의 조건으로 인해 문자 기록을

폄하하고 '말-소리 중심주의(logo-phonocentrism)'를 진정한 것으로 여기는 철학적 전통에 빠졌다고 비판한다. 말은 자연적이고 진정한 것인 반면 글은 일종의 필요악으로 방편적인 도구에 불과했다고 주장한다. 이러한 서양 철학의 경향을 그는 '현존(présence)의 형이상학'이라고 부른다. 급기야 그는 '말-소리 중심주의'가 이성 중심주의의 원인이라고 지목한다. 그래서 그는 서양의 이성 중심주의를 해체하는 방안으로 '쓰여진 것(écriture)'과 '그라마톨로지(grammatology)'를 주장한다. 그라마톨로지는 표지학(標識學) 혹은 문자학(文字學)으로 번역된다. '말-소리'가 말하는 사람의 '현존'인 것에 비해 '쓰여진 것'은 글쓴이의 '부재(absence)'를 나타낸다.

데리다는 서양의 이성 중심주의가 알파벳 '소리글자'의 '소리'에 원인이 있는 것이 아니라 '글자'에 있다는 사실을 몰랐다. 데리다의 이 같은 모름은 아마도 서양 문명권의 '(알파벳 표음문자) 언어=사물'이라는 자장(磁場)에 의해 비롯된 것일지도 모른다. 서구 문명은 '자연의 소리(sound, phone)'를 '말씀(logos)'이라고 하면서부터 자연을 왜곡하기 시작했다. '말씀'에는 이미 인간의 '생각(이성)'이 들어가 있다. 따라서 '말씀'은 이미 순수한 소리가 아니다. 소리는 아무런 의미를 갖지 않으며, 더욱이 소리에 의해 개념이나 이성이 발달할 수가 없다. 만약 소리가 이성의 원인이라면 소리를 지르는 동물들은 왜 이성이 발달하지 않았는가? 이성 중심주의의 원인은 바로 에크리튀르, 즉 쓰여진 것, 그려진 것에 있다.

그런데 데리다는 적반하장으로 소리를 이성 중심주의의 원인으로 생각한다. 소리는 이성도 아니고 아무런 의미도 없다. 이성 중심주의의 원인은 소리가 아니라 쓰고 그리기를 통한 쓰여진 것, 그려진 것, 즉 에크리튀르이다. 쓰여지고 그려진 것은 당사자의 부재에서도 유지되기 때문에 과학과 이성이 가능하게 된다. 표지 혹은 표기는 소리의 완전한 보충대리(補充代理)가 아니다. 그것이 바로 이성이다.

이성은 그 자체가 인간이 구성한 불완전한 것이기 때문에 시대와 장소에 따라 다른 이성이 필요할 뿐이다. 그것은 소리를 보충대리하는 것이 아니라 이성 자체의 보충대리이며, 이성의 불완전성에 기인하는 보충대리이다. 이성은 스스로 보충대리되지 않으면 안 된다. 소리는 완전하지도 않으며 완전함을 추구하지도 않는다. 에크리튀르의 부재가 바로 존재자이다. 소리의 현존이 바로 존재이다.

서구 문명이 파롤을 무시하고 랑그를 중시한 것은 가부장 사회가 어머니의 존재를 무시한 것과 같고, 서구 문명이 소리에서 이성 중심의 원인을 찾고 뒤집어씌운 것은 기독교가 원죄를 여자(이브)에게 뒤집어씌운 것과 같다. 이런 남자의 반란은 문자의 등장과 때를 같이한다. 데리다의 문자학은 이성 중심주의의 범인인 문자를 마치 인류 문명의 구원자인 양 도치시킨 철학이다. 이는 서구 문명권의 일원으로, 공범자인 (공범 의식이 있는) 본인이 범인을 다른 사람으로 유도하거나 은폐한 꼴과 같다.

예컨대 목소리의 말이 '스스로 말하는 것을 듣는(le-s'entendre-parler = hearing-oneself-speak)', 순수 의식의 내면적 자가성의 현존적 진리라고 인식하는 후설의 주장을 데리다는 공격하였다. 하지만 이것 역시 서구 문명권의 이성 중심주의의 원인을 소리에서 찾는 잘못된 주장일 뿐이다. 소리는 자아도 없고, 의식도 없고, 의미도 없고, 소유도 없다. 따라서 범인이 될 수도 없다. 소리는 마치 여자, 이브, 어머니의 신세와 같다. 아마도 서구 문명은 모계 사회나 가부장 사회가 아닌 다른 사회에 대해서 모르기 때문에 문자의 차이를 말할 수밖에 없을지도 모른다.

소리는 차이의 원본이다. 문자는 소리의 차이를 베낀 이차적인 것이다. 이는 음성 언어가 문자 언어보다 먼저 생긴 것에서도 알 수 있다. 음성 언어는 동물에서부터 시작한 것이다. '소리의 현존성'에서 일점주의(一點主義)가 생기는 것처럼 주장하지만 실은 '문자의 부재성'에서 일점주의가 생긴다. '영원'이 '부재'가 아니라 '부재'가 '영원'이다. 영원은 없고, 순간이 영원이다.

루소나 레비스트로스가 추구한 '문자가 없는 순수 말의 사회＝자연적 유토피아' 혹은 '순수 자연의 소리로서 공동의 삶을 영위하는 공동체'는 이성 중심주의의 맥락에서 일점주의와 같은 것이 아니라 '자연 그 자체' 혹은 '자연의 건강성', '자연의 야성'을 말함이다. 이를 일점주의라고 매도하는 것 자체가 이미 일점주의적인 시각을 투사한 것이다. 루소나 레비스트로스의 자연주의는 이성주의적 환원이 아니라 자연주의적 원시반본(原始返本)이다. 자연의 소리는 환원이 아니다. 언어(의미)가 환원을 만드는 장본인이다.

인간은 자연에 의미(언어)를 투사하는 존재이다. 인간이 의미를 만들고, 의미가 개념을 만들고, 개념이 절대를 만든다. 세상에는 처음부터 의미가 없었다. 의미가 없는 것이 본래적인 의미이다. 인간이 언어를 만들면서 의미가 발생하고 존재자가 태어났다. 자연이 저절로(자연스럽게) 인간을 만들었다면, 인간은 언어를 통해 인간이 되었다. 그래서 언어를 사용하는 인간은 존재와 존재자를 이중적으로 왕래할 수밖에 없는 존재이다. 인간은 '인간이 되어버린 동물'이다.

벙어리로 태어나지 않는 이상, 인간은 소리(발음, 파롤)를 통해서 의사 표현을 한다. 표음문자가 아니라 표의문자(상형문자) 혹은 그 어떤 문자라도 소리가 없으면, 소리가 따르지 못하면 지배적인 언어가 되지 못한다. 소리는 몸짓과 같다. 소리는 바로 몸이다.

알파벳 표음문자의 소리가 이성 중심주의의 원인이라고 생각하는 데리다는 서양 철학을 '현존의 형이상학'이라고 비판하는데, 이는 표음문자에서 문자의 원인을 표음의 소리에 전가하는 착오이고 도착이다. 우주의 소리는 원래 닫힌 체계가 아니었는데 인간이 자신의 목청을 통해 닫힌 음소 체계로 만들었고, 그것이 인류의 수많은 언어이다.

소리가 아닌 언어가 소유를 불러일으켰을지도 모른다. 이성 중심주의란 다름 아닌 소유이고, 그것은 언어 때문에 발생한 것인지도 모른다. 소리에 의해 이성 중심주의가 탄생한다는 것은 서양 문명만이 주장하는 문명적 맹점(盲點)이다. 문자(글자)로 인해서 그리고 기억에 의해서 이성 중심주의가 탄생하는 것이다. 서양 문명은 흔히 소리를 바로 이성과 결부시키는 버릇이 있는데 이성적 사고야말로 '쓰여진 것', '기록', '문자'에 의해 성립되는 것이다. 만약 문자가 없으면 이성 중심주의는 탄생할 수 없다.

소리(목소리)는 발화되자마자 공기 중에 흩어지는 성질을 가지고 있고, 영원한 기억이나 특별한 녹음 장비를 사용하지 않으면 기록되지도 않는다. 소리(목소리)는 에크리튀르(쓰여진 것)가 아니다. 에크리튀르의 부재성이야말로 소리의 현존성에 비해 기록과 과학의 원인이다. 기록하는 것에 의해서 권력이 생겼고, 권력은 처음부터 공평하게 양자를 기록하지 않고 편파적으로 기록한다. 권력과 이성은 편파적인 것이다.

　사라지는 소리에 의해서 이성 중심주의가 되었다는 것은 오해이다. 소리는 기록적인 것도 아니고 결정적인 것도 아니다. 소리의 의미는 고정적이지도 않다. 소리는 그 자체가 매우 은유적인 것으로서 듣는 이에 따라 여러 가지 의미 맥락을 이룰 수 있다. 소리는 과학적으로 설명하는 데 효과적인 수단이 되지 못할 뿐 아니라 듣기에 따라 여러 의미를 파생시킬 수 있는 해석학적인 대상이다.

　'소리=로고스'는 서양 문명의 선입관이다. 기독교『성경』에 나오는 "태초에 말씀이 있었다"는 구절로 유대-기독교주의는 '하나님의 말씀=소리=로고스'라는 등식을 성립시켰다. 소리는 결정적인 것도 아니고 절대적인 것도 아니다. 소리야말로 자연의 제1차적인 은유이다. 자연을 총체적으로, 하나로 말하려고 할 때 우리는 소리를 은유로 사용한다. 그런데 이 소리의 은유를 환유로 바꾸어 쓴 데서 '말-소리 중심주의'가 탄생했다.

　서양 문명, 즉 유대-기독교주의는 소리를 말씀이라고 하고, 그것에 의미를 부여하고, 로고스의 껍데기(캡슐)를 뒤집어씌워, 그것을 기호로 만들고, 그 기호에 고정된 의미(개념)를 부여하기 위해 문자 체계를 만들었다. 그것이 알파벳이다. 기독교『성경』의 '말씀(소리+로고스)'에는 이미 로고스가 들어가 있다.

　그러나 실제 소리는 무의미이다. 인간이 소리에 의미를 씌운 것이다. 서구의 이성 중심주의는 소리 때문이 아니라 처음부터 로고스 때문이며, 그 로고스는 인간이 자신에 내재한 로고스를 소리에 투사하고 나서 그 소리에 이성 중심주의의 원인을 삼은(혹은 책임 전가한) 것이다. 이는

소리(무의미) ＝무극＝하나님(여호와)	
말씀(의미) ＝태극＝하나님 아버지＝음양	
음(여성, 이브＝원죄)	양(남성, 아담＝순수)
소리(phone)	로고스(logos: 말)
파롤	랑그
감성	이성
여성주의·모성적(여성의 해방)	남성주의·가부장적(부계적)
소리 포노로지(phonology)	에크리튀르(표지, 문자) 그라마톨로지(grammatology)

*말씀에 이미 로고스와 의미가 들어가 있다. 소리는 무의미이다. 서구의 이성주의는 음의 희생 위에 건립된 것이다. 그런데 데리다는 적반하장으로 도리어 소리를 에크리튀르 혹은 문자라고 말한다.

여성에게 원죄를 뒤집어씌운 것과 같다. 그러한 점에서 기독교는 철저히 가부장적이다.

데리다는 이성 중심주의의 원인을 소리에 두는 서양 철학적 전통 위에서 다시 그것을 벗어나는 데서도 소리에 원죄를 두는 철저히 서양 철학적 해체를 시도하고 있다. 소리는 '현존의 형이상학'의 원인(원죄)이 아니라 그냥 소리(무의미한 우주의 파동)일 뿐이다.

글쓰기는 흔히 순수한 자기 현존을 파괴하고, 낯선 것을 도입함으로써 의미와 의미 사이에, 발화와 이해 사이에 그림자를 드리운다고 사람들은 생각한다. 문자를 2차 언어로 간주하지만 언어·사회·제도는 문자와 그 문자적 효과를 통해서 성립된다. 철학도 물론 문자에 의해서 이루어진다. 이성 중심주의 철학은 더더욱 문자를 전제하지 않고는 성립될 수가 없다.

데리다의 그라마톨로지는 알파벳 서양 문명 자체 내에서는 전통 철학에 대한 반철학이자 해체 철학이지만, 동아시아의 대표적인 철학인

천·지·인 삼재(三才) 철학과 음양 철학으로 볼 때는 서양 철학 자체 내의 '정(正)-반(反)'(이성 중심주의와 반이성 중심주의) 운동이다. 이에 반해 최근 시중에 선보인 필자의『소리의 철학 포노로지』는 '정-반'과는 또 다른 층위(평면, 위상)의 '반(反)'이다. 바로 이 때문에 포노로지는 서양 철학은 물론 철학 자체의 반운동일 수도 있다.

소리는 자연의 제1차적 은유이면서, 시(詩)와 음악(音樂)을 가능하게 하는 재료이자 존재이다. 고정되지 않고, 결정되지 않고, 변화무쌍한 존재 그 자체이다. 존재론적 시각에서 볼 때, 하이데거의 존재론이 데리다보다는 상대적으로 소리(음성)의 현존에 대해 우호적이기(존재의 소리를 들기) 때문에 훨씬 동양(특히 불교)에 가깝다고 말할 수 있다. 음성의 경우 말하는 사람이 듣기 때문에 현상학적 대상이 되기도 하고 환원주의에 빠진다고 하지만, 실은 소리야말로 순환론적인 해석학의 문을 열면서도 해석학에 머무르지 않는 존재라고 말할 수 있다.

데리다는 "인간 생활에서 순수하고 충만한 현존-기원(말, 로고스)을 인정할 경우 왜 이를 보충할 도구가 필요한지 알 수 없으며, 반대로 보충의 필요성을 인정하면 현존-기원의 불완전성, 결핍을 인정할 수밖에 없다"고 말하는데 보충대리는 소리 때문에 일어나는 것이 아니라 '쓰여진 글'의 불완전성·한시성에 기인하는 것이다.

"태초에 말씀이 있었다." 여기에 서양 철학의 모든 문제가 숨어 있다. 이것이 서양 철학의 블랙박스인 셈이다. 서양 철학사는 말씀의 이중성 가운데 소리 부분을 절대시하여 서양 문명을 이룩했고, 소리 자체의 상대성과 일반성을 간과했다. 그리고 그 말씀의 의미(개념) 부분을 문자에 전이시킴으로써 이성 중심주의를 완성시켰다.

그런데 그러한 서양 문명사를 비판한다(해체한다)고 내놓은 것이 데리다의 에크리튀르이며, 그것을 종합한 것이 문자학 혹은 그라마톨로지이다. 데리다의 그라마톨로지는 "태초에 텍스트(text)가 있었다"라는 말에 다름 아니다. 이때의 텍스트는 날줄씨줄의 직물(textile)이지 책(book)이 아니라고 그는 주장한다. 텍스트가 책이 아니라고 주장하지만 텍스트는 책이다. 책이란 직물(종이)의 평면(바탕)에 어떤 형태이든 에크리튀르한 것이기 때문이다. 이는 서양 미술의 입체파가 여러 평면(여러 시각의 평면)을 이어놓고 입체라고 명명한 것이나 다를 바 없는 아이러니이다.

"태초에 텍스트(책)는 없었다. 소리가 있었다." 이것이 바로 필자가 주장하는 포노로지이다. 책 혹은 직물은 모두 인간이 만들었다. 포노로지는 텍스트(文章)가 근거하고 있는 콘텍스트(context)로서의 '문장(文場)', 즉 '문(文)의 자장(磁場)'을 주장한다. '문장(文章)'은 같은 발음의 '문장(文場)＝문(文)의 자장(磁場)'이 된다. 우주는 무한한 '소리의 콘텍스트'일 뿐이다. 그 콘텍스트 위에서 인간(역사적 인간)은 텍스트를 간간히 건져 올릴 뿐이다. 그것이 고전 혹은 『성경』이다. 자연의 소리에 비하면 고전과 『성경』은 얼마나 초라한가!

그라마톨로지와 포노로지의 차이점을 비유적으로 설명하면 다음과 같다. 그라마톨로지는 에크리튀르라는 개념에서 출발한다. 에크리튀르는 바탕(종이, 바위 등)에 선을 긋거나 흔적을 남기는 혹은 쓰여진 글자이다. 에크리튀르는 글쓰기(writing)라는 동명사가 아니다. 이것은 매우 주체적이고 남성적인 행위이다. 마치 페니스(penis)가 여자의 버자이너(vagina)에 정자를 뿌리는 것과 같다. 연필(pencil, pen)로 무엇을 쓰면(그리면) 결국 '쓰여진 것(에크리튀르)'으로 남는다. 이것은 매우 시간적(통시적)이고 역사적인 성격을 갖는다.

포노로지는 "태초에 소리가 있었다"고 말한다. 포노로지는 공기라는 매질을 통해 소리가 파동하는 것에 비유할 수 있다. 이것은 보다 자연적이고 본래적이다. 이것은 주체가 아닌 본능(본성)의 발현으로, 자연의 자연성을 그대로 간직하고 있다는 점에서 매우 여성적이다. 자연은 자기 내포적인 행위(여자의 난자는 남자에게 가지 않는다. 여자의 것은 여자에게 남는다)로서 에크리튀르 이전의 문제이다. 이것은 에크리튀르가 시간적(時間的)인 것에 비해서 매우 공시적(共時的)이다.

시간과 공간의 문제는 정반대로 해석할 수도 있다. 결과적으로 보면 에크리튀르를 공간적이라고, 포노로지를 시간적이라고 말할 수도 있다. 행위자(원인자)의 입장에서 볼 수도 있고 결과적(수용자)으로 볼 수도 있기 때문이다.

진리가 가면인가, 가면이 진리인가. 본질이 가면인가, 가면이 본질인가. 진리와 가면은 동전의 양면이다. 진리는 가면의 앞이고 가면은 진리의 등이다. 존재자는 존재의 앞이고, 존재는 존재자의 뒤이다. 한 가지 분명한 것은 진리와 가면이 동거하고 있다는 점이다. 마찬가지로 존재는 존재자와 동거하고 있다. 시공간과 시공은 동거하고 있다. 존재와 존재자를 착각하는 것은 당연하다.

소리는 존재이다, 삶이다

소리에는 자아(주체)가 없다. 소리에 자아를 씌운 것은 인간이다. 인간의 '목소리' 혹은 '태초의 말씀'은 이미 자아이다. 자기가 말한 것을 자기가 듣는 '스스로 말하고-듣기' 혹은 '태초의 말씀'을 현존이라고 하고, 현존을 자기 환원적이라고 비난하는 것은 이미 자기(자아)를 전제한 것이다. 소리에는 자아가 없다. 그래서 환원도 불가능하다.

포노로지의 일반성이 갖는 철학적 성격은 소리와 목소리를 구분하지 않고 동시에 일반적인 사물의 소리와 악기의 소리도 구분하지 않는다. 그것은 사물이든 생물이든 악기든 그 물(物)의 실존적 성격(존재적 성격)에 의해 드러날 뿐이다.

음악은 소리에 어떤 일정한 형식이나 조형이 가미되는 예술이다. 그러나 음악적 텍스트(작곡)는 일반적인 언어의 텍스트와는 다르다. 음악의 텍스트는 일종의 상징체계라고 말할 수 있다. 예컨대 음악은 자연을 논리적으로 해석하는 것이 아니라 자연을 모방하면서 은유한다. 그래서 음악은 시(詩, 凝縮)이지, 줄거리와 인과가 있는 산문(散文)이 아니다.

음악은 소리를 재료로 하는 은유의 예술이다. 음악은 문학에 비하면 시(詩)이지 산문은 아니다. 말하자면 음악은 언어 대신에 음(음계)을 사용하면서 시를 쓰는 것이라고 말할 수 있다. 비단 피아노의 시인인 쇼팽이 아니더라도 모든 음악가는 음(音)의 시인이다.

그런 점에서 음악은 존재 자체가 아니다. 존재 자체가 일정한 예술

형식이나 조형에 담긴 것이라고 볼 수 있다. 음악보다는 소리(목소리, 사물의 소리, 자연의 소리)가 존재이다. 존재인 음은 음악(音樂)처럼 반드시 악(樂)이 아니다. 고(苦)도 될 수 있고, 같은 발음의 악(惡)이 될 수도 있다.

존재는 소리이다. 소리는 존재이다. 소리가 다르면 존재가 다르다. 우리 눈에 같은 사물로 보이더라도 소리가 다르면 다른 존재이다. 존재는 가능성이다. 소리도 가능성이다. 소리는 의미와 무의미 사이에 있다. 의미와 무의미를 왕래한다. 시시각각 달라지는 존재의 의미를 잡기(고정시키기) 위해서 문자가 생겼다. 음성 언어는 정확한 의미를 전달하는 데 한계가 있다. 소리가 같으면 의미가 같고 소리가 다르면 의미가 다른 것은 의미의 세계에서 효용성의 한계가 있다. 그래서 문자 언어가 생겼다.

문자란 동음동의(同音同義)를 넘어서 동음이의(同音異義), 동어이의(同語異義) 등 의미의 세계를 확충하기 위해서 필요한 것이었다. 문자가 소리를 고정시키지는 못했지만 의미를 확대하고 의미를 고정시키는 데 큰 역할을 했으며, 문맥에 따라 의미가 달라지는 것을 용납함으로써 인간의 언어 생활에 지대한 공헌을 하게 됐다. 결국 문자는 의미가 되었으며, 소리 없이도 의미를 전달할 수 있게 되었다.

그러나 문자만 가지고 언어생활을 할 수는 없다. 문자란 소리를 내야 하기 때문이다. 발음(발성, 발화)을 전제하지 않는 문자는 없다. 말하지 않는 문자(글)는 인간을 지배할 수 없다. 인간은 말하고 싶은, 소리 지르고 싶은, 노래하고 싶은 동물이다. 왜냐하면 소리가 존재이기 때문이다. 소리가 없으면 벙어리로 사는 것이나 마찬가지이다. 문자의 발생으로 이제 소리가 같아도 의미가 다를 수 있게 되었다. 같은 소리도 정반대의 의미를 가질 수 있게 되었다. 이것이 소리의 이중성이다.

문자는 소리의 보충대리(補充代理)이다. 필요가 없으면 사라진다. 문자는 몸에 붙어 있지 않는 도구이다. 그러나 소리는 몸에 붙어 있는 도구이면서 존재이다. 소리는 존재이면서 존재자이다. 문자는 존재자이다. 음성 언어는 존재이면서 존재자이다. 문자 언어는 존재자일 뿐이다. 인간은 문자를 써놓고 문자가 쓰여지지 않은 지면(지표)의 공백을 바라볼 뿐이다. 문자는 추상이기 때문이다. 상형문자라 하더라도 결국 추상으로 향한다. 그러나 소리는 공기(허공)를 타고 전달되기 때문에 결코 추상이 아니고 구체이다.

소리 철학에 따르면 죽음은 어떤 시스템(체계)에 소리가 사라지는 것이다. 사람으로 말하면 숨을 쉬지 않으면 죽은 것이다. 그런 점에서 '안식(安息. 숨을 멈추다, 숨을 편안히 하다)'이란 참으로 위대한 말이다. 같은 발음의 '안식(眼識. 눈으로 인식하다)'은 안식(安息)과 정반대이다.

소리는 상징이다. 소리는 이중적이다. 같은 소리가 정반대의 의미를 갖는다(소리의 장단과 고저로 차이를 두기는 하지만). 소리는 생멸과 정반(正反)의 이중적 의미를 동시에 갖고 있다.

우주는 하나의 소리이다. 그래서 하나의 소리를 계속 '송(頌, 誦, 送, song)'하면, 예를 들어 염불하거나 진언을 암송하면 우주의 하나에 도달한다. 지식이 아무리 많아도 소리 하나를 이기지 못한다. 지식과 문자는 추상이고 보충대리이기 때문이다. 차라리 무식쟁이가 되어서 하나의 소리, 화두(話頭)에 매진하는 것이 도(道)에 이르는 길이다. 선불교는 바로 이것에 정통한 것이다. 화두는 공안(公案)인데 텍스트적 의미가 중요한 것이 아니라 일종의 집중을 위한 방편이다. 간간이 드러나는 화두의 역설은 불교의 백미이며 꽃이다. 결국 화두는 불립문자(不立文字)를 실천하는 역설이다.

소리는 간접적인 것이 아니다. 소리는 직접적이다. 소리는 존재이고 본능이다. 소리는 기억이 아니다. 인간은 뇌의 용량이 큰 동물이기 때문에 기억을 통해서 감각되고 감지된 것을 재구성하지 않을 수 없지만, 소리는 인간을 한없는 '존재의 바다'로 여행하게 한다. 그 여행은 죽음도 넘어서는 해방이자 빈 곳을 향해가는 쾌락이다.

한글은 세계에서 처음으로 모음을 체계화(소리로 정확하게 잡아내고 분류)한 표음문자이다. 한국인은 우뇌가 발달했는데, 모음을 체계화하는 것은 우뇌의 발달과 관련성이 높다. 신경학자들에 따르면 우리 뇌의 1차 청각 피질은 개별적인 소리의 특성에 집중하는 반면 2차 청각 피질은 소리들 간의 관계에 집중한다. 소리들 간의 관계는 화성 관계를 의미한다. 우뇌는 순수한 진동수로 구성된 소리를 들을 때 좌뇌보다 나을 바 없지만 상음(上音, overtone)이 풍부한 음이 들려오면 실력을 발휘한다. 우뇌는 언어에서 하모니가 발달한 모음 소리를 분석하는 일에 월등하다.

청각 피질은 소리가 들릴 때마다 그것을 정리해두는 녹음기로서 작용하는 것은 아니다. 만약 그렇다면 소리의 배열을 거꾸로 할 경우 그것이 만들어낸 신경학의 패턴도 뒤집혀야 하는데 결코 그렇지 않다. 앞뒤가 뒤바뀐 소리는 전혀 새로운 반응을 일으킨다. 청각 피질은 각각의 소리를 따로 다루지 않고 항상 바로 전에 일어난 것과의 상관관계에서 소리들을 해석한다. 청각 피질은 형태론적이고 게스탈트(Gestalt)적이다.

청각이야말로 일반성의 철학과 궁합이 맞다. 이는 시각이 보편성의 철학과 궁합이 맞는 것과 같다. 소리철학은 서양의 이성 중심주의 철학을 동양의 광의의 상징주의 철학으로 넘어오게 하는 교량과 같다. 이는 뇌에서 좌뇌와 우뇌의 교량 역할을 하는 뇌량(腦梁)과 같은 역할을 하는 것이다. 서양 철학은 이제 소리철학을 통해 좌뇌의 자연과학에서 우뇌의 자연으로 피난해야 한다.

음악은 우주의 소리와 파동으로부터 오는 리듬을 이성적으로 프로그램화·가공한 것이다. 음악에는 이성의 작용이 있다. 그러나 소리에는 이성의 작용이 없다. 소리라는 소재의 일반성과 일반성의 철학과의 연관 관계를 여기서 이해하면 참으로 다행이다. 일반성의 철학, 소리철학은 구체 철학이면서 은유 철학이다. 이는 종래의 철학이 보편성의 철학이면서 환유 철학인 것과 대조를 이룬다.

음악은 자연의 2차적인 은유이면서 동시에 환유적 성격을 가지고 있다. 자연에 대한 보다 1차적인 은유는 소리이고, 그러한 점에서 소리는 자연 그 자체라고 말해도 크게 틀리지 않을 것이다. 소리는 음악과 달리 문화 문법이 전혀 없다. 그 점에서 소리철학, 포노로지의 새로운 철학으로서의 가능성이 기대되고 있다.

자연의 전기, 기, 파동, 에너지는 소리에 의해 은유되는 것이다. 자연의 총체성은 소리에 의해 은유될 뿐이다. 자연의 총체성을 시각화하려는, 환유하고자 하는 어떤 노력도 수포로 돌아간다. 음악이 음악인 것은 소리와 파동을 소재로 하고 있기 때문이다. 소리와 파동은 비극도 희극도 아니며 파멸도 구원도 아니다. 단지 생멸(生滅)일 뿐이다. 생멸이 소리의 진여(眞如)이다.

소리는 음악의 소재이지만, 자연에서 가장 일반적인 것이다. 그래서 일반성의 철학으로서 소리철학이 등장할 수 있는 것이다. 일반성의 철학은 소리 이외에도 다른 감각 철학의 길을 터놓았다. 철학이 굳이 개념의 놀이로 제한될 필요가 없다.

우리는 지금까지 서양 철학은 물론이고 동양 철학(불교 철학, 유교 철학 등)을 서양과 중국에서 들여왔다. 외래 철학을 배우고 가르치고 번역하고 요약하는 것이 철학의 전부였다. 철학은 으레 외국에서 들여오는 것이 고작이었다. 그래서 남의 철학을 요약 잘하고 다이제스트 잘하여 '내로라' 하는 지식인으로 행세하고 거드름을 피우면서 사대의 굴레를 벗어나기는커녕 그 굴레가 덫이 되도록 미망에 허덕였다. 급기야 철학과 선진 문물은 으레 외국에서 들어오는 것이라는 사대 체질에 빠졌다.

외국에서 철학을 수입하는 것이 잘못된 것은 아니다. 시대에 맞는 철학을 수입하고 그것을 이해함으로써 당대의 세계 문화와 어깨를 나란히 하는 것은 매우 중요하다. 이것은 세계적 보편성에 도달하는 것이고, 그것을 공유함으로써 문화 선진국임을 대외에 표방할 수 있다. 그러나 역사적으로 항상 외래 철학, 수입 철학에 의존하는 것은 문화적 독립과 민족적 자긍심에 큰 콤플렉스를 준 것도 사실이다. 그러나 서양 철학은 '눈의 철학', 시각을 중심으로 한 철학이었음이 속속 드러나고 있다. 눈의 철학은 대상의 철학이고, 과학의 철학이었다. 눈의 철학은 시간의 철학이고 공간의 철학이었다.

서양 철학은 '개념적 은유(conceptual metaphor)'를 '개념(concept)'으로 전환함으로써 은유(metaphor)를 떼어버리고 개념의 벽돌로 쌓아올렸으며, 과학을 탄생시키고는 더 이상 갈 길을 잃어버렸다. 그런데 잃어버린 은유를 찾아오는 철학이 바로 '소리철학(Phonology)', '귀의 철학'이다.

귀의 철학이 다시 필요한 이유는 눈의 철학이 자연을 황폐화시켰고 여러 가지의 환경 문제를 야기했기 때문이다. 그러한 점에서 포노로지는 에콜로지(ecology)의 철학이다. 인간은 필요 이상의 자원을 낭비하여 자연으로부터 보복을 당할 처지에 이르렀다. 이에 다시 자연과 더불어 균형을 잡으며 살아가는 모습을 회복하지 않으면 안 되게 되었다.

'귀의 철학'은 소리를 재료로 하는 철학이다. 철학이라는 것은 말(언어)에 의해 구축되는데 어떻게 소리로 철학을 만든단 말인가? 이렇게 반문할 수도 있다. 귀의 철학은 눈의 철학이 '환유의 철학'인 데 반해 '은유의 철학'이다. 소리는 자연을 은유하면서도 자연의 전체성(총체성)을 잃지 않는 감각 재료이다. 소리철학은 자연의 총체성을 절단하여 면으로 나눈 뒤 그것을 다시 연결하여 '연결된 평면'으로 자연을 바라보는 시각과는 다른 철학을 구성하게 된다.

소리는 자연의 은유이지, 문자에 의한 환유와는 다르다. 철학이 존재론에서 일반론에 이르면 모든 문자 철학은 소리철학의 각주(footnote)이다. 플라톤마저도 소리 철학의 각주이다. 인간은 문자를 너무 과대평가했고, 언어(단어)의 조립에 의해 이루어지는 구문(構文), 즉 텍스트로 자연을 대체하려고 했다. 인간이 보는 자연은 표면에 불과했다. 환유와 이성은 표면의 문제이며, 표면적인 문제 해결에 지나지 않는다. 이성은 그 당시 드러난 자연의 대상성(부분성)에 대한 토론과 대화이며, 자연의 숨어 있는 은폐나 총체성에 도달하지 못한다.

자연의 총체성은 이성으로 규명할 수 없다. 이성이라는 칼로, 언어라는 칼로 자연을 자르면 이미 자연은 총체성을 잃고 만다. 그러한 점에서 자연의 총체성은 소리의 은유로만 들을 수 있는 것인지도 모른다. 자연의 이면의 소리, 저 깊은 곳의 소리를 들어야 한다. 소리는 존재의 구체이고, 실재(고정되지 않은, 정체성이 없는)이다.

철학은 고상한 것이 아니다. 철학은 재미있어야 하고 사람을 즐겁게 해야 한다. 철학은 위대한 동상처럼 존재하는 것이 아니라 음악처럼, 시처럼 흐르고 변화해야 한다. 소리를 박제한 서양 철학이 아니라 소리를 해방시키는 소리철학이 필요하다. 그러한 점에서 "태초에 말씀이 있었다"는 "태초에 소리가 있었다"로 수정되어야 한다.

소리[聲]를 알면 성인(聖人)에 이른다. 소리 성(聲)자는 옛날에 성인 성(聖)자로 쓰였으며, 성인 성(聖. 耳＋口＋王)자는 소리를 듣는 귀[耳]를 우선하고 그다음에 말하는 입[口]을 두었다. 음악은 귀로 하는 존재의 섹스와 같다. 소리는 귀로 통하는 존재의 본질과 같다.

옛 샤먼-왕(shaman-king)은 천·지·인을 관통한 사람이며, 그러한 사람이 왕(王. 천·지·인 관통)이 되었다. 성인 성(聖)자는 바로 천·지·인을 관통한 사람(天地人＝耳口王), 천·지·인과 교감하는 사람을 말한다.

하이데거와 데리다, 그리고 포노로지

서양 철학은 '언어'와 '존재'에서 곡예를 하고 있다. 데리다는 언어의 레벨에서 놀면서 에크리튀르를 주장하고 에크리튀르한 바탕(문자의 공백)을 상기시키고, 하이데거는 존재의 레벨에서 놀면서 존재자(도구화된 존재)를 상기시키고 있다. 데리다의 바탕은 하이데거의 존재에 해당하고, 하이데거의 존재자는 데리다의 문자에 해당한다.

그러나 둘은 서로 다른 평면에서 교차하고 있다. 데리다는 존재자의 평면에서 놀면서 존재를 향하고 있고, 하이데거는 존재의 평면에 놀면서 존재자를 향하고 있다. 두 철학자는 차연(差延. 공간적 差異와 시간적 遲延)에서 서로 만난다. 데리다의 차연은 'différance'이고, 하이데거의 차연은 'Unter-Schied'이다.

철학자 김형효는 이렇게 말한다.

우리는 하이데거의 'Unter-Schied'를 데리다의 'différance'와 같은 의미로 본다. 그래서 그 개념을 '차연'이라고 번역한다. 어떻게 보면 데리다의 'différance'는 하이데거가 이미 먼저 말한 'Unter-Schied'의 사유방식에서 빌린 것이 아닌가 하는 의혹이 든다.

데리다가 '차연'이라는 단어를 만드는 수법은 하이데거를 닮았다. 데리다는 '차이(différence)'에서 'e'를 'a'로 바꾸어 '차연(différance)'이라고 했다. 이는 하이데거가 '차이(Unterschied)'를 둘로 쪼개서 '차연(Unter-Schied)'이라고 한 것과 매우 유사하게 보인다. 기존 단어에 조금의 변화를 가해서 만들었지만 발음과 글자는 거의 같다. 아마도 하이데거의 영향을 받은 데리다가 하이데거의 생각을 빌린 것이 아닌가라고 김형효는 추측한다.

김형효는 하이데거 존재론에 대한 데리다의 비판은 정당한 것 같지 않다고 말한다.

데리다는 존재의 개념을 영원한 현존의 진리와 그 형이상학의 아성으로 보아서 그것을 해체하려고 하는 데 반하여, 하이데거는 존재를 데리다처럼 현존의 초시간적 성역으로 여기지 않았다. 그러므로 데리다의 반존재론적 철학은 하이데거의 사유에 대한 비판이 될 수 없다. 데리다는 하이데거의 존재론을 오독한 것으로 여겨진다. 왜냐하면 하이데거에서 존재의 의미는 영원한 현재적 존재로서의 현존(la présence=presence)이 아니라 생멸을 나타내는 사건(das Ereignis=event)이거나 생기적 사상(事象, die Sache=state of affairs)에 해당하기 때문이다.

하이데거가 데리다보다 세대가 빠르다. 데리다와 하이데거는 약 40여 년의 차이가 있다(하이데거, 1889~1976. 데리다, 1930~2004). 40여 년이면 약 1세대 반 혹은 2세대의 차이이다. 누가 누구를 베낀 것인가는 자명해진다. 데리다의 문자학은 하이데거의 프랑스적 번안(飜案) 혹은 표절(데리다가 하이데거에게서 아이디어를 얻은 것으로 명시하지 않았기 때문에)

에 해당한다. 데리다는 분명 철학적 엎어치기에 능한 것 같다. 그의 문자학도 실은 문자의 엎어치기가 아닌가!

데리다와 하이데거는 둘 다 약점을 지니고 있다. 물론 약점이 강점으로 비치기도 한다. 데리다의 에크리튀르와 문자학은 '공백의 문자학' 또는 '여백의 문자학'이 되었고, 하이데거는 존재를 발견했지만 그의 사물은 존재자에 머물렀다. 사물이 존재자인 것은 인간이 그렇게 보기 때문이다. 데리다는 '문자'와 '문자의 바탕'을 뒤집는 서커스를 한 셈이다. 그 뒤집은 바탕을 가지고 문자학이라고 명명한 셈이다. 이것은 이름을 붙여놓고 '이름은 이름이 아니다'라고 하는 수법이다.

데리다와 하이데거는 언어의 덜미에 붙잡혔다. 철학 행위가 언어 없이는 불가능하고 인간과 언어 이외에 의미 있는 처소가 없기 때문이지만, 언어로는 우주의 본질에 도달할 수 없다. 데리다의 부재(不在, absence)와 하이데거의 존재(存在, Being)에는 아직도 자아가 남아 있다. 그런 자아를 '자아의 거울', '거울의 자아' 혹은 '자아의 그림자', '그림자의 자아'라고 말할 수 있다.

에크리튀르는 여백이 아닌 것이다. 여백이 에크리튀르를 드러내는 것 같지만 그것들은 상호 관련성 속에서 드러나는 것이다. 그래서 동양 불교의 무(無)나 공(空), 그리고 노자의 무위(無爲)나 무위자연(無爲自然)의 경지에 이르지는 못하고 있다. 데리다의 그라마톨로지의 특징이자 강점인 동시에 약점은 '에크리튀르'에 있으며, 그것은 '공간(평면)'을 전제하고 있다. 하이데거의 존재론의 특징이자 강점이면서 약점은 '시간'에 있으며, 그것은 '시간'을 전제하고 있다.

공간과 시간은 대상이다. 하이데거는 시간을 가지고 공간을 벗어난 것 같은 제스처를 취하고, 데리다는 공간을 가지고 시간을 벗어난 것처럼 제스처를 취한 것에 불과하다. 시간과 공간을 가지고 평풍을 한 것에 불과하다. 하이데거와 데리다는 '차이'를 주장함으로써 이성 중심주의에서 벗어난 것 같지만 사물의 이면에 들어오지 못하고 있다. 이들의 차이는 여전히 '표면의 차이'에 불과하다. 시공간을 없애버리면 '차이'조차 없어진다. 이성을 전제하지 않으면 차이도 없어진다.

만약 철학이 '차이'조차 없애버리면 "세계에 던져졌다"고 생각할 필요도 없고 죽음을 두려워할 필요도 없어진다. "세계에 던져졌다"는 것 자체에 이미 보이지 않는 '자아(나)'가 전제되어 있으며, 죽음이 두려운 것은 삶에 길들여진 '삶의 자아'가 전제되어 있기 때문이다. 하이데거와 데리다의 철학적 스승인 니체가 '허무주의'를 주장하는 것 자체가 허무를 극복한 '긍정의 철학'이라고 하지만 그 이면에는 아직도 허무를 극복하지 못한 '자아'가 도사리고 있다.

자아를 버리지 못하면 인간은 세계를 다면체(다중체)나 표면의 차이로 볼 수밖에 없다. 다면체나 차이라는 것은 시각적 차이이며, '시각-언어-대상'의 연속에서 벗어나지 못하고 있다. 시각 중심의 서양 문명에서 언어는 시각을 대신하며, 대상은 언어로 외연을 넓힌 것이다. 서양의 시각 중심 문화는 이성 중심 문화를 도출했으며, 사물의 외연을 넓히는 데 성공했지만 사물의 내포(內包)에 도달하지 못한 셈이다. 사물의 외연을 넓힌 것이 보편성이고, 사물의 내포에 도달하는 것이 일반성이다. '차이'는 사물의 외연과 내포의 사이에 있는 것이다.

어쩌면 데리다와 하이데거는 서양 철학자로서 최선을 다해서 서양 철학의 '대상(對象)의 굴레'에서 벗어나서 동양 철학의 그것에 도달하려고 노력했는지도 모르겠다. 다시 말하면 서양 철학으로서는 더 이상 동양의 정수에 들어오지 못한다는 말이다. 동양의 그것에 도달하기 위해서는 동양에서 살아보는 수밖에 없다. 아니면 서양에서라도 동양적인 삶을 살아보는 수밖에 없다. 그래서 사는 것과 아는 것은 근본적으로 다른 것이다.

서양 철학과 문명은 '남성적 자아(自我)'를 버리지 못하고 있으며, '여성적 무아(無我)'의 경지에 도달하지 못하고 있다. 서양은 '여성적 무아'와 '자연의 무위'를 두려워하고 있다. 결국 아는 것이 시공간이며 차이이다. 이러한 것은 모두 남성적 자아의 산물이다. 사는 것은 아는 것이 아니며, 그러한 점에서 사는 것은 여성적 자아이다. 아는 것은 사는 것을 조금 도울 뿐이며, 아는 것은 사는 것의 필요에 잠시 응하는 것일 뿐이다.

'아는 것(앎)'의 편에 있는 철학은 '사는 것(삶)'의 편에 있는 인류학을 이기지 못한다. 삶은 무엇보다도 현장을 떠나서는 알 수 없는 느낌의 세계이고 교감의 세계이다. 삶은 맛보는(지금 느끼는) 감각의 세계이다. 철학은 지금껏 감각을 대상화해왔고 대상화된 감각을 감각이라고 해왔다. 그러나 그것은 '대상화된 감각'이다. 대상화되지 않은 감각은 몸에서 몸으로 통한다. 이를 교감(交感) 또는 전율(戰慄)이라고 말할 수 있을 것이다. 이것에는 생각이 끼어들 여지가 없다. 대상화되지 않는 감각이야말로 진정한 존재의 세계이다.

그런데 하이데거는 데리다처럼 소리를 오해하는 덫(소리＝이성)에 걸리지는 않았음에도 불구하고 왜 사물을 존재자로 보았을까. 이는 사물(존재)을 사물(존재자)로 규정하는 언어의 영향이다. 그는 언어를 존재를 담는 그릇이라고 했다. 하이데거는 언어를 존재와 존재자를 연결하는 도구로 사용하고 있다. 그래서 그에게는 '존재의 언어'와 '존재자의 언어'가 있는 셈이다. 그는 서양 철학의 관습대로 사물을 존재자로 본 것이다.

하이데거는 "존재는 시간의 흐름 속에서만 가능하고 시간 밖에 따로 실유(實有)하는 존재가 없다"고 말한다. 물론 존재를 파악하는 것은 시간 속이지만, 시간조차도 인간이 만든 것이기 때문에 "존재는 그냥 흐름 자체"라고 하는 편이 옳다. 하이데거는 아직 시간이라는 언어를 의식하기 때문에 흐름 자체에 이르지 못하고 있다.

서양 철학은 존재에 다가서면서도 마지막 단계에서 시간과 공간, 즉 언어를 버리지 못한다. 그래서 하이데거는 시간이 실체가 아니라 작용(體가 아니라 用)이라는 점에서 시간을 시간화(時間化, Zeitigung)라고 말한다. '시간화'라는 말에는 시간에 반대되는 공간에 대한 의미가 내포되어 있고, 따라서 공간을 시간화한다는 의미가 내포되어 있다. 시간과 공간은 함께 없어져야 한다. 예컨대 시간화라는 말이 가능하면 공간화라는 말도 가능하고, 공간화라는 말은 시간의 공간화라는 말이 된다. 시간은 이미 공간이고, 공간은 이미 시간이다. 하이데거는 아직 시공간을 벗어나지 못한다.

그래서 존재를 굳이 '마음'이라고 말할 필요도 없다. 물론 서구 이성 중심주의 문화에서는 마음이라고 해야 존재에 다가설 수 있지만, 그렇지 못한, 예컨대 비이성적인 혹은 직관적인 문화, 원시 미개 사회의 대칭적 사고에 길들여진 문화에서는 존재를 마음이라고 할 필요도 없다. 이미 물(物)이 심(心)이다. 이것이 물심일체(物心一體)이다. 칸트가 비판을 유보한 '물 자체'가 마음이고 '신'이 마음이다.

'물 자체'와 '존재 자체', '신'은 같은 것이다. 존재는 '존재 자체(Sein selbst)'이다. '존재 자체'에 대해 '어떻게(das Wie)'라고 물으면 이미 '그 자체'에서 벗어날 수밖에 없다. 다시 말하면 언어의 도움을 받아야 한다는 말이다. 그래서 선(禪)불교는 불립문자(不立文字), 교외별전(教外別傳)을 주장하는 것이다. 인간은 물 자체와 신 사이에 시간과 공간을 만들어 세계를 시공간의 교직(交織) 속에 가두어버린 셈이다. 그래서 인간이다. 인간(人間)이라는 말은 시간(時間)과 공간(空間)의 동의어이다.

칸트의 존재론(인식론)적 공간에서 하이데거의 존재론(본질론)을 전개하는 것은 오해를 불러일으키기 십상이다. 하이데거의 존재론은 현상학이 아니다. 하이데거의 존재론을 현상학적인 레벨에서 논의하는 것은 이미 틀린 것이다. 이런 오해가 빚어지는 것은 하이데거가 서양의 이성 중심주의를 벗어났음에도 아직 보편성에서 완전히 돌아서지 않았기 때문이다. 하이데거는 존재론의 설명 과정에서 보편성에서 돌아섰다가 다시 유턴하고 있다. 이는 하이데거가 서양 철학의 보편성과 일반성의 유착을 인식하지 못하고 있는 데서 기인한다.

데리다의 문자학(표지학)은 서양 우화 '발가벗은 임금님'을 반면교사로 삼으면 될 것이다. 재단사의 속임수로 '눈에 보이지 않는 옷'을 입었다고 생각한 임금님은 발가벗고 거리를 행차하게 된다. 그런데 데리다는 문자라는 옷을 입혀 놓고도 옷을 입지 않았다고 주장한다. 말하자면 옷을 입은 사람의 옷은 보지 않고 나체만 보는 것과 같다.

하이데거의 존재론은 '임금님 귀는 당나귀 귀'를 반면교사로 삼으면 될 것이다. 임금님 귀는 당나귀 귀라는 우화와 비슷한 이야기는『삼국유사』와 그리스-로마 신화에도 나온다.『삼국유사』에는 신라 제48대 경문왕의 이야기로 나온다. 경문왕은 왕위에 오르자마자 귀가 커지더니 급기야 당나귀같이 커졌다. 이 사실을 아는 자는 왕의 관을 만드는 복두장이뿐이었다. 복두장이는 그 비밀을 말하고 싶은 것을 참고 있다가 나이가 들어 죽음의 문턱에 이른 어느 날 대나무 숲에 가서 "임금님 귀는 당나귀 귀"라고 외치게 된다. 그 뒤 바람이 불 때마다 대나무 숲에서는 '임금님 귀는 당나귀 귀'라는 소리가 메아리쳤다고 한다.

그리스-로마 신화에서는 손대는 것마다 황금으로 변한다는 미다스 왕의 이야기로 전해진다. 그의 귀도 당나귀 귀였다. 이 사실을 아는 사람은 이발사뿐이었다. 이발사는 이 사실을 입 밖에 내지 않겠다고 왕과 약속했다. 그러나 비밀을 혼자 알고 있어야 하는 답답함에 앓아눕게 되었다. 친구의 조언에 따라 갈대밭으로 가 구멍을 파고 소리를 지르자 병이 나았다. 그 뒤에 바람이 불면 그 갈대밭에서는 '임금님 귀는 당나귀 귀'라는 소리가 났다.『삼국유사』와 그리스-로마 신화의 등장인물은 다르지만 진실을 말하지 않고는 못 배기는 것은 동서를 막론하고 같다.

하이데거는 임금님의 비밀을 안 복두장이와 이발사처럼 존재의 대나무 숲이나 갈대밭에서 바람이 불면 들려오는 '임금님 귀는 당나귀 귀'라는 존재의 소리를 들을 수 있었다. 그는 인간(현존재)이라는 존재에서 존재자를 분리하는 것(존재자의 감옥에서 존재를 탈출시키는 것)에는 성공했지만 사물을 여전히 언어라는 감옥에서 탈출시키지 못하고 있다. 사물을 존재자로 고정시킨 서양 철학의 전통을 완전히 극복하지는 못한 셈이다. 바람의 소리를 통해 들려오는 존재의 진실은 들었지만

'말하지 않는(못하는) 사물'의 소리(파동)는 시공간의 제약으로 듣지 못한 것이다.

실은 사물도 존재이다. 존재자는 단지 사물(존재)의 표면에 인간이 발명한 언어(기호)를 덮어씌운 것이다. 필자의 소리철학, 포노로지는 데리다의 그라마톨로지에 대항하는 새로운 철학이면서 동시에 하이데거의 사물을 존재자로 보는 철학, 즉 '사물=존재자'에 대항하는 철학이다. 하이데거가 사물을 존재자라고 본 것은 '언어=존재자'를 '사물=존재자'로 오해한 것이다. 현존재인 인간이 사용하는 언어가 사물로 하여금 존재자가 되게 한 셈이다.

인간은 자신이 사용하는 도구인 언어에 속은 셈이다. 언어는 세뇌의 주술력이 있다. 사물을 존재자로 규정한 것은 인간의 언어이다. '사물은 존재이다.' 사물을 존재자로부터 존재로 해방시키는 철학이 필자의 소리철학이다. 포노로지는 이단옆차기로 데리다와 하이데거를 한꺼번에 쓰러뜨리는 것이다.

철학은 이제 보편성이라는 것을 포기해야 할지도 모른다. 철학의 대명사인 보편성을 포기하는 것은 철학 자체를 포기하는 것이기도 하다. 철학은 심지어 음악적 보편성마저 포기해야 한다. 철학은 음악적 텍스트에서 소리의 리듬(우주적 파동= 음파)으로 돌아가야 한다.

이것은 아폴론적 질서와 보편성이 아니라 디오니소스적 혼란과 축제이고, '비극의 탄생'에서 한 걸음 더 나아가서 '이성적 낙천주의'나 '기독교적 낙원주의'가 아니라 '자연적 낙천주의'로 통하는 일반성의 철학을 향하는 것이다. 자연적 낙천주의는 한국 문화가 세계에 내놓을 수 있는 철학이다.

이성적 낙천주의는 소크라테스적 낙천주의를 말하는 것이고, 기독교적 낙원주의는 천국을 설정하여 구원을 열망하는 것이다. 둘은 거울의 이쪽저쪽에 있는, 말을 다르지만 같은 것이다. 이에 비해 자연적 낙천주의는 무엇을 새롭게 추구하는 것이 아니라 가급적 자연 그대로의 삶, 본능과 본성에 충실한 삶을 말한다.

필자의 포노로지는 소리에 대한 서양 철학의 애당초 잘못된 인식을 지적하면서 새롭게 '소리의 무의미'와 '말씀의 유의미'의 차이를 강조하는 것을 출발점으로 하고 있다. '말씀의 의미'에는 이미 언어(음성 언어, 문자)가 들어가 있으며, 언어의 의미를 소리에 투사하고 있다.

포노로지는 소리의 '원(原)존재성'을 복원함으로써 서양 철학의 의미와 개념을 해체시키는 철학이다. 소리는 의미가 아닌데 마치 의미(제1의 의미)인 것처럼 되어 문자 속에서 사라져버렸다. 이는 소리에 대한 문자의 의미에의 강요이고 폭력이고 절대적 휘두름이다. 문자로 인해서 실은 의미와 속박과 폭력이 이루어졌다.

영혼의 말이 가능하기 위해서는 영혼에 진리의 말이 새겨져 있어야 한다는 점에서 문자가 말을 가능케 하는 근거라고 데리다는 말한다. 하지만 실은 영혼과 말이 따로 있는 것이 아니라 말이 영혼이다. 말이 없으면 영혼이 없다.

비동시적인 차이의 표현은 곧 말이 문자의 생리와 다르지 않다고 말하지만, 이것은 말이 문자의 근거가 되는 것이 아니라 말에는 이미 언어(음성 언어, 문자)가 들어 있는 것에 지나지 않는다. 만약 말에 언어가 들어 있지 않으면 그것은 의미가 없는 소리이다.

소리에는 의미가 없다. 인간이 소리에 의미를 부여한 것이다. 그래서 문자보다 소리가 먼저이다. 소리에 의미가 들어 있는 것은 인간이 이미 소리에 말(언어, 문자)을 투사했기 때문이다. 의미란 인간이 자신이 투사한 것을 다시 돌려받는 문자의 현상학적 환원(순환)에 불과하다. 소리가 현상학적 환원이 아니라 문자야말로 현상학적 환원의 주범이다. 음성 언어가 문자 언어가 되면서 심각하게는 문자가 있기 때문에 신과 과학이 성립하는 것이다.

생각과 신과 과학이라는 것은 모두 환원주의의 산물이다. 세계는 텍스트가 아니라 콘텍스트이다. 텍스트가 책이 아니라고 하지만 책은 텍스트를 어느 곳에서 끊은 것이다. 텍스트가 교차배어(交叉配語)의 과정을 거친다고 하더라도 하나의 시퀀스를 형성하고, 그 시퀀스 가운데 인과가 들어 있다.

소리는 자기 동일성을 주장하거나 표상하는 것이 아니다. 소리는 이원 대립항의 차이(차연)를 억지로 만드는 것이 아니라 역동적 이원 대립항 그 자체이다. 소리는 자기 정체성이나 자기 동일성이 없이, 동시에 시간의 연장(延長)이나 지연(遲延) 없이(현재는 과거의 다시 당김이나 미래의 미리 당김이 아니다), 시간과 공간도 없이 공명하는 것이다.

포노로지는 동양의 천지인 사상, 음양 사상을 토대로 서양 철학을 새롭게 해석하면서 대안으로 내놓은 철학이다. 그러한 점에서 포노로지는 새로운 존재론 철학이면서 관념 철학이 아닌 구체 철학, 이성 철학이 아닌 감각 철학, 환유 철학이 아닌 은유 철학의 출발에 속한다.

'포노로지'는 한국 문화가 금세기에 이룩한 일종의 '르네상스 증후군'의 일환일 가능성이 높다. 다시 말하면 그동안 철학을 수입만 해오던 입장을 바꾸어 수출하게 되는 제1호이다. 인류 문화의 철학적 일반화와 새로운 보편화를 위해 한국 문화가 세계에 참여한 업적이라고 볼 수도 있다.

한글이 1443년에 창제되어 1446년에 반포되었으니 한글문화권에서 실로 560여 년 만에 소리철학이 탄생한 셈이다. 한자문화권의 한자 형태소의 의식적 의미, 시각적 의미를 해체하고, 음소의 무의식적 의미, 청각적 의미를 새롭게 구축하는 것을 통해 중화권으로부터 문자와 문화의 완전한 독립을 선언하는 셈이다. 이는 음소의 존재성과 존재자성을 왕래하는 성질의 발견에 따른 것이다. 소리는 사물이 아니면서 사물(존재)을 나타내고(은유하고), 문자는 사물이 아니면서 사물을 지칭한다(환유한다). 소리는 존재이고, 문자는 사물을 왜곡한다.

하느님과 소리, 한민족

도대체 '소리'란 무엇인가?

가톨릭이 이 땅에 처음 들어올 때 기독교의 신을 '천주(天主)님'으로 옮겼다. 지금도 가톨릭에서는 '천주'라고 쓰고 있다. 기독교 개신교(프로테스탄트)가 들어오면서 이 신은 하나님(하느님, 하ᄂᆞ님)이 되었다. 이후 기독교는 요원의 불길처럼 일어나 지금 전체 신자가 1,400만 명 정도에 이르게 되었다.

'소리'가 과연 무엇인지를 우리나라에서 '여호와'라는 말이 '하나님'이 되는 과정을 보면서 살펴보자.

1891년 재령읍교회에서 예배를 보고 있는데 천주교인이 떼 지어 몰려와 신도들을 성당으로 납치, 태형(笞刑) 등 폭행을 한 것을 비롯하여 기독교회의 건축 방해 등 전국적으로 적지 않은 충돌 사건이 있었다. 이렇게 천주교 신도들이 소란을 피운 이유의 하나는 기독교에서 처음에 신앙의 대상을 천주(天主)라고 불렀기 때문이기도 했다. 결국 기독교는 이 칭호를 달리하기로 작정했다. 칭호를 '하나님'으로. 언더우드 목사는 '신·상제·하느님·하늘님' 등 갖가지 칭호 중에서 '하나님'으로 결정하는 데 결정적 구실을 했던 것이다._「경향신문」 1974년 8월 31일 5면 '종교백년'[宗敎百年] 중에서

'여호와(야훼)'라는 고유명사로 절대신을 지칭하는 우리말(한글) '하느님', '하나님'은 지금도 논란의 와중에 있다(기독교 『개역 성경』에서는 '하나님'과 '여호와'로 칭하고 있다). 이에 더해 이슬람교의 '아랍어 꾸란'에 '알라'라고 표기된 것을 '한국어판 꾸란'에서는 '하나님'이라고 표기하고 있어 혼란을 가중시키고 있다. 두 종교는 '하나님'이라는 용어를 같이 사용하는 있다(영어판 역시 'God'으로 같이 사용).

'하느님'과 '하나님'의 경쟁에서 하나님이 유리하게 된 것은 '하나님'이란 말이 기독교의 '유일(하나) 신관'과 맞아떨어지기 때문이다. 즉, 하나님 = '하나 + 님'이기 때문이다. '하나'라는 말과 '하느님'의 '하느'가 음운적으로 유사하다는 점도 이 용어를 가능하게 하는 데 크게 작용했던 것 같다.

이러한 말들은 우리 민족의 재래 '하늘 신앙'에 편승하는 기독교 『성경』 번역의 문제이기도 하지만 선교 전략이기도 하다. 동학(천도교)에서는 '한을님'이라고 쓰고 있고, 아래아(·)를 쓸 때는 전통적으로 '하ᄂᆞ님'이라고 쓰기도 했다. 어느 용어로 말하든 소리는 비슷하고 소리에 따른 연상 작용을 일으킨다.

개신교 쪽에서는 '하느님/하ᄂᆞ님'(로스), '신(神)'(이수정), '상제(上帝)'(언더우드)를 함께 쓰다가 최근에야 '하나님'으로 통일했다. 언더우드도 처음에는 신(God)을 '상뎨(上帝)'라고 했다.

언더우드는 '여호와', '진신(眞神)', '상주(上主)' 등을 대안으로 내놓고 써보았는데, '하ᄂᆞ님'이 한국의 토착 종교에서 사용하는 기존의 호칭과 비슷해 혼란을 주리라는 것을 알고 있었다. 하지만 '하ᄂᆞ님'이라는 말을 쓰고 그것을 『성경』적으로 의미 전환하자는 선교사들의 중론을 따른 것으로 보인다.

아펜젤러·언더우드가 번역한『마가의 젼흔 복음셔 언히』(1887년)에는 '신'이라는 칭호을 '상뎨(上帝)'라고 표현하고 있다. 1925년에 펴낸 『신구약 전서』에는 'God'이 '하ᄂᆞ님'으로 표기되어 있다. 또한 '하ᄂᆞ님'이 1933년의 철자법 개정으로 아래아의 표기가 폐지되자 '하ᄂᆞ님'이 서북 지방에서는 '하나님'으로, 중부 이남 지방에서는 '하느님'으로 표기·발음되었다고 한다. 그러다가 점차 '하나님'을 더 많이 사용하게 되었다고 한다. 정리하면, 기독교에서 '신'이라는 용어는 '상뎨', '하ᄂᆞ님', '하느님', '하나님'으로 변천했다.

이렇게 하나님이라는 용어를 장황하게 설명하는 것은 그것의 문자(에크리튀르)와 표기를 따지기 위해서가 아니다. 어느 것을 택하든 소리(음운)가 같다는 것을 말하고자 함이다. 적어도 개신교가 여호와의 번역으로 하나님(하느님, 하ᄂᆞ님)을 택함으로써 '상제(상뎨)'라는 말을 택한 천주교보다는 유리한 고지에 선 듯이 보인다. 개신교는 '소리'에 민감한 한국인을 이해했고, 소리를 매개로 '여호와=하ᄂᆞ님'이라고 하는 데 성공했기 때문이다. 한국인은 기독교의 유일 신관 개념에 대한 이해도 없이 소리의 바꿔치기로 기독교를 섬기기 시작했다.

한국인은 스스로를 '천손족(天孫族)'이라고 한다. 스스로를 '선민(選民)'이라고 생각하는 이스라엘 민족보다 하늘 신앙이 더 강하다. 천지신명(天地神明)이라는 말이 한국인의 의식과 무의식을 장악하고 있다고 해도 과언이 아니다. 한국인에겐 하늘은 하늘의 소리이고, 양심은 양심의 소리이다. 한국인은 소리에 민감하다. 한국인은 왜 소리에서 존재(혹은 존재자)를 느끼는 것인가?

따지고 보면 한국인만 그런 게 아니다. 유대-기독교주의의 서양 문명도 마찬가지이다. 기독교『성경』에 "태초에 말씀이 있었다"라는 구절이 있다. 그 '말씀'이라는 말에는 소리[音]와 로고스(理性)가 동시에 들어 있다(소리와 로고스는 이중적이다). 이것이 문제이다. 서양은 소리와 로고스 중에서 로고스로 향했다. 나아가 '소리＝로고스'라고 했다. 여기서 존재와 존재자의 길이 갈라지는 셈이다.

서양이 로고스로 향한 것은 바로 세상에 가득 찬 소리를 지칭하려고 했기 때문이다. 지칭하려고 하면 이미 그것은 존재자(소리의 명사화)가 된다. 지칭하는 것을 문자로 고정시키면, 더더욱 고정되고 결정화된다. 이것이 유일신의 길이고 로고스의 길이다. 서양은 소리에서 로고스를 끄집어낸 셈이다(이는 일종의 자기 복제[copy] 과정과 같다). 이는 언어를 사용하는 인간의 자기 반사(자기 환영) 혹은 자기 대입이다.

그런데 서양 선교사들은 이번에는 기독교를 전파하기 위해서 이와는 반대로 한국인의 '소리(하느님)' 속에 '로고스(여호와)'를 도로 집어넣었다고 할 수 있다.

어느 책에선가 언더우드(元杜尤: Horace Grant Underwood: 1859~1916) 박사는 '상제'를 고집했는데 그의 부인이 '하느님'을 강력하게 주장하여 고집을 꺾었다는 얘기를 읽은 적이 있다. 여자가 남자보다 소리에 민감한 모양이다.

이 땅의 기독교인은 예수와 그의 부활을 역사라고 믿었기 때문에 신앙의 대상이 되기에 충분하다고 생각했다. 그러나 기독교는 또한 신화이며 그 신화는 계속해서 새롭게 쓰이기에 위대한『성경』이 되었다는 사실을 모른다.

반대로 이 땅의 단군을 믿는 사람들은 낭만주의 사관에 의해 역사를 신화에 매몰시키고 신화를 역사에서 부활시킬 문화 능력을 지니지 못했다. 그래서 역사는 역사대로 죽고, 신화는 신화대로 죽는다. 단군이 신화가 아니라 역사라고 주장하면서, 실지로 살아 있는 신화가 되도록 크게 노력을 하지 않는다. 신화가 되지 않는 역사는 모두 사라진다는 사실을 모른다.

한국에서 신화(살아 있는 신화)는 죽고, 역사(낭만주의 역사)만 활개 치는 이유는 바로 신화와 역사가 교차되어 있기 때문이다. 그 원인은 바로 '소리'에 있다. 소리에 민감한 한국인은 여성성에 가까운 민족인가? 남의 신화(기독교『성경』)를 믿는 데만 열성적이다.

자신의 전통적 하늘 신앙을 믿지 않는 것은 자기 부정적(자기 비하적)이긴 하지만 어떤 경우에도 하늘 신앙(애국가의 "하느님이 보우하사")을 가진 나라는 역사에서 사라지지 않는다. 하늘 신앙은 인간의 자기 믿음, 자기 대화, 자기 극복, 자기 성공, 즉 '자신(自身, 自信, 自新, 自神)'의 산물이기 때문이다.

동해물과 백두산이, 남산 위에 저 소나무

대한민국 애국가의 가사는 곰곰 음미할수록 새 맛이 나고, 새 맛이 나다가 '깊은 맛'이 난다. 깊은 맛이 난다는 것은 그 하나의 노래에 한국인의 성격과 한국 문화의 특징이 고스란히 드러난다는 뜻이다.

애국가는 1930년대 후반 안익태가 오스트리아 빈에서 유학하던 시절에 작곡한 것을 1948년 8월 15일 대한민국 정부 수립과 함께 공식 석상에서 연주함으로써 우리나라 국가로 불리게 되었다. 애국가의 가사에 대해서는 여러 설이 있으나 윤치호가 작사했다는 설이 가장 유력하다. 시인 주요한과 안태국의 사위 홍재형 등은 윤치호가 지은 '협성회무궁화가'를 안창호의 요청으로 개사한 것이 애국가의 기원이 되었다고 진술했다. 이는 홍재형이 안태국의 말을 회고하는 『안도산전서』에서 살펴볼 수 있다.

본래 애국가 가사의 첫 절이 "성자신손 오백년은 우리 황실이요, 산고수려 동반도는 우리 조국일세"라고 되어 있었는데, 도산(안창호)이 하루는 서울서 내려온 교장 윤치호를 보고 "이 가사가 적당하지 않으므로 고쳐서 부름이 좋겠으니, 교장께서 새로이 한 절을 지어 보시라"고 청하자 윤치호가 도산의 생각을 물었고, 도산이 "동해물과 백두산이 마르고 닳도록 하느님이 보우하사 우리나라 만세"라는 구절을 보여주자 윤치호가 기뻐하면서 찬성하자 도산이 이를 교장인 윤치호가

지은 것으로 발표하자고 제안하여 전국적으로 퍼져 나가게 되었다.

원래 4절의 첫 가사는 "이 기상과 이 맘으로 임군(임금)을 섬기며 괴로우나 즐거우나 나라 사랑하세"였으나 1919년도부터 상해에서 고쳐 부르기 시작했다. 현재의 애국가 가사에 윤치호와 안창호가 관여했음을 알 수 있다. 어쨌든 애국가의 가사는 한 사람에 의해 지어진 것이 아니고 여러 사람의 손을 거쳐 개사하는 과정을 거쳐 오늘에 이르게 된 것이 분명하다.

동해물과 백두산이 마르고 닳도록/ 하느님이 보우하사 우리나라 만세/ (후렴) 무궁화 삼천리 화려강산/ 대한사람 대한으로 길이 보전하세_1절

남산 위에 저 소나무 철갑을 두른 듯/ 바람서리 불변함은 우리 기상 일세/ (후렴 생략)_2절

동해물은 바닷물인데 어떻게 마를 것인가. 2,744미터의 백두산이 어떻게 닳을 것인가. 자연의 '있는 것에서 점차 없어지는 것'을 생각하고 있다. 말하자면 대한민국이 영원할 것을 이렇게 표현했다.

무궁화(無窮花)의 무궁(無窮)은 무(無)자 하나를 달랑 쓴 것보다는 동양의 사상을 표현하는 데 적합하다. '무궁'은 '다함이 없다'의 뜻이고 '무(無)'는 '없다'의 뜻이다. '무'는 서양적 사고방식을 기준으로 보면 '유(有)'의 반대말이 되어 진정 '없다'는 뜻으로 오해되기도 한다. 그것

보다는 '무궁'이 더 적합하다. 국화인 무궁화를 빌려서 문화적으로 꽃을 피울 것을 꿈꾸었다는 것도 참으로 짧은 가사 속에 들어갈 것은 다 들어간 것으로 보인다.

동해물과 백두산, 무궁화는 자연의 주어진 것을 인정하면서 변해가는 것을 인정하는 내용이다. 한국 문화는 소박하고 자연 친화적인 것을 특징으로 하는데 그러한 심정을 그대로 반영한 셈이다.

'대한사람 대한으로'는 애국가의 클라이맥스이다. 이는 바로 존재를 존재 그대로 살게 하라는 본능적·집단무의식적 주문이다. 일제 식민 상태에서 '대한사람'을 '대한사람'으로 자유롭게 살게 하라는 강력한 민족적 외침이다. 이는 한민족의 'Let it be'인 셈이다. 한국인은 타고난 성품 그대로 사는 것을 좋아한다.

애국가는 하나의 국가이지만 철학적으로 존재 철학이나 소리 철학의 면모를 상징적으로 보여주고 있다고 해도 과언이 아니다.

애국가 2절에서 왜 '바람서리 불변함은 우리 기상일세'인가. '바람서리[風霜]'가 과연 불변하는가! 그것이 왜 또 우리의 기상이 되는가! 여기에 한국인의 본래적 속성이 있다. 바람은 잠시도 변하지 않음이 없다. 그런데 변하지 않음이 없는 것을 불변으로 느낀다. 이는 존재를 존재자로 느끼는 것이다. 바람에서 존재와 존재자를 동시에 느끼고 있는 것이다. 바람은 그 자체가 소리이고 따라서 '소리의 존재'이다. 바람은 소리의 동사적 상황을 잃지 않고 있다. 바람은 잠시도 움직이지 않는 적이 없다.

산은 왜 남산(南山)이고 나무는 왜 소나무인가! 바람은 소나무를 스치고 간다. 산에 소나무가 있는 것은 한국의 대표적이고 일반적인 풍경이다. 아마도 서울의 남산을 생각했겠지만, 그것이 아니어도 한국의 마을에는 배산임수로 인해서 항상 눈앞에는 따뜻한 남산이 있다. 남산이 바라보이는 곳이 한국인의 이상향이다. 바람은 눈으로 볼 수 없는 것이다. 나무를 통해서, 나뭇가지의 흔들림을 통해서 볼 수 있다. 소나무는 한국의 상징 나무이다. 소나무와 바람은 풍류(風流)를 연상시킨다. 가을의 서리[霜]는 소나무와 함께 그것 자체가 기상(氣像, 氣象, 氣相)을 표상한다. 기(氣) 일원론의 한민족이여!

애국가 3절은 참으로 한국의 대표적인 자랑인 가을 하늘과 달을 주제로 한 매우 미학적인 구절이다. 2절에서 이어지는 한국인의 기상은 가을 하늘과 같은 공활함에 이른다.

가을 하늘 공활한데 높고 구름 없이/ 밝은 달은 우리 가슴 일편단심
일세/ (후렴 생략)

공활(空豁)이란 무엇인가? '텅 비어 매우 넓음'이다. 공(空)은 '빌 공'이고 활(豁)은 '뚫린 골, 열리다, 통하다'의 뜻이 있다. 가을의 푸른 하늘로 뚫리어 있는 한국인의 마음이다. 뚫리어 있다는 말은 처음부터 공(空)한 것과는 다른, 서로 소통한다는 것이다. 그런데 그것이 밤이 되어 밝은 달로 더욱더 승화된다. 한국인은 달을 좋아하는 민족이다. 서양은 해를 좋아하고 동양은 달을 공통적으로 좋아하지만, 한국인의 '달' 사랑은 유별나다. 밝은 달은 어떻게 우리 가슴인가! 가슴에 달을 품고 있다는 뜻이고, 가슴으로 세상을 살아간다는 뜻이다. 달은 우리 가슴이고, 그 가슴은 더더욱 일편단심(一片丹心)이다.

일편단심은 직역하면 '한 조각 붉은 마음'이다. 말하자면 '참된 정성 (精誠)', '정성이 가득한 마음'이고 '절대적인 마음'이다. 세상 모두를, 빛과 어둠을 동시에 포용하는 황색의 달빛은 각자 마음에 들어와서는 오로지 님을 향한 붉은 마음이 된다. 상대와 절대를 아우르는 마음, 어머니 마음이다. 공활에서 일편단심으로 이어지는 이것은 한국인의 마음, '한마음'이다.

애국가 4절은 나라 사랑으로 끝을 맺는다.

> 이 기상과 이 맘으로 충성을 다하여/ 괴로우나 즐거우나 나라 사랑
> 하세/ (후렴 생략)

식민 치하에서 온갖 고통과 서러움을 겪으면서 나라에 대한 마음이 얼마나 간절했겠는가. 인간이 개인적으로 아무리 높은 이상과 행복을 추구한다고 해도 그것을 구체적으로 달성하는 데는 나라가 없으면 불가능하다. 인간은 그렇게 집단적인 삶을 추구해왔고 역사적일 수밖에 없는 존재이다.

인간이라는 자연적 존재는 역사 속에서 항상 역사적 존재자로 탈바꿈한다. 그래서 애국가 2절처럼 '바람의 불변'을 강조한다. 바람의 불변은 소리의 불변이다. 한국인은 '바람'이 '기(氣)'이고 '소리'가 '기'라는 것을 본능적으로·무의식적으로 알고 있다. 애국가는 한국인의 본능이 잘 드러난 노래이다.

애국가는 우리 민족의 압축된 은유이고 신화이다. 어떻게 짧은 가사속에서 그러한 압축이 가능하게 되었는지 신비스러울 지경이다. 어려

운 말도 없이, 그것도 마치 완벽한 자연주의를 표현하듯 봄·여름·가을·겨울처럼 사계절을 품은 4절로 이루어져 있다.

한국의 애국가는 일본의 국가인 기미가요(君が代)와 대조를 이룬다. 일본의 국가인 기미가요는 일본의 고전 시가집『고금화가집(古今和歌集)』에 수록되어 있는 작자 미상의 와카(和歌)에서 '我が君は'를 '君が代は'로 바꾼 곡이다. 메이지 시대에 이르러 이것에 궁정 음악 연주자[伶人]인 하야시 히로모리(林広守)가 곡을 붙였고, 1893년부터 묵시적으로 인정되어 국가의 공식 행사에서 연주되었다(법적인 제정은 아니었다).

일본이 제2차 세계대전에서 패함으로써 기미가요는 없어졌으나 1999년에 제정된 일본의 '국기 및 국가에 관한 법률(국가·국기법)'에 의해 법적으로, 이번에는 정식으로 국가가 되었다. 이에 비해 한국의 애국가는 아직 법률적 국가로 인정받지 못하고 있다.

기미가요의 첫머리는 "君が代は 千代に 八千代に/ さざれ石の岩ほどなりて/ 苔のむすまで"이다. 이를 번역하면 "임금이시여, 천세만세하소서(군주의 통치는 천대에서 팔천 대까지)/ (계속되소서) 조약돌이 큰 바위가 되고/ 이끼가 낄 때까지"이다.

조약돌이 어떻게 큰 바위로 커질 수 있는가? 임금의 통치가 계속되고 나라가 오래 존속하기를 기원하는 것이야 당연하다. 그런데 그것의 비유가 조약돌이 바위가 되는 것이다. 참으로 억지이고 비자연적이다. 일본의 이러한 인위의 사고방식이 역사에서는 유리하게 작용하여서 오늘의 일본의 영화가 있는지 모르겠다.

일본인과 한국인의 DNA를 분석하면 지구상에서 가장 가깝고 거의 같다. 하물며 DNA의 특성을 보면 일본인이 더 한국적이다. 일본의 고대 및 중세사를 보면 한반도에서 건너간 이주 세력들이 정치적 주류를 이루고 통치권을 행사했다. 한반도에서 전쟁이나 정변이 일어나면 항상 패한 세력들이나 저항 세력들은 일본으로 망명 및 이주를 했다. 대체로 무인 세력들이 주를 이루었다.

크게 보면 신라의 삼국 통일로 인한 백제 및 고구려 세력의 이주, 고려의 후삼국 통일로 인한 저항 세력의 이주, 조선의 개국으로 인한 고려 저항 세력의 이주 등으로 나눌 수 있다. 여기에 임진왜란을 통해 강제로 일본에 끌려간 도공과 기술자들도 있다.

그런데 한국에서 일본으로 이주한 세력들은 기본적으로 한국 문화의 내림과 훈습을 받았을 것인데 왜 일본 문화는 정반대로 달라졌는가. 한국의 문화는 지극히 자연적이고 무위적인 데 반해 일본 문화는 지극히 인위적이고 형식적이다. 아마도 섬나라라는 일본의 특성이 그렇게 인성을 변화시켰을 것으로 짐작된다.

한국인은 소리[音]를 좋아하고 존재적이다. 일본인은 색(色, 物)을 좋아하고 존재자적이다. 한국인의 '빈 소리'에는 '남(외래)의 관념'이 들어오기 쉽다. 그러나 일본인의 '가득 찬 색'에는 남의 관념이 쉽게 들어가지 못한다. 그래서 도리어 한국인은 관념적(원리적, 추상적)이고 일본인은 실질적(기술적, 즉물적)이다. 여기에 존재와 존재자의 교차가 있다. 한국과 일본은 같으면서도 다르고 다르면서도 같다.

애국가를 말한 김에 태극기도 짚고 넘어가자. 한국의 국기인 태극기는 세계에서도 보기 드물게 우주론을 국기에 담고 있다. 세계에는 여러 나라가 있지만, 우주론을 국기에 표방한 나라는 없다. 중앙의 태극은 음양을 나타내고, 모서리의 막대는 주역의 건곤감리(乾坤坎離)를 나타 낸다.

지구상 국기의 대부분은 땅이나 계급을 나타낸다. 미국의 성조기는 독립 당시의 13개주(줄)와 나중에 편입된 50개주(별)를 표상한다. 영국 의 유니언잭은 잉글랜드(붉은색 십자가)와 스코틀랜드(대각선 흰색)와 아 일랜드(대각선 흰색의 붉은 줄)를 표상한다. 프랑스 국기는 자유(파랑), 평 등(하양), 박애(빨강)를 표상한다. 중국의 오성기는 공산당, 노동자, 농 민, 지식계급, 애국적 자본가 등 다섯 계급을 의미한다. 일본의 일장기 는 태양을 상징한다. 노르웨이의 국기에는 7개국(인도네시아, 핀란드, 네 덜란드, 프랑스, 폴란드, 태국, 모나코)의 국기가 숨어 있다.

한국인은 왜 국기에 동양의 음양(☯)사상과 주역을 집약한 건곤감 리(☰ ☷ ☵ ☲)를 표시했을까? 중국과 일본도 실은 음양사상이나 주 역사상을 문화적으로 공유하고 있는 한자문화권의 나라이다. 중국은 계급사상을 표현한 오성기(五星旗)를, 일본은 일본국의 번영을 상징하 는 태양의 일장기(日章旗)를 국기로 사용하고 있다.

문화적으로 중국은 주역(周易)을 숭상하는 나라이다. 한국은 음양을 숭상하는 나라이다. 일본은 태양을 숭상하는 나라이다. 한국은 한·중· 일의 중간에서 중국의 역괘(易卦)와 일본의 원(圓)을 통섭하고 있다.

태극 음양 사상		
중국	괘(주역)	오성기(五星旗)
한국	태극(음양), 괘	태극기(太極旗)
일본	원(태양)	일장기(日章旗)

주역을 숭상하는 중국은 20세기 중엽에 공산 사회주의 운동을 맞아서 중화인민공화국으로 변했고, 태양을 숭상하는 일본은 근세에서 가장 먼저 서구적 근대화에 성공했고, 한국은 태극 음양을 숭상하기 때문에 역동적으로 변하고 있다. 한 나라의 국기는 그 나라 집단 무의식의 문화 패턴이다.

한국인에겐 무의식적으로 나라와 계급, 땅을 뛰어넘는, 그리고 자연의 끝없는 변화를 수용하는 어떤 커다란 용기(容器) 같은 것이 들어 있는 것은 아닌가 하는 생각이 든다. 그것은 자연이라는 거대한 자궁과도 같은 어머니이다.

K-POP 열풍과 K-Phonology의 의미 연관

　동양의『시경(詩經)』은 악곡(樂曲)이 있는 시(詩) 모음집이었다. 그러던 것이 곡은 없어지고 시(가사)만 남았다. 그래서『시경』의 본래 모습, 예컨대 음악이 곁들여지는 시 낭송을 생각하는 것은 쉬운 일이 아니다. 그러나 시경의 시는 당시 민요였다. 오늘에 비유하면 그 품격이 다르긴 하지만 싸잡아서 말하면 대중가요와 비슷했던 것 같다. 특히『시경』의 시 장르인 풍(風)·아(雅)·송(頌) 가운데 국풍(國風)의 주남(周南)과 소남(召南)에는 사랑과 이별, 그리움 등 남녀상열지사(男女相悅之詞)가 많이 실려 있어 대중가요적인 분위기를 물씬 풍긴다.

　예나 지금이나 민중의 민요나 대중가요야말로 꾸며지지 않은 존재의 목소리이다. 대중가요야말로 제도라는 존재자에 의해 살아가는 일상 속에서도 존재를 드러내는 노래인 것 같다. 말하자면 대중은 가장 값싸고 효과적으로 자신을 달래고 추스를 수 있는 노래를 필요로 했던 것이다.

　대중가요의 사랑 타령, 섹스 타령은 흔히 세속적이고 비철학적이고 형이하학적인 타령조 같지만 실은 대중의 사랑이야말로 현대 해체 철학의 이중성과 애매모호함을 가장 잘 드러내는 실존적 실체이다. 대중가요는 고상하고 형이상학적인 표현을 하지 않지만, 가사를 곰곰이 들여다보면 일상적이고 평범한 그렇고 그런 타성적인 가사들로 채워져 있지만 존재가 물씬 느껴진다. 오늘의 대중가요는 그 옛날 축제의 난장

(orgy)을 느끼게 한다.

대중가요는 우뇌가 만들고 클래식은 좌뇌가 만든다. 대중가요야말로 실은 니체의 분류대로라면 디오니소스적 음악이다. 교향곡은 아폴론적이다. 대중가요를 우습게보아서는 안 된다. 문화 지배론에서 보면 음악을 지배하면 그 나라를 지배한다고 한다. 우리에게 구미의 팝은 낯설지 않은 정도가 아니라 익숙하다. 마치 본래 우리의 것인 듯하다. 팝송을 듣고 지난날을 회상하기도 한다.

어떤 지역에 한국 문화에 대한 열풍이 분다는 것은, 케이 팝(K-POP)이 우리에게 익숙했던 구미의 팝처럼 그 지역 사람들에게 자연스럽게 들린다는 뜻이기도 하다. 음악은 그래서 무섭다. 음악의 전염 속도는 특히 인터넷 시대인 오늘날에는 시공을 초월한 느낌이다. K-POP의 가장 큰 특징은 집단적으로 노래하며 동시에 춤추는 집단가무(集團歌舞)에 있다. 집단가무는 어디서 많이 보던 모습이다.

『삼국지』「위지동이전」'부여조'에 이런 대목이 있다. "은나라 역으로 정월에 하늘에 제를 지낸다. 이때는 나라 안이 크게 모인다. 며칠씩 먹고 마시고 노래하고 춤춘다. 이름 하여 영고(迎鼓)이다. 이때에 형벌을 중단하고 죄인들을 풀어준다(以殷正月祭天 國中大會 連日飮食歌舞 名曰迎鼓 於是時斷刑獄 解囚徒)."

같은 책 '마한(馬韓)조'에는 다음과 같은 대목이 있다. "항상 오월에 파종을 하고 걸립을 하여 귀신에게 제사를 지내고 여러 무리를 이루어 노래와 춤을 즐기고 술을 마신다. 밤낮으로 쉬지도 않고 춤을 추는 사람이 수천 명이었다(常以五月下種 乞祭鬼神 群聚歌舞飮酒 晝夜 無休其舞 數千人)."

이외에도 동양의 고전적(古典籍)들을 보면 우리 민족을 지칭하는 동이족(東夷族)의 특징으로 우선 '제사와 가무와 술을 즐긴다'는 것을 들고 있다. K-POP은 이런 DNA의 부활이다.

흔히 구미의 대중음악을 아프리카나 남미 등의 후진 지역에서 구미의 선진 지역으로 이동한, 문화가 낮은 데서 높은 것으로 이동하는 사례로 꼽는다. 그러나 음악을 문화의 선·후진으로 따지는 것은 잘못된 생각이다. 음악도 다른 문화 요소처럼 서로 접변하여 변동하고 변화할 따름이다. 구미의 팝송은 아프리카 음악을 받아들여 그들의 음악으로 자기화한 결과이다. 아프리카 음악은 일차적으로 스페인 등지에 영향을 미쳤고, 나중에 영국과 미국 중심의 서구 대중음악의 다양화에 크게 기여한 셈이다.

니체는 아폴론적인 음악과 디오니소스적인 음악을 구분했다. 클래식이 아폴론적인 음악에 더 경도된, 질서와 조화를 추구하는 음악이라면, 대중가요는 디오니소스적인 음악에 더 경도된, 질서보다는 무질서를 용납하고 존재의 맺힘과 응어리를 풀어내는 음악일 것이다. 음악이 신(神)에 도달하는 방식도 조화의 신을 추구하는 아폴론형이 있을 것이고, 무질서의 신을 그대로 표출하는 디오니소스형이 있을 것이다. 대중가요는 후자에 더 가까운 것 같다.

아프리카 음악이 세계 대중음악계에 영향을 크게 미치는 것은 역시 격렬한 춤 동작과 함께하는 리듬 위주의 음악이기 때문이다. 격렬한 춤을 출 때는 멜로디가 중요하지 않다. 리듬에 가까울수록 좋은 것이다. 아프리카 음악은 노래라기보다는 춤이다. 춤이 없는 아프리카 음악은 생각하기 어렵다. 말보다는 음악이, 음악보다는 춤이 더 디오니소스에 가깝다.

아폴론적인 성격을 갖는 서사시(혹은 클래식)와 다른 민요(대중가요)란 무엇인가. 모든 민족과 세계인들에게 퍼져나가고 항상 새롭게 탄생하고 변신하는 민요의 전파력은 자연이 갖는 이중성과 모호성이 예술이라는 이름으로 어떻게 전해지는가를 가장 생생하게 보여준다. 그 광란비의적(狂亂秘儀的) 음악과 율동 속에 자연은 본능적으로 그 흔적을 남기는 것이다. 한마디로 대중음악은 존재 그 자체인 셈이다.

세계적인 록 페스티벌의 원조인 우드스톡 페스티벌(1969년)이 아니더라도 대중가요를 무대에 올리는 음악 축제는 우리가 눈으로 볼 수 있는 가장 디오니소스형에 가까운 음악일 것이다. 그런데 클래식은 존재자에 가깝고, 대중가요는 존재에 가깝다. 물론 클래식도 감정을 표출하지만 그것을 일단 정제한 이성적인 작업의 소산이라면, 대중가요는 분출하는 감정을 담는 것에 만족하는 것 같다. 그런데 그 만족이라는 것이 존재에 가깝다는 말이다.

클래식은 다양한 멜로디를 지향하지만 대중가요는 점점 리듬에 수렴되는 경향을 가지고 있는 것 같다. 일정한 가사와 멜로디의 반복은 그 자체로 음악 전체를 리듬 중심으로 향하게 하는 효과를 갖는다. 대중가요에서 특히 리듬을 타면서 말(사설, 아니리)을 늘어놓는 랩(rap)의 등장은 노래를 점점 더 일상화하고 있다. 말하자면 일상이 예술이고, 예술이 일상이다. 이는 현실의 꿈과 꿈의 현실을 중첩시키는 효과와 함께 우리를 가상 실재에 익숙하게 한다.

나는 학창 시절에 영국과 미국의 팝송을 들으면서 청춘을 보냈다. 팝송을 들으면서 영어 공부도 하고 청춘의 수많은 시간을 보낸 것은 실은 문화적으로 팍스 아메리카나의 일원으로 참가한 것이었다. 선진 문화를 이끌어가는 국가는 문화 능력이 높을 뿐만 아니라 자의든 타의든 지배 국가인 것이다. 많은 문제점이 지적되고 있음에도 불구하고 미국 문화는 현재까지 세계 문화의 본보기가 되고 있음은 물론이다.

그런데 최근 믿어지지 않을 정도로 한국의 팝송이 일본과 미국, 그리고 영국, 프랑스, 남미 등지에서 큰 인기를 끌고 있다고 한다. 이른바 K-POP 열풍이다. 이러한 열풍과 함께 국내에서 각종 음악 오디션 프로그램이 성황을 이루고 있다. 한국의 소리가 지금 지구촌을 들썩거리게 하고 있는 것이다. 도저히 믿기지 않는 사건이다. 참으로 예로부터 가무(歌舞)의 민족이라 불리던 우리 민족에게 어울리는 세계적 정복이다.

서양 문화에 대해서 어느 정도 전문가임을 자부하면서도 항상 무의식적으로 콤플렉스에 빠져 주눅이 들어 있던 나로서는 어떻게 이런 일이 일어날 수 있는가 하고 반문할 정도이다. 그래서 K-POP과 함께 필자의 K-Phonology(Korea-Phonology의 약자)를 떠올리게 된다.

한글을 세계에 처음으로 알린 것은 태권도였다. 가난한 나라였던 한국은 자금이 적게 드는 무예 태권도를 세계에 보급함으로써 구령과 함께 한글을 알리기 시작했다. 태권도의 구령 소리는 한국인에게 세계에 참여할 수 있는 용기를 불어넣어주었고, 그 소리는 점점 커져 오늘날 선진국 대열에 설 정도가 되었다. 무예, 스포츠, 산업, 의식주를 넘어 이제 예술, 음악, 대중가요가 선진국의 문을 노크하고 있는 셈이다.

K-POP이 세계의 라디오와 텔레비전 및 인터넷 매체를 타고 지구촌에 울려 퍼진다는 것은 생각 이상으로 큰 사건이다. 머지않아 세계의 젊은이들은 K-POP을 배우고 노래하면서 저절로 한국말을 하게 될 것이

다. K-POP의 성공은 지구촌 사람들의 삶의 가장 밑바닥을 파고드는 것이기 때문에 다른 전문 분야에서의 성공보다 훨씬 큰 파급력을 가질 것이며, 이를 통해 한국이 완전히 선진국에 진입했음을 알리는 바로미터의 효과가 있다.

한국의 철학으로 소리철학, 포노로지의 탄생은 K-POP과 같은 소리를 바탕으로 하고 있다는 점에서 참으로 의미심장한 메시지를 담고 있다. K-POP은 바로 K-Phonology이다. K-Phonology는 K-POP이다. 선진국이 되는 요건은 여러 가지이다. 그 가운데서도 가장 늦게 이루어지는 것이 바로 철학, 과학, 음악, 예술 등의 문화·예술 분야이다. 세계적인 작곡가와 뮤지션을 가지는 것은 참으로 중요하다. 또한 세계적인 철학자와 미술가를 가지는 것도 이에 못지않게 중요하다.

이제 한국은 인문학 분야에서 세계적인 업적을 산출해야 한다. 과거와 같이 항상 서구의 학문을 번역하고 소개하고 요약하는 다이제스트 차원의 짓거리에 만족해서는 안 된다. 서구의 선진 문물을 배우는 수혜자가 아니라 우리 성과를 시혜자로서 줄 때가 되었다. K-POP의 성공은 K-Phonology와 함께 매우 기분 좋은 성과물이다.

한국에서 K-POP 열풍이 일어나고 '소리철학'이 탄생하는 이유는 '소리의 민족'이라는 옛 명성과 관련이 큰 것 같다. 우리 선조들은 샤머니즘의 전통이 강할 뿐만 아니라 그것에 힘입어 아직까지도 문화적 특성으로 축제(祝祭)와 가무(歌舞)를 좋아하고 있다.

한국에서는 현재 1,600여 종의 축제가 열리고 있다. 세계에서도 축제가 많은 나라에 속한다. 한국인은 합리적인 역사 발전보다는 축제에 의해 사회를 이끌어왔다고 해도 과언이 아니다. 축제와 가무는 귀의 철학, 소리철학을 탄생케 하는 바탕이 되었다고 할 수 있다.

한국인이 소리에 민감한 것은 개념에 약한 것과 관련이 있는 것 같다. 한국인은 개념에 약하지만 소리에는 강하다. 따라서 소리가 존재인 셈이다. 소리가 존재의 첫 개념이고 의미이다. 소리는 우주의 첫 에크리튀르이고, 에크리튀르는 소리이다. 한국인은 끝까지 세계(元始, 原始, 遠視)의 소리를 지키고 있는 민족이다. 여기서 더 나아가지를 않았다. 물론 나아가는 흉내만 내었다.

한국인은 삶을 신화로 본다. 역사와 신화가 교차되어 신화를 역사로 보고 역사를 신화로 본다. 이는 유대인과 비슷한데, 한국인과 다른 점은 유대인은 바이블(계속 다시 쓰는)을 만들었다는 점이다. 한국인은 자신의 바이블(天符三經, 즉 『천부경』, 『삼일신고』, 『참전계경』)은 팽개쳐두고 남의 바이블로 그것을 대신한다. 유대인은 부계-가부장적이고, 한국인은 모계-여성적이다. 한국인이 족보를 세계에서 가장 많이 따지는 것은 일종의 역설이다. 외국으로부터 침략을 너무 많이 받아서 족보 없이는 정체성을 가지기 어렵기 때문이다. 단군과 족보의 신세는 같다.

단군은 개념이 아니라 소리이다. 그래서 구체적(역사적)으로 섬기지는 않으면서도 버리지 못한다. 그 이유는 소리는 아직도 들려오기 때문이다. 우리나라에서는 아직도 소리를 아는 '지음(知音)'이나 춤을 아는 '지무(知舞)'를 '무당'이라고 한다. 무당이 삶의 근본을 잡고 있는 한국은 소리의 나라이다. 서구 문명, 즉 알파벳 표음문자 철학의 종말이 에크리튀르인 데 반해서 동방 문명, 즉 한글 표음문자 철학의 시작은 소리이다.

서양의 시각 문명은 음악을 통해서 소리에 접근하는 게 고작이다. 그러한 음악은 '미술적 음악'이라고 말할 수 있다. 미술과 미술적 음악은 그 조형성 때문에 자연 자체, 물 자체를 직관하는 것을 크게 방해한다. 그래서 서양 문명은 과학의 발달이라는 선물을 받았지만, 도리어 세계의 총체성에 대한 이해에서는 다른 문화권에 비해 뒤졌다.

이에 비해 한국은 미술에서조차 '음악적 미술'의 특성을 드러낸다. 음악적 미술의 대표적인 작품은 바로 백남준의 '비디오아트'이다. 백남준이 저절로 탄생한 것은 아니다. 바로 샤머니즘과 소리 문화의 내림을 받았다. 소리철학, '포노로지'의 탄생은 철학에서의 백남준의 탄생과 같은 의미이다. 한국은 21세기 초엽에 미술과 철학에서 세계적인 문화 브랜드를 창조함으로써 인류에 선물을 준 셈이다. 한국인에게는 특별히 소리의 DNA가 숨어 있다.

소리는 존재의 은유이면서 동시에 은유의 존재이다. 소리철학은 은유의 철학이다. 이는 자연과학을 탄생시킨 서양 철학이 환유의 철학인 것과 대조를 이룬다. 서양 철학은 이름은 다르지만 자신들의 철학적 출구나 구원을 위하여 하이데거의 '존재론 철학', 들뢰즈의 '리좀 철학' 등 여러 철학을 낸 바 있다. 이는 모두 소리철학이 추구하는 '일반성의 철학'에 나름대로 접근한 것이라 볼 수 있다. 일반성 철학을 주창한 필자가 그것을 구체화한 것이 바로 '소리철학'이다.

철학도 종래의 보편성의 철학을 지양하고 이제는 일반성의 철학 시대를 열고 있다. 이 분야에서 한국이 주도할 필요가 있다. 세계적인 철학을 주도할 때 선진국이 될 수 있는 것이다.

어쩌면 앞으로 철학은 예술에 문화의 황제 자리를 내주어야 할지도 모른다. 예술 가운데서도 가장 본질적인 음악에 그 자리를 내주어야 한다. 음악 가운데서도 가장 밑바닥에 있는 대중가요에 자리를 내주어야 한다. 대중가요야말로 존재의 가장 밑바닥에서 들리는 리듬이다. 소리 철학, 귀의 철학은 바로 그 대중가요의 리듬을 듣는 철학이다.

철학의 나라가 지금까지는 부성(父性)의 조국(祖國)이었으나 이제부터는 모성(母性)의 모국(母國)이어야 한다. 조국의 철학은 이성과 보편성과 화음을 중시했으나, 모국의 철학은 감성과 일반성과 리듬을 중시한다. 음악은 감성을 담은 최소한의 이성이다. 그러나 대중가요는 감성을 담은 리듬이다. 대중가요야말로 가장 일반성에 가까운 음악이다.

조국의 철학은 성인(聖人)과 도덕을 만들었지만, 모국의 철학은 어머니를 숭배하고 사랑과 섹스와 본능을 부끄럼 없이 드러낸다. 모국의 철학은 가부장제의 위선을 폭로한다. 모국의 철학은 바로 일반성의 철학이며 소리철학이다.

서양 후기 근대의 해체 철학은 아버지(하느님 아버지)를 스스로 해체한(잃은) 인간('인간은 던져진 존재'이다)이 어머니를 찾아서 방황하고 있는 마음의 행로이다. 말하자면 철학적 어머니 찾기이다. 그런데 그 어머니는 동양에 있다. 동양 가운데서도 동방의 한국에 있다. 한국이 어머니의 나라라는 사실은 앞으로 여러 곳에서 발견될 것이다.

한국 문화의 여성성이 빛을 발할 때가 되었다. 지금까지 한국 문화의 여성성은 역사 속에서 고난의 연속이었지만 이제 인류 문명 속에서 문명을 선도하면서 제 값어치를 보일 때가 되었다. 그렇다면 여성성의 요체는 무엇인가?

여자는 스스로 여신이라는 사실을 안다. 그래서 스스로 제 몸을 가꾸고 치장할 줄 안다. 여자는 개체 발생 속에서 계통 발생(시간, 역사)을 몸

속에서 현재진행형으로 실현하는 존재이다. 모든 여성은 그러한 점에서 여신이다. 말하자면 몸속에서 시간 여행을 하는 셈이다. 인간 몸의 미토콘드리아는 여자에 의해 전해진다.

여자는 소리에 민감하다. 빈말인 줄 알면서도 '아름답다'고 하면 곧이곧대로 알아듣는다. 즉시 나르시시즘에 빠진다. 이는 눈-이성의 인간이기보다는 귀-감성의 인간이기 때문이다.

여자와 남자는 다른 인종이다라고까지 말할 수 있다. 여자는 자기만을 보기 때문에 거울을 수시로(본능적으로) 보아야 한다. 남자는 마음속에 거울을 가지고 있다. 여자는 존재의 삶을 살고, 남자는 존재자의 삶을 산다. 양자는 서로 교차한다. 교차는 교배를 안고 있다.

대중음악의 철학성

　대중음악이 철학의 구원으로 떠오르는 것은 무엇보다도 음악이 개념을 쌓아올리는 작업이 아니라는 점 때문이다. 음악은 가락, 리듬, 화음이 있지만 결국 수평적으로 흘러서 바다에 이르는 것이다. 음악의 구성은 기호에 의한 것이 아니기 때문에 고정된 의미가 없이 자유로운 것이 특징이다. 그래서 음악은 청자에게 의미를 강요하지 않는다. 음악은 본질적으로 서로 다르게 듣는 것을 허용하는 전제 위에 있다. 순간순간 차이가 나지만 결국 하나가 되는 우주를 음악만큼 저항이나 마찰 없이 달성하는 예술은 없다.

　음악에는 전기에서와 같은 선(線)의 저항이 없다. 음악은 파동이기 때문이다. 음악을 듣는 사람들은 파동의 우주에 자신의 몸을 싣고 유영을 한다. 음악은 상상력보다 더 자유로운 것이다. 음악에서 반복은 매우 중요한 기능이며 효과이다. 시(詩)에도 물론 운율의 반복이 있지만 음악만큼은 아니다. 음악은 왜 반복을 해도 지루하지 않을까. 도리어 반복되는 리듬에 흥겨워하지 않는가.

　록 콘서트 장에 가보자. 그곳에서 사람들은 스스로 몸을 연다. 몸은 각자 다르지만 음악은 여러 사람의 몸을 하나로 만든다. 이것은 집단 최면이다. 음악은 콘서트 장을 하나의 교감하는 자장(磁場)으로 만든다. 그곳은 이미 공간이라는 의미의 장소가 아니다. 청중은 리듬의 자장에 빠져 있는 공동 운명체이며 공동 존재이다. 콘서트 장은 하나의 거대한

원을 이루고, 사람들의 마음을 녹여서 원융을 만들어낸다.

음악에 리토르넬로(ritornello)라는 말이 있다. 이것은 '반복'이라는 뜻으로, 반복구의 주제를 말하기도 하고, 독특하게 짜인 음악의 형식을 지칭하기도 한다. 리토르넬로는 반복이라도 동일한 반복이 아닌 차이의 반복이다. 리토르넬르를 알기 쉽게 설명하면, 모든 존재와 사물의 리듬 혹은 고유의 생체적 리듬 같은 것이다. 물론 사물을 보기에 따라 다르긴 하지만 사물에도 리듬이 있다. 우리가 원시 미개인이라고 부르는 사람들은 사물에서도 리듬과 영기를 느꼈다. 자연과학의 등장과 더불어 인간은 그러한 신통력을 잃어버렸다고 해도 과언이 아니다.

리듬은 파동과 함께 우주를 은유하고 압축하는 용어이다. 우리는 흔히 '자율적(自律的)'이라는 말을 쓴다. 바로 스스로의 율동(律動)을 말할 때 음악만한 것이 없다. 음악은 그러한 점에서 존재 자체를 환기시킨다. 음악은 몸에서 중력을 없애고 하늘로 날아오르게 한다. 음악은 인간을 텔레파시의 존재로 격상(승화)시켜준다. 음악은 그러한 점에서 어떤 개념보다 선험적이고 초월적이다. 프랑스 혁명의 슬로건이었던 자유·평등·박애로 이상이나 초월을 말하는 것은 음악이 달성하는 것에 비하면 위선에 불과하다.

음악에는 개념의 껍데기가 없다. '무엇의'라는 소유도 없고, '무엇을 위하여'라는 이유와 목적도 없으며, '무엇에 의하여'라는 주체도 없다. 음악은 우주의 발가벗은 알몸이다. 소유와 목적과 주체가 없기 때문에 음악은 처음부터 만인의 것이다.

니체는 독일의 음악적 전통에 대해서 상당한 민족적 자부심을 가졌던 것 같다. 바흐에서 베토벤을 거쳐 바그너에 이르는 그러한 문화적 전통 때문에 그는 그리스 고전 비극을 통해 예술의 본질을 고찰한 『비극의 탄생』을 쓸 수 있었을 것이다. 그러나 서양의 클래식에서는 어떤 이데아를 느끼게 된다.

서양 음악에 길들여진 우리는 음악 하면 바흐, 헨델, 모차르트, 베토벤 등을 떠올린다. 이들의 음악은 음악의 보편성에 기여하는 클래식이다. 이들의 서양 음악은 음악적 담론이다. 예컨대 문학으로 보면 단편소설이나 장편 소설에 해당한다. 이들의 음악은 음악적 이데아이고 음악적 영혼들이다. 정화되고 승화된 음악들이다. 그러나 리토르넬로의 관점에서 보면 이들의 음악에서 반복 주기는 너무 길고 지루하다. 한 곡을 전부 다 들으려면 많은 시간을 내야 한다. 물론 쇼팽과 같은 피아노의 시인이나 슈베르트 같은 가곡의 왕도 있기는 하다.

그러나 클래식을 듣고 살기에 대중은 너무 바쁘다. 대중음악 혹은 대중가요는 리토르넬로가 빠르다. 리듬의 반복과 음악의 리토르넬로가 빠르면 빠를수록 효과적이다. 연주 시간도 짧고 비용도 싼 음악은 대중이 즐기기에는 안성맞춤이다. 대중음악은 비용이 적게 들지만 음악적 효과가 낮지 않다. 말하자면 대중음악은 값은 싸고 효과는 빠른 경제적 음악이다. 이것을 두고 속물스럽다고 말할 이유는 없다.

니체는 독일 음악의 위대성과 그리스적 전통의 계승자로 독일 문화를 주장하지만 독일이 배출한, 서양 음악사를 장식하는 음악가들의 클래식으로는 그가 말하는 디오니소스적 축제를 할 수 없다. 클래식은 감상용이다. 클래식은 마치 감상자에게 알 수 없는 내용의 책을 읽게 하는 것과 같다. 그래서 변사와 같은 해설이 필요하다. 클래식은 그가 말하는 아폴론의 음악이 될 수 있을지언정 디오니소스의 음악이 되기에는 부적합하다. 음악에서 비극이나 희극, 그리고 오페라가 반드시 탄생해야 하는 것은 아니다.

대중은 삶의 천재들이다. 대중음악이야말로 진정으로 감정이 살아 있는 음악이다. 대중음악이야말로 존재론적인 음악이다. 만약 인간의 존재로서의 가치를 발견하려고 하면 대중음악이 노다지이다. 사랑의 모순과 애매모호함, 삶의 공허함과 숙명을 대중음악만큼 직접적으로 전달하는 음악은 없다. 대중음악이 표피적이고, 선정적이라고 해서 저질이라고 말할 수는 없다. 클래식의 고상함이나 대중음악의 사랑 타령은 양극적이지만 둘 다 가치가 있다.

보편성을 추구해온 철학이 클래식이라면, 일반성을 추구하는 철학은 대중음악과 같다. 아마도 세계의 대중음악들은 저마다 통하는 구석이 있을 것이다. 한 나라의 클래식과 대중음악이 통하는 것보다 여러 나라의 대중음악끼리 더 쉽게 통할 수도 있을 것이다. 한국의 판소리나 육자배기가 재즈 또는 R&B와 쉽게 동화되는 것은 이 때문이다. 이들은 멜로디를 리듬화하는 특성을 보인다. 말하자면 최소한의 멜로디로 음악을 하는 셈이다. 리듬은 바로 소리와 파동의 실체이다. 하모니는 멜로디를 조화시키는 것이다. 대중음악에는 따로 조화가 필요 없다. 리듬 자체가 조화이다.

대중은 바보가 아니다. 대중은 음악으로 철학을 했던 것이다. 대중음악의 가사를 보면 삶의 이중성과 애매모호함, 순간순간 삶의 역전과 심리적 배반, 사랑을 실천하는 자의 고뇌와 슬픔이 있다. 대중은 이런 이율배반적이고 양면적인 삶의 우여곡절과 피로를 특유의 리토르넬로로 날려 보냈던 것이다. 대중음악은 잘난 체하지 않으면서 삶의 철학을 실천했던 것이다. 대중은 음악으로 인류의 신화를 지키며 역사라는 괴물과 싸우며 역사를 날려 보냈다!

음악은 왜 온몸을 감싸면서 위무(애무)를 해주는 것인가. 음악은 왜 촉감과 같이 가깝게 느껴지는 것일까. 음악을 감상하는 사람은 남자든 여자든 모두 여성이 되는 것 같다. 여성은 소리에 민감하다. 예컨대 여성에게 "당신은 아름다워!"라고 말하면 스스로 아름다운 줄 알고, 아름다워진다(이것이 객관적으로 착각이어도 괜찮다. 여성에게 객관적이라는 것은 없다). 여성은 비어 있는 그릇과 같아서 의미와 규정을 기다린다.

음악을 듣는 사람은 여성과 같아진다. 몸 전체로 쾌락과 기쁨과 열락에 오른다. 여성은 몸 전체로 쾌락을 느끼고 몸 전체로 소리친다. 여성은 몸 전체로 노래한다. 노래하거나 음악을 듣는 인간은 여성이 된다. 음악은 마치 몸의 성적 쾌락을 우주 공간 전체로 확대하는 확성기와 같고, 거꾸로 우주 공간의 음악을 수렴하여 흡수하는 것이 몸이다.

박진영이여! 철학을 하지 마라. 더 이상 지식을 위한 철학을 할 것이 없다. 세계 사람들이 즐길 수 있는 대중음악, K-POP을 만들어라. 철학이야말로 기억과 개념의 입자의 집적이다. 음악이야말로 세계의 존재적 진실에 참여하는 첩경이다. 리듬의, 리듬에 의한, 리듬을 위한 대중음악이야말로 가장 철학적인 것이다. 음악의 파동인 음파에 몸을 맡겨라. 훌륭한 곡을 짓고 감칠맛 나는 노래를 들려주오. 그리고 말(랩)의 파롤(parole)로 우리를 반성케 해다오.

끝으로 한마디. "오페라와 랩은 둘 다 반가창(半歌唱)이지만, 오페라는 귀족의 것이고 랩은 대중의 것이다. 오페라는 시를 위한 음악이고(시에 양보한 멜로디), 랩은 사설을 위한 음악(사설에 양보한 리듬)이다."

원더걸스, 소녀시대, 그리고 싸이

원더걸스(Wonder Girls), 소녀시대(Girls' Generation) 등 한국의 여성 음악 그룹이 세계를 흔들어놓고 있다. 이들 여성 그룹에 의해 소위 한류(韓流. 한국 문화의 세계적 붐)는 본격적으로 가동되고 있는 느낌이다. 이들에 앞서 남자 솔로 가수 '비(Rain)'가 세계적 스타의 반열에 올랐지만 '비 현상'은 개인적 인기(스타) 수준이었다. 하지만 소녀 그룹들은 집단적 신드롬의 수준에서 전(全) 문화적으로 확산될 조짐을 보이고 있다.

한국의 걸그룹이 미국과 유럽, 남미, 그리고 아시아 등 세계 대중음악계를 강타하고 있는 것은 특히 서양의 여성들이 한국의 남성 가수들을 좋아하는 것보다는 서양 남성들이 한국의 여성 가수들을 좋아할 가능성이 크다는 점에서 앞으로 점점 수위가 높아질 것으로 기대된다.

한국의 대중음악인 K-POP에 대한 세계적 마니아층의 형성은 서양의 청소년들을 통해 이루어지고 있다. 이러한 마니아층 형성의 결정적 수단은 인터넷을 통한 손쉬운 확산이고, 간접적으로는 한국이 세계의 정보화 사회를 선도하고 있는 힘 때문이기도 하다.

현대는 대중문화의 시대이다. 그러한 점에서 세계 대중음악계의 K-POP 붐은 한국 문화의 세계적 확산과 이해에 결정적인 전환점을 마련할 것 같다. 예컨대 K-POP을 배우기 위해 세계의 청소년들이 한국말을 배우고 있는 것이다. K-POP의 확산 속도는 종전의 그 어떤 한국 문화보다 빠를 뿐만 아니라 세계 청소년들로 하여금 미래에 한국 문화를 선망하게 함으로써 보다 '미래적인 희망'을 갖게 한다는 점에서 고무적이다.

원더걸스는 2007년 2월에 데뷔한 대한민국의 5인조 여성 그룹이다. 원더걸스는 신라 시대에 결성된 청소년 수련 단체인 화랑도(花郎道)에 앞선, 소녀들로 구성되었던 원화도(源花道)를 떠오르게 한다. 소녀시대는 2007년 8월에 결성된 9인조 여성 그룹이다. 역시 이름에 '소녀(girls)'를 사용하고 있다. 이들은 같은 해에 6개월 차이로 등장한 소녀들의 그룹이다.

이들 K-POP 그룹의 특징은 노래와 춤, 즉 가무(歌舞)를 함께하는 것이다. 이들은 집단 연습생 제도를 통해 양성된 전문 가수 집단이다. 이들은 또한 또래가 비슷한 소년소녀 집단이라는 성격을 가지고 있다. 서구에서 개인주의를 바탕으로 개인의 재능과 자발적 모임 결성에 의해 이루어지는 활동과는 다르지만 독특한 한국적 스타일임에 틀림없다.

이는 마치 한국이 태릉선수촌과 같은 엘리트 체육을 통해 올림픽에서 우수한 성적을 거두는 것과 비슷한 측면이 있다. 사람에 따라서는 집단 훈련에 의한 음악 활동에 반감을 표시하기도 하지만, 분명한 사실은 한국의 소년소녀 집단과 같은 음악 그룹이 서구에 없다는 점이다. 나름대로의 특성과 장점이 있는 것도 사실이다.

K-POP 그룹들은 적어도 서구 대중음악계와 경쟁할 수 있는 다른 매력과 장점을 가지고 있는 것이 분명하다. 특히 여성 걸 그룹들은 미모를 갖춤은 물론이어서 한국 여성들의 아름다움과 끼를 마음껏 발산하고 있다. 세계는 지금 여성 시대로 가고 있고, 그것도 태평양 시대를 향하여 전진하고 있는데 바야흐로 그 시점에 한국의 소녀 가수들이 세계를

유혹하고 있는 것이다. 정말 한국 여성의 힘은 대단하다.

여성들의 보이지 않는 힘, 받쳐주는 힘이 한국의 역사를 이끌어왔다고 해도 과언이 아니다. 세계사적으로 볼 때 한국 남성의 힘은 약하다. 한국은 지금까지 대략 1천 번의 외침을 받았지만 그것을 버티어낸 저력은 바로 여성들에게 있었다. 어디서 그런 야성의 힘이 솟아나는지 신기하기만 하다. 이들 여성 그룹들에 의해서 한국은 다시 살아나고 있다.

이들의 히트곡을 보자. 가수이자 프로듀서인 박진영이 운영하고 있는 'JYP 엔터테인먼트'에 소속된 원더걸스(선예, 유빈, 예은, 소희, 혜림)는 2007년 2월 싱글 〈Irony〉로 데뷔했다. 데뷔곡의 제목이 실로 철학적이고 풍자적이다. 같은 해 첫 정규 앨범 〈The Wonder Years〉를 발매했는데 타이틀곡 〈Tell Me〉는 그해 '텔미 열풍'을 일으켰다.

원더걸스는 2008년 두 번째 싱글 〈So Hot〉으로 인기를 이어나갔으며, 같은 해 하반기엔 EP 음반 〈The Wonder Years – Trilogy〉를 발매해 〈Nobody〉 선풍을 일으켰다. 이 노래는 그야말로 우리 시대의 '무(無)의 철학'에 어울리는 곡이다. 〈Nobody〉는 미국 시장을 두드리는 곡으로 선정됐다. 원더걸스는 2009년 미국에서 데뷔 싱글 〈Nobody〉를 발매하며 한국에서는 최초이자 동양인으로는 30년 만에 빌보드 핫 100(The Billboard Hot 100) 76위에 오르는 기록을 세웠다.

원더걸스는 미국과 캐나다를 거치는 'Wonder Girls World Tour'를 펼쳤고, 2012년에는 한국 가수 최초로 자신들의 이름으로 만들어진 영화 〈The Wonder Girls〉가 미국 Teen Nick 채널에서 방영되었다. 원더걸스는 중학교 1학년 사회 교과서에 '유행을 주도하는 대중문화는 우리의 삶에 어떤 영향을 미치고 있을까?'라는 글귀와 함께 실리기도 했다. 사실 미국 대중음악 시장은 동양인에게는 철옹성이다. 그런 철옹성이 열리기 시작했고, 머지않아 한국 K-POP의 포위망을 무시하지 못할 것으로 짐작된다.

소녀시대는 2007년 11월 1일 첫 정규 앨범 〈소녀시대〉를 발매했다. 이후 후속곡 〈Kissing You〉와 〈Baby Baby〉로 활동했다. 특히 2009년 1월 7일 발매된 첫 미니 앨범 〈Gee〉는 그해 최고의 히트곡이 되었고, 같은 해 6월 29일에 발매한 두 번째 미니 앨범 〈소원을 말해봐〉도 10만 장이 넘게 판매되었다. 2009년 12월 29일에는 'Into the New World'라는 첫 아시아 투어를 개최했다. 2010년 1월 28일 출시된 두 번째 정규 앨범 〈Oh!〉 역시 10만 장을 돌파하며 4연속 앨범 판매량 10만 장을 돌파하는 기염을 토했다.

소녀시대는 주로 일본과 동남아 시장을 공략했다. 2010년 9월 8일 일본 데뷔 싱글 〈Genie〉는 일본 오리콘 데일리 차트 2위에 올랐고, 두 번째 싱글 〈Gee〉는 첫 주에만 6만 장을 팔아 오리콘 데일리 차트 1위에 올랐으며 위클리 차트 2위에 올랐다. 또한 세 번째 싱글 〈Mr. Taxi / Run Devil Run〉도 일본을 휩쓸어, 이 세 장의 싱글 모두 15만 장 이상의 판매 기록을 세웠다.

소녀시대는 계속해서 2011년 6월에 일본 첫 정규 음반 〈GIRLS' GENERATION〉을 발매했고, 100만 장 이상을 팔아 한국 여성 음악 그룹으로는 처음으로 밀리언셀러로 등극했다. 2011년 10월 19일에는 세 번째 정규 앨범 〈The Boys〉를 내놓아 40만 장 이상 판매되었다. 한편 2012년 1월 국내에서 〈The Boys〉와 관련된 모든 활동을 마친 소녀시대는 미국과 일본, 프랑스를 비롯한 전 세계 활동에 돌입했다. 소녀시대는 일본과 유럽 시장에서 현재 각광을 받고 있다.

원더걸스는 5인조로 '춤의 강세'를 보이고 있고, 미국 시장 공략 성공이라는 사례를 남겼다. 소녀시대는 '예능 종합 상품' 같은 인상이 짙다. 소녀시대는 9인조의 '각선미'를 뽐내면서 현재 여성 미(美)의 트랜드를 얼굴에서 몸매로 바꿀 정도로 영향을 미치고 있다. 소녀시대 멤버들은 현재 가수에서 탤런트로, 그리고 여러 예능 분야로 진출하면서 엔터테이너로서의 실력을 뽐내며 광고 시장마저 석권하고 있다.

이들 그룹의 가무의 특징은 단순한 가사와 리듬의 반복, 그리고 가창력을 뽐내기보다는 집단적 춤과 선정성을 무기로 하고 있다. 후렴 부분은 물론이지만 멜로디도 반복함으로써 복잡한 가사를 외우는 데 힘들지 않아도 되는, 노래보다는 춤에 중심을 두고 있다. 결국 '춤의 노래'라고 할 수 있는, '춤'에 포인트가 있다. 한국 문화의 가장 강한 특징을 무기로 하고 있는 셈이다.

이들 소녀 그룹들의 문화적 의미는 무엇인가? 이는 한국 가무 문화의 세계적 부활이다. 한국 문화의 세계적 강점은 역시 강인한 몸(체력)과 감각이다. 이것은 춤의 문화이다. 이들 그룹들이 노래에 춤을 가미하는 것은, 아니 춤에 노래를 올리는 것은 마치 한국의 태권도가 일본의 상체 중심의 가라테에 하체의 발차기를 보태서 '태권도'라는 스포츠(무예)를 창안한 것과 같은 의미가 있다. 춤은 주로 하체의 사용이다. 한국 문화의 중심은 정신보다는 몸(마음)에 있고, 하체에 있다. 그래서 무(武)와 무(舞)는 통한다. 한국 문화는 무(武)와 무(舞)가 오름세에 있을 때에 발전하였고 문(文)이 오름세에 있을 때는 사대(事大)를 해왔다. 그런데 한국의 지식인들은 이것을 모른다. 그들은 자신의 사회적 책임을 모르는 위선자들이다. 마치 사대를 하는 것이 문(文)의 본령인 줄 안다.

K-POP 붐은 문화적으로 매우 의미심장하다. 아마도 K-POP를 통해서 세계인들은 한글을 배울 것이고, 한국을 더욱더 대중적으로 친근하게 느낄 것이다. 미국의 팝송은 바로 팍스 아메리카나의 첨병이었다. 한국은 못살 때는 태권도로 세계에 진출했지만, 그 후 산업화와 함께 기업으로 오대양 육대주를 누비다가 이제 기업에서 대중예술로 그 단계를 높이고 있다.

한국의 소녀 가무 그룹들은 노래와 춤은 물론이고, 소녀들의 청순성과 선정성과 섹시함을 함께 과시하면서 세계의 팬들을 황홀하게 하고 있다. 세계는 관념과 이상의 세계가 아니다. 세계는 열기와 열정의 세계이고, 감정과 교감의 세계이고, 활동의 세계이다. 이들 소녀 가무 그룹을 우주론적으로 보면 후천개벽 시대의 봄을 알리는 한국의 전령, 춘기(春氣)의 요정들이다. 원더걸스와 소녀시대의 뒤를 카라, 티아라, 애프터스쿨, 포미닛, 2NE1, F(X), 씨스타 등의 소녀 그룹들이 잇고 있다.

미래의 세계인들은 우리의 구세대가 구미의 팝송을 듣고 젊은 시절을 보냈던 것처럼 한국의 K-POP을 듣고 젊은 시절을 보낼 것이다. 세계 문화의 선도는 이제 클래식이 아니라 대중가요가 될 것이다.

한국의 소년 가무 그룹들도 소녀 그룹들의 활동에 뒤질세라 맹렬하게 추적하고 있다. 도리어 출발은 소년 그룹들이 먼저 했다. 소녀 그룹들의 맹활약에 앞서 동방신기, 수퍼주니어, 빅뱅 등이 세계의 문을 노크했고, 2PM, 2AM 등이 그 뒤를 잇고 있다. 그런데 동남아와 일본 등지에서는 남녀 그룹들이 비슷한 반응을 얻고 있지만, 구미에서는 소녀 그룹들이 압도적이다.

K-POP의 세계 도전 행진에서 가장 뒤늦게 만루 홈런을 친 게 '싸이
(Psy)'이다. '싸이'의 〈강남 스타일〉은 빌보드 싱글 차트 2위라는 쾌거를
이룩했다. 〈강남 스타일〉은 세계 인구의 절반이 유튜브에 접속해 즐길
정도로 세계적 성공을 거두었으며, 한국 문화의 세계적 유행과 지배의
상징이 되었다. 이는 한국 가요가 '한국적인 스타일'로 세계적 보편성
에 도달한 좋은 예이며, 역시 가무를 함께하는 노래가 한국인이 상대적
으로 세계 어느 나라보다 가장 잘할 수 있는 스타일임을 확인하게 한 셈
이다.

남자의 철학, 여자의 철학, 2박자 철학, 3박자 철학

철학을 음악과 춤추는 것에 비유하면 남자의 철학은 2박자의 철학이고, 여자의 철학은 3박자의 철학이다. 2박자의 철학은 걷기의 철학이고 행진곡의 철학이며, 3박자의 철학은 왈츠의 철학이고 춤추는 철학이다. 재미있는 것은 남자의 2박자의 철학은 목표가 있고, 그 끝에는 경쟁과 전쟁이 있다는 점이다. 반대로 여자의 3박자의 철학은 목표가 없이 그 자체로 좋으며, 그 끝에는 평화와 사랑이 있다는 점이다. 그런데 더 재미있는 것은 2박자는 목표라는 제3을 설정하는 삼각형(정반합의 변증법)을 이루는 반면에, 3박자는 별도의 3을 설정하지 않고 춤추는 3이 1이 되는 삼태극(음양의 역동)을 이룬다는 점이다.

2박자는 (레일처럼) 평행선을 이루고 평행선의 끝에는 언제나 하나의 목표(이상)가 있지만 가까이 가보면 여전히 평행선이다. 3박자는 평행선을 이루지 않고 항상 하나의 역동적 선상에 있게 된다. 2박자는 만족을 하지 못하고 영원히 다른 목표를 향하여 가고, 3박자는 만족을 하여 목표에 연연하지 않는다. 2박자는 영원을 향하여 가고 있고, 3박자는 매순간 영원이다. 행진하는 자는 별도의 목표가 있고, 춤추는 자는 춤추는 것 자체가 목표이다.

행진하는 자는 자신의 몸을 다른 목표의 수단으로 삼는(그래서 다른 사람의 몸도 수단화하는) 반면, 춤추는 자는 자신의 몸을 목표(몸이 곧 우주이다)로 한다는 점이 다르다. 2박자의 행진은 시간과 공간에 갇혀 있고,

3박자의 춤추기는 운동 속에 시간과 공간이 생겨난다. 2박자는 존재(존재자)의 철학이고, 3박자는 생성(존재)의 철학이다. 2박자는 남자의 철학이고, 3박자는 여자의 철학이다.

남자가 2박자를 좋아하고 사냥하기를 좋아하는 것은 몸에 활과 화살을 가지고 있기 때문이다. 남자는 사냥과 전쟁을 위해서 남(대상과 목표)을 보기를 즐긴다. 여자가 3박자를 좋아하고 춤추기를 좋아하는 것은 생산(출산)을 위해 항상 몸을 준비해온 때문이다. 여자는 자신을 보기 위해 거울이 필요하다.

신은 여자의 허리를 잘록하게 하고 엉덩이를 펑퍼짐하게 하여 걸으면서 춤추게 했다. 그것은 치명적인 유혹이 되어, 내밀한 몸속의 빈 공간(자궁)에서 도태(道胎, 孕胎)가 되어 여신이 되게 했다.

여자에게는 우주의 시작과 끝이 없다. 여자는 자신이 우주이고, 자신이 시작과 끝이다. 여자는 스스로 자식을 생산하고, 관심은 온통 자식뿐이다. 여자는 자연의 연장이다. 여자에게 우주는 역동하는 세계이고 춤추는 우주일 뿐이다. 여자는 지상천국을 꿈꾸는(지상천국에 만족하는) 자이다. 여자에게 우주는 그저 '교감의 자궁 공동체'이다.

남자에게는 우주의 시작과 끝이 있다. 남자는 자신이 자식을 생산하지 않기 때문에 다른 창조자가 있어야 한다. 남자의 관심은 오직 여자를 소유할 수 있는 정복과 권력뿐이다. 그러한 점에서 족보와 가부장제는 여자를 옭아매기 위한 이데올로기이다. 남자는 천상천국을 꿈꾸는(천상천국을 가정하는) 자이다. 남자에게 우주는 '권력의 공장'이다.

철학은 박자(리듬, 음양)와 남녀로 비유될 뿐이다. 자, 이제부터 춤추라! 여자가 되어라. 그러면 싸우지 않고 평화롭게 살 것이다. 철학의 끝은 춤추는 것이다. 철학을 놀이가 되게 하라. 춤추는 것이야말로 진정한 사랑의 실천이다.

그동안 철학은 남자의 전유물이었다. 그래서 철학은 으레 남자 관점(觀點)의 철학이었다. 남자의 철학은 권력의 철학이었다. 남자의 철학이던 서양 철학은 니체에 이르러 권력의 의미가 '소유의 권력(남성적 권력)'과 '자연적 권력(여성적 권력)'으로 이중성을 띠게 되었다. 하이데거에 이르러 남자의 철학이 '존재자의 철학'이라는 것을 알게 되었고, 그 대칭으로 '존재의 철학'을 내놓았다. 존재의 철학은 자연의 철학이고, 자연의 철학은 감정(교감)의 철학이고, 감정의 철학은 여자의 철학이다.

음악의 작곡(교향곡)도 철학과 마찬가지였다. 그래서 세계적인 작곡가는 대개 남자들이었고, 여자들은 연주자로 만족했다. 음악은 우뇌적 산물임에도 불구하고 클래식은 좌뇌적 산물이다. 클래식의 거대한 규모와 치밀한 구성은 이성적 작업을 요구함으로 인해 좌뇌적 산물이다.

음악이 대중을 바라보듯 철학도 대중을 바라보아야 한다. 철학은 이성에서 감정으로 도도하게 움직이고 있다. 더 이상 감정을 이성으로 관리하고 제한하는, 더 이상 상상력을 이성의 하위에 두는 철학적 권력 구조를 용납하지 않는다. 이것은 철학의 해방이다.

클래식에 비해 짧은 가곡과 대중음악이야말로 매우 여성적이고 우뇌의 산물이다. 춤추는 대중가요야말로 자연으로 돌아가는 길이다.

음악과 '소리철학'

음악은 멜로디 또는 리듬으로, 화음으로 사람들을 존재의 전체로 들어가게 하는 최고의 예술이자 일상인을 사물의 전체로 초대하는 방편이다. 음악에 의해서 사람들은 존재의 전체에 이르는 경험을 하게 된다.

음악 그 자체는 하나의 구문(構文, syntax)으로 존재의 전체가 아니지만 존재의 전체에 이르게 하는 매개(영매)이다. 음악의 재료가 되는 소리는 세계의 전체, 존재를 은유하는 것이다. 음악가는 그러한 점에서 음악이라는 영매(매개)를 가지고 존재의 전체로 초대하는 음악의 무당들이다. 음악이란 말(문자)에다 다시 소리(운율)를 입히는 것이다. 음악의 빙의라는 것은 바로 자연을 되찾는 첩경이다.

옛 무당들이 소리에 민감한 것은 이 때문이다. 시인은 존재(혹은 실존)에 은유를 통해 도달하거나 존재를 은유하는 언어의 기술자들이다. 존재는 은유이고, 존재자는 환유이다. 존재는 항상 전체와의 관련 속에서 새롭게 스스로를 구성한다. 은유도 항상 전체와의 관련 속에서 의미를 찾는다. 존재는 전체이다.

우리가 전체를 말하는 것은 전체의 정의가 아니라 전체의 은유이다. 다시 말하면 전체는 은유의 방법이 아니고서는 도달할 수가 없다. 존재와 은유를 비교한다면 존재는 은유이고 언어는 환유이다. 존재는 음악과 같다. 그냥 감정의 흐름이다. 존재와 음악이 다른 것은 음악이 형식을 갖추었다는 점이다. 음악은 형식을 갖춘 존재이다. 음악이 형식을 갖추었다고 하는 것은 시(詩)가 형식을 갖춘 것이나 같다. 이때 형식이란 철학이나 과학의 범주와 달라서 그냥 물같이 흐르는 감정을 담을 수밖에 없는 것이다. 감정을 어떤 개념이나 기준에 의해 규정하는 것은 아니다. 그냥 담을 수밖에 없다.

자연의 전체는 한꺼번에(동시에) 그렇게 무엇에 담을 수밖에 없는 존재(존재자가 아닌)이다. 언어라는 것도 실은 존재를 담는 그릇이다. 그런데 언어가 담는 것은 자연을 조각낸 것들이다. 언어는 자연을 분류하고 칸막이 하여 배치하는 것이다. 언어는 그래서 수많은 단어가 필요하고, 세계의 변화에 따라 계속적으로 단어를 생멸시키지 않으면 안 된다. 이에 비해 음악은 몇 안 되는 성부(聲符)를 가지고 복잡다단하고 미묘한 세계를 흉내 낸다.

언어는 우리 몸 밖의 세계를 표현하는 데 주력하고, 음악은 우리 몸 안에서 경험하는 바를 재현하는 데 주력한다. 세계는 감정이다. 감정에는 감정을 담을 수 있는 단순한 형식(형태)만이 필요하다. 언어는 수많은 단어가 있음에도 불구하고 우리의 내적인 감정이나 분위기, 육체적 느낌을 표현하지 못한다. 다시 말할 수밖에 없다. 존재는 은유이고, 언어는 환유이다.

다시 말하면 옛 시인들이나 음악가들은 그 옛날에 이미 오늘날 존재론 철학자들이 주장하는 존재를 알았던 셈이다. 서정 시인의 주관성이라는 것은 착각이다. 서정 시인의 자아는 존재의 심연으로부터 나온 것이다. 그런데 과학이라는 것이 환유적 언어들로 세상을 메워서 세계를 칸막이에 집어넣어 숨 막히게 하는 오늘에 이르러서 철학이라는 것은

존재론을 만들어서 뒷북을 치는 셈이다. "우리가 지금까지 존재라고
한 것은 모두 존재자들이었다"고.

상징적인 의미의 천지(天地)는 서로 가역하고 은유하고 있다. 그런
데 지상의 인간은 그것을 막아서 시간(역사)의 지평선을 끝없이 이동하
면서 세계를 자기 목적적으로 만들어 환유하고 있다. 여기서 환유하고
있다는 말은 세계를 조각조각 내어 그 조각을 교환하고 소유하고 있다
는 말이다. 또 경제적으로는 유가증권(有價證券)의 환(換)을 만들어 소
유하고 있다는 말이다. 그런 점에서 철학과 과학과 경제는 하나로 통하
고 있다.

서양문명이 추구해온 보편성과 소리철학이 제기하는 일반성을 다
음과 같이 비교평가 할 수 있을 것이다.

동서양 문명의 차이와 같음의 발전 과정				
서양문명: 보편성 (과학, 기독교, 경제)	different (다름): 시각	no different (같지 않다)	equation(＝): 이성 중심 철학	difference(差異): 해체철학
동양문명: 일반성 (예술, 종교)	일(一, 齊物): 청각	불이(不二) (둘이 아니다)	二而一, 一而二 부등식(>,<)	phonology (역동적 세계)

시인들과 음악가들은 이에 저항하며 노래와 소리로 천지를 회통시
키려고 노력하는 족속들이다. 존재론 철학이라는 것은 철학이 이러한
사실을 안 것뿐이다.

그러한 점에서 시인은 언어의 무당들이다. 존재의 전체는 환유할 수
가 없다. 세계의 전체를 환유하려고 하면 세계는 스스로를 감추어버린
다. 세계는 은둔한다.

시의 운(韻)과 율(律)은 음악의 가락과 리듬과 같다. 시에서 운율이 잘 맞으면 좋은 시가 되고, 음악에서 가락과 리듬이 좋으면 좋은 화음이 된다. 리듬은 시적 은유가 아니다. 리듬의 한 형태가 시적 은유이고, 은유는 리듬으로 들어가는 하나의 통로이다. 리듬은 시적 은유에 그치는 것이 아니라 존재 그 자체이며 근본이며 실체이다.

시보다 음악이 한 수 위인 것은 시의 운율은 음악의 리듬(가락, 리듬, 화음)을 간접적으로 느끼게 하지만 음악은 그것을 직접적으로 느끼게 하기 때문이다. 우리는 음악을 통해서 존재가 리듬이라는 것을 알게 된다. 리듬은 은유적이고 압축적이다.

음악은 일정한 형식을 갖고 있지만 욕망을 승화시키거나 정화시키지 않고 그대로 보여준다. 형식이 욕망을 억압하지 않는다. 음악은 본질적으로 세계와 하나이며 카오스이다. 음악은 카오스에서 출발하며 카오스를 형식 속에 담아 질서처럼 보이게 한다.

소리에는 주체와 대상이 없다. 소리는 발생하는 순간 공명할 따름이다. 음악이 존재에 가장 가까이 가는 것은 소리를 재료로 하기 때문이다. 노래를 듣는 순간 사람들은 악기가 되고 우주와 하나가 되어 울리고 있는 자신을 보게 된다. 우주 자체를 은유하는 첫째가 소리이고 둘째가 음악이다. 소리는 문장(구문, 문법)을 만들지 않는다. 그래서 소리철학, 포노로지가 자연에 가장 가까운 철학이 되는 것이다.

나의 포노로지는 풍류도 철학의 현대판이다. 풍류도는 바람의 철학이다. 바람의 철학은 존재의 철학이다. 존재의 철학은 소리철학이다. 소리철학은 개념 철학의 종언이다. 모든 존재는 바람처럼 지나가고, 바람이 지나가는 것을 확인하게 하는 것은 나뭇잎의 흔들림이다. 모든 존재는 바람이고, 흔들리는 나뭇잎은 존재자이다.

풍류도(風流道)에서 풍(風)은 우주의 본질인 소리를 나타내고, 유(流)는 본질이 드러나는 유행(流行), 즉 형태, 패턴, 상(相)을 말한다. 풍류도는 기운생동(氣運生動)을 근간으로 한다. 움직이는 것은 바로 기운생동을 뜻하고, 움직이는 사물은 사물의 본래 모습이다.

기(氣)의 존재를 가장 잘 설명하는 것은 소리(phone)이다. 그래서 철학의 일반론은 기 철학을 토대로 할 수밖에 없고, 그것의 가장 대표적인 예가 소리철학이 될 수밖에 없다. 기 철학의 완성은 공(空)에 있다. 그런 점에서 '공기(空氣)'의 철학은 참으로 위대하다. 공이 없으면 기가 없다. 여기서 '공기'란 대기(大氣, atmosphere)라는 의미가 아니라 철학적 의미에서의 분자적·미시적 공기이다.

철학적 의미에서의 분자적·미시적 공기는 바로 인간 신체의 기운생동과 연결되어 있다. 여기서 공(空)과 기운생동의 의미는 반드시 욕망을 증대시키는 것만이 아니다. 도리어 마음을 비우는, 그럼으로써 자연스럽게 생성되는 기운생동을 말한다. 욕망의 강제적 억제가 아니라 욕망을 자연스럽게 풀어놓은 여성적 지혜·조절이 필요한 것이다.

자연은 인간이 어떻게 살든 죽든 간섭하지 않는다. 자연은 인간에게 무관심하다. 단지 무생물에서 생물로, 생물에서 무생물로, 생물에서 인간으로, 인간에서 생물로, 무에서 유로, 유에서 무로 존재를 이동시킬 뿐이다. 자연은 부수적이고 주변적인 것을 중심적이고 핵심적인 것으로 옮겨놓는다. 그것이 진화의 과정이다. 인간의 뇌도 그런 진화 과정의 산물이다. 이중성과 양가성, 그리고 불확실성이야말로 존재의 생태적 특징이다.

서양 철학에서 신체적인 것은 동양 철학에서의 기질(氣質)과 통하지만 눈으로 확인할 수 있는 시각적인 입자[素粒子]와 기(氣)는 서로 다르다. 신체적인 것이 보다 미시적으로 되어 눈에 보이지 않게 된 것이 기 혹은 기소이다. 동양 철학에서 동기적(同氣的)이라는 말이 있는 이유가 여기에 있다. 동기적이라는 말에는 시공간을 초월하는 의미가 있다.

그림 그리는 철학, 노래하는 철학, 춤추는 철학

데리다의 에크리튀르나 그라마톨로지를 매우 어렵게 생각하는 경향이 있는데, 실은 간단하다. 그림 그리기의 철학이다. 데리다의 문(文)은 문장(文章)의 '문(文)'을 무늬의 '문(紋)'으로 환원시켜 본 것이다. 그렇게 사고하는 데는 물론 중국의 상형문자인 한문에서 힌트와 영향을 크게 받았다.

알파벳의 '말-소리 중심주의'가 서양의 '이성 중심주의'를 낳았다고 생각(착각)한 데리다는 상형문자(한자)로 피신하지 않을 수 없었다. 그에게 문자(표지)는 피신이었지만 중국에서는 현실의 도구였다. 그의 '에크리튀르'는 동양적인 '무늬'를 말하는데, '무늬'는 '그림 그리기'이다.

'그림 그리기'는 문장처럼 일직선상에서 순차적으로 배열하는 것이 아니다. 그림 그리기는 바탕 공간에서 자유롭게 필선이 오고 가는 것이다. 분명 문장만큼 일차원적인 강박관념이 없다. 그러나 바탕을 자유롭게 왕래한다고 해서 바탕으로부터 자유(해방)롭다는 뜻은 아니다. 단지 바탕(종이나 캔버스)을 크게 의식하지 않을 따름이다. 바탕의 물질성은 변함이 없고, 궁극적으로 바탕이 그림 그리기를 무의식적으로 제한한다.

데리다는 소리와 음악을 에크리튀르에 포함시켜 설명하려 하는데 이는 일종의 억지이다. 텅 빈 공간에 퍼져가는 소리를 바탕에 에크리튀르 하는 미술과 같다고 주장하는 셈이다. 데리다의 에크리튀르는 아무리 주장해도 그림 그리기의 철학이다. 이것은 시각을 중심으로 하는 서양 철학이 미술의 철학이라는 것을 알게 한다. 다시 말하면 데리다의 에크리튀르는 그림 그리기의 철학이고, 결코 노래 부르기의 철학이 될 수 없다. 노래 부르기의 철학이 될 수 없으니 춤추는 철학이 될 수 없다. 여기에 서양의 미술사가 바탕으로부터 탈출하는 오브제 미술이나 퍼포먼스 미술, 그리고 비디오 미술을 감행하지 않을 수 없게 된 이유가 숨어 있다.

데리다는 에크리튀르라는 개념에서 출발해 이성 중심주의를 탈출하고자 했다. 그가 시도한 그라마톨로지는 텍스트라는 개념의 이중성을 통해 문장의 강박관념을 벗어나 그림의 면[畵面] 혹은 날줄씨줄로 된 직물(織物)의 면을 가정했다. 데리다는 텍스트를 텍스타일(textile)로 보고, 텍스타일 아래에 날줄과 씨줄로 편집되는 편물적(編物的) 음양의 세계를 가정했다. 그러나 날줄씨줄은 역동적인 음양을 평면적으로 설명하는 방식이다. 텍스타일은 평면성, 즉 공간성이라는 제약을 벗어나지 못한다.

물론 평면의 모음은 입체이지만, 미시적 우주 또는 거시적 우주의 규모로 확대하면 그러한 평면은 역동성과 입체성을 설명하지 못한다. 이러한 문자학적 태도는 우주적으로 일어나는 공명(共鳴)과 기운생동(氣運生動)을 설명하지 못한다. 시각적인 것은 그래도 설명할 수 있지만, 비시각적인 것—예컨대 청각적인 것, 통각적(統覺的)인 것—은 설명하지 못한다. 말하자면 우주와 하나가 되어 몸 전체로 그려내고 작업하는 교감의 우주를 놓쳐버리게 된다.

이것은 바탕(평면, 공간)으로부터 자유롭지 못하다. 바탕으로부터 자유롭지 않은 것은 시공간으로부터 자유로운 것이 아니고, 이성 중심주의의 금자탑인 자연과학으로부터의 탈출도 궁극적으로 실현될 수 없는 것이다. 말하자면 탈출의 제스처만 취하고 마는 셈이다.

포노로지는 처음부터 텍스트 밖에 있는 콘텍스트를 의미한다. 다시 말하면 포노로지의 한 예, 하나의 드러남, 한 종류, 포노로지와의 한 접점이 그라마톨로지이다. 포노로지는 그라마톨로지의 충분조건이다. 포노로지는 그라마톨로지를 담을 수 있다. 그러나 그라마톨로지는 포노로지를 담을 수 없다. 포노로지는 철학의 일반 상대성 이론이다.

인간의 철학은 그동안 개념의 철학, 결정성의 철학을 통해 자연과학을 낳았지만, 이제 그 자연과학의 강박관념에서 벗어날 때가 되었다. 인간의 철학은 '그림 그리기의 철학', '노래하는 철학', '춤추는 철학'으로 나눌 수 있다. 서양 철학은 '그림 그리기의 철학'의 하나로 전개되었던 것이다. 그렇다면 철학은 이제 노래하는 철학, 춤추는 철학이라는 신천지를 만나게 되어 있다. 그 어렵던 철학이 그림 그리기, 노래하기, 춤추기로 비유된다는 것은 참으로 허탈하기 그지없다.

'노래하는 철학'으로 넘어오기 위해서 서양 철학은 '목소리'를 놓고 현존과 환원의 양 갈래에서 논쟁을 거듭했다. 그러다가 현존으로 넘어온 일파가 철학의 '존재론'을 개척하게 되었고, 그 중심인물이 바로 하이데거이다. 다른 일파는 현상학적 환원에 머물러 있다. 그래서 존재론과 현상학은 천지 차이가 있다.

현상학은 의식의 차원이고, 존재론은 물질이 아닌 '물(物)의 차원'이다. '물질의 차원'과 '물의 차원'은 오해하기 쉬운데, 이것은 두 차원이 서로 반대의 과정이기 때문이다. '물질의 차원'은 개체(시공간의 성립)

에서 집합(집단)으로 철학적 추상과 보편성으로 가고, '물의 차원'은 개체의 해체(시공간의 붕괴)와 사물의 일반성으로 간다. 여기서 드러나는 진실은, 서양 철학은 결국 대상과 언어로 환원되는 대장정이었다는 것이다.

인간의 목소리가 자신이 말한 것을 자신이 듣는다는 이유로 현상학적 환원이라고 규정하는 것은, 존재를 존재자로 규정하는 수법이다. 인간은 자신이 말한 것을 자신이 듣는, 안으로의 환원 과정에서도 밖으로부터 존재의 소리를 듣는다. 밖으로부터의 소리는 자연의 소리이며, 자연이다.

쓰기(쓰여진 것)와 듣기, 부재와 현존의 승부는 처음부터 이미 결정 난 것이나 마찬가지이다. 물론 소리에도 쓰여진 것의 특성이 있지만, 쓰여진 것(부재)과 소리(현존)는 문명과 자연의 차이이다. 소리에는 원천적으로 문명화될 수 없는 것이 있다. 소리는 시각화되지 않는 것(눈에 보이지 않는 것)에서도 존재를 느낄 수 있는 원시성(근원성)을 가지고 있다. 본능과 양심은 저 깊은 곳에서 울려오는 소리이다. 그러한 점에서 교회의 종소리는 하느님보다 위대하고 절의 범종 소리는 부처님보다 위대하다.

말에도 입자의 세계와 파동의 세계가 있다. 음성 언어는 파동이면서 입자이다(음성은 파동이지만, 그 파동이 문자 역할을 할 때는 입자이다). 문자 언어의 문자는 입자이고, 문자를 발화(발성)하는 것은 파동(음파)이다. 문자(랑그)는 입자의 세계이고, 소리(파롤)는 파동의 세계이다.

샤먼 철학자: 샤머니즘과 존재론 철학

샤머니즘과 소리는 인간 문명이 자연과학을 태동하기 전까지 정령 적인 종교를 중심으로 문명을 운영하던 시대를 상징한다. 소리는 인류 문명사에서 기록의 등장(그리고 동서양의 경전 등장)과 함께 문명의 중심 에서 사라진다. 기록은 절대신과 절대과학을 낳고, 고등 종교인 불교의 '부처'와 유교의 '하늘'과 기독교의 '하나님'을 파생시켰다. 오늘날 다 시 철학에서 소리의 문제를 거론하는 것은 철학의 원시반본이라고 말 할 수 있다. 이는 샤머니즘의 부활과 관련이 있을 수밖에 없다.

이는 과학이 철학으로부터 탄생한 이래 마치 자연이라는 어머니로 부터 달아난 탕아(자식)로 전락한 것을 다시 철학이 과학을 자연으로 되 돌리려는 복귀(復歸, 返本, 다물)의 신호이며, 동시에 철학과 종교의 재 회라고도 할 수 있다. 이는 특정 종교의 신학이 아니라 종교 일반의 신 학이라고 할 수 있다. 철학이 종교와 과학의 매개로 작용하는 것이다. 종교와 철학과 과학은 하나의 뿌리에서 갈라져 나간 가지이다.

한국인이 좌뇌형 철학을 잘 하지 못하는 것은 한국인의 종교적 성향 과 깊은 상관관계를 가질 가능성이 높다. 한국인은 쉽게 '신들린다'고 한다. 이는 빙의(憑依)가 쉽다는 뜻이다. 이는 감정 이입도 쉽다는 것을 뜻한다. 한국에는 '신이 난다', '신들린다', '신이 오른다', '신 내린다' 등과 같은 말이나 속담들이 많다. 빙의빙신(憑依憑神)의 매개는 바로 기 (氣)이다. 빙의빙신은 교육 정도와는 전혀 상관이 없다. 차라리 교육을 많이 받는 사람일수록 기존의 관념과 편견에 사로잡혀 있는 경우가 많기 때문에 빙의에 걸리기가 어렵다.

샤머니즘을 미신이라고 여기는 것은 서구의 '시각＋이성' 문화에 기인하는 편견이다. 샤머니즘의 회복은 동양의 '청각＋감성(느낌, 이미지)'의 문화가 복원되어야 가능할 것이다. 아무튼 샤머니즘은 애니미즘(animism)이나 앤트로포모르피즘(anthropomorphism, 神人同形論/自然人間同形論)에 기초하고 있다. 신인동형론은 그동안 미신처럼 버려져 있다가 최첨단의 물리학 시대에 다시 관심을 불러일으키고 있다. 신인동형론은 '입자(중력) 물리학'보다 '파동(전파) 물리학'과 친연성을 보이고 있다.

파동은 주체가 없는 세계이다. 파동적 관점에서 보면 접신, 탈혼(脫魂), 영혼의 이동과 바뀜, 빙의빙신 등이 가능하다. 감각의 입장에서 보면 탈혼은 감각으로부터 멀어지거나 단절됨(이것은 순수한 언어일 수도 있다)을 표현한 것일 수도 있다. 죽음이라는 한계 상황을 벗어날 수 없는 인간이 상상계와 언어의 만남을 통해 이승에 반대되는 저승을 만들어내고 이를 통해 스스로를 위로하고 스스로에게 대화를 시도한 것일 수도 있다. 초월은 상상계의 작품이다.

이것은 음양의 프랙털 패턴(fractal pattern)일 수도 있다. 돌이켜 생각하면 시간과 공간이라는 것도 인간이 만들어낸 척도이며 제도이다. 시공간을 필요로 하는 물리학은 존재자이고, 주역은 존재이다. 물리학은 세계를 존재자로 바라보고, 주역은 세계를 존재로 바라본다. 물리학은 역동(力動)이고, 주역은 역동(易動)이다. 그 사이에 역동(逆動)이 있다.

샤먼은 빙의 과정에서 '우주 여행'이라는 것을 반드시 통과의례처럼 경험하며, 그런 후에야 진정한 샤먼이 된다. 시공간을 초월해 우주로 여행한다는 것은 현대를 살아가고 있는 인간들에도 꿈이다.

　파동의 이치로 보면 골과 마루의 거리가 멀수록 파동의 크기가 크다. 그렇다면 가장 높은 마루에 이르려면 가장 낮은 골에 이르러야 한다. 가장 높은 정신(精神 혹은 神)은 가장 낮은 곳에서 포용력을 키워야 가능하다는 결론에 도달한다. 여기에 하늘과 땅의 비밀이 있다. 그래서 성인들은 가장 낮은 데(낮은 신분, 가난한 환경 혹은 사생아)에서 출발한 경우가 많다. 큰 샤먼이나 성현은 고통의 시련(혹은 수련)이라는 통과의례를 거치게 마련이다.

　문명화된 현대인은 인간이 생래적으로 가지고 있던 재능이나 능력을 도리어 많이 잃어버리고 있는지도 모른다. 옛 샤먼은 가장 낮은 데서 자연의 소리를 듣고 가장 높은 '하늘의 신'에게 기원(기도)할 줄 아는 지혜자였던 것으로 보인다. 샤먼-왕(shaman-king)과 그 후의 왕(king)들도 그러한 능력의 소유자였을 가능성이 높다. 그런 관점에서 볼 때 현대인은 '수단과 도구'를 위해서 자연과 연결된 자신의 능력과 삶을 포기하고 스스로를 도구의 노예로 맡겨버린 초라한 '우주의 소외자'인지도 모른다. 현대인은 단지 과학이라는 종교로 살아가고 있는 다른 인류이다.

　샤먼이야말로 존재의 전체로 들어가는 기술자이다. 샤먼의 엑스타시는 바로 존재의 전체, 존재 그 자체로 들어가는 순간이다. 샤먼이 접신을 하고 트랜스(황홀)를 거쳐 엑스타시(무아지경)에 빠지는 것은 바로 존재에 이르는 대표적인 과정이고 절차이다. 이것을 지금까지는 무당의 직업적 특성으로만 보았지만, 이제 철학적으로 평가되어야 한다. 무당들은 여러 가지 이유(가난, 질병, 여러 가지 책임과 경험 등)로 세상에서 처절하게 내버려짐으로써 실존적으로 존재에 도달한 자들이다. 그래서 존재 전체의 소리(메시지, 신의 말, 신탁, 공수)를 들은 자들이며, 그 메시지를 일반인에게 전해주는 자들이다.

그러나 모든 무당이 항상 그런 것은 아니다. 존재의 전체에 들어가지 못하는 경우도 있다. 일상인이 경험하는 섹스의 클라이맥스도 존재의 전체로 들어가는 것이라는 점에서 같다. 성자들의 성스러움은 실은 존재의 전체에 도달한 것에 대한 표현이다. 훌륭한 위정자들은 존재의 전체에 들어가는 정치가들이다. 여론은 존재의 전체로 들어가는 매개가 된다. 존재의 전체에 들어가는 데는 반드시 매개(영매)가 있다.

샤머니즘, 더 정확하게 네오샤머니즘(neo-shamanism)은 인간을 자연으로 다시 돌아가게 하는 지름길일지도 모른다. 네오샤머니즘이란 원시의 샤머니즘이 아니라 자연과학과 고등 종교를 거치고 다시 자연으로 돌아온 인간에게 '고금소통(古今疏通)'을 실현하게 한다는 의미에서 '네오(neo)'이다.

샤머니즘의 입장에서 보면 사물도 매개(매체)로서 세계의 일체(一切)이다. 즉, 대상으로서의 사물이 아니라 하나의 전체로서의 존재이다. 샤머니즘은 서양의 존재론적인 사고 체계와 맥락이 닿고 있다. 근대 서양 철학이 정신의 보편성, '보편성으로서의 일자(一者)'를 추구하는데, 그 보편성은 '일반성으로서의 일체'에 허상을 뒤집어씌운 것일지도 모른다. 동양 문화권에서의 '마음'은 정신과 달리 몸과 분리되지 않는 우주를 말한다. 그래서 우주는 일심(一心)이며 법음(法音)이다. 샤머니즘에 대한 새로운 해석과 이해가 요구된다.

샤먼은 여러 등급으로 나뉜다. 예컨대 개인의 운명과 길흉을 점치고 재앙과 액을 막아주는 샤먼이 있는가 하면, 국가를 다스리는 샤먼-왕과 국가의 운명을 좌지우지하는 큰 무당도 있다. 큰 무당은 자연과 인간의 균형을 위해 지혜를 동원하고 신탁을 받는가 하면, 집단(부족 국가)의 존속을 위해 탁월한 예지를 발휘함으로써 집단의 수장(혹은 추장)이 된다. 제정일치 사회에서 샤먼은 정치적 지도자였으며 동시에 자연과의 관계 정립에 보다 적응적(adaptive)이기 위해 온갖 노력을 다하는 인물이었다. 또한 샤먼은 과학자로서의 기능도 지니고 있었다고 보는 편이 옳다.

샤먼은 자신의 욕망을 버리고(마음을 비우고) 집단의 요구와 자연의 소리에 귀를 기울인다. 이런 점에서 샤먼은 성인(聲人, 聖人)의 원형이다. 본래 성인은 '소리를 잘 듣는' 인물이다. 그래서 귀[耳]가 먼저이다. 소리를 잘 듣는다는 것은 다른 감각과 달리 온몸으로 지각하는 것을 의미한다. 귀가 비어 있어서 소리를 들을 수 있듯이 몸을 비우지 않으면 소리를 들을 수 없다.

성인은 그러한 점에서 '몸을 비우는 기술자'이다. 그래야 외부와 상대에게서 전해오는 느낌에 잘 감응할 수 있다. 몸이 비어 있지 않으면 들리지 않고 진동하지 않게 된다. 듣는 것은 전체적이고 수용적이다. 이에 비해 말하는 것은 자신의 주장을 세우는 것으로 부분적이고 강요적(공격적)이다.

샤머니즘은 생태 환경과의 총체적인 소통 체계로서 그 의미가 강하다. 그런 점에서 샤머니즘은 에코페미니즘(Eco-feminism)과 통합적인 측면에서 바라보지 않으면 안 된다. 샤머니즘 및 신선 사상이 내세우는 천·지·인은 에콜로지(ecology)와 페미니즘(feminism)의 의미 맥락과 동시에 관계하고 있다. 에콜로지가 경제 혹은 과학과 다른 점은 바로 직선적 인과보다는 총체적인 관계성에 초점을 맞추는 점이다. 에콜로지는 보편성보다는 일반성과 관계를 맺는다는 점에서 눈여겨보아야 한다.

샤먼의 세계는 '매개(영매)로서의 세계'이다. 세계는 서로서로를 이어주는 '서로의 매개'일 뿐이다. 매개는 주체와 대상(객체)이 없고, 존재는 서로서로 연결되어 교감(빙의, 빙신)하면서 서로의 존재를 지탱해주게 된다. 교감이나 빙의는 감정 이입을 비롯해 음악(소리) 이입, 말(생각) 이입(세뇌)으로 이루어지며, 종합적으로는 심정(心情)의 이입일 것이다. 자연과 합일되어 단절되지 않는 샤먼의 세계는 현대 철학의 존재론과 통하는 대목이 있다.

심정은 마음이 몸을 끌고 가는 것이다. 심정이 마음에 머물면 관조하게 되고, 심정이 몸으로 기울면 춤추게 된다. 심정이 마음에 머물면 아폴론이 되고, 심정이 몸에 기울면 디오니소스가 된다. 심정이 있어야 이것이든 저것이든 되는 셈이다.

춤추는 자는 철학하기 힘들다. 그러나 춤추는 철학이야말로 가장 위대한 철학이다. 이것은 역설이다. 춤이라는 현상을 철학적으로 설명하기는 힘들다. 한국인은 춤을 잘 추지만 철학적으로 두각을 나타내지는 못했다. 왜일까? 춤을 추면 시공간이 사라지기 때문이다. 춤을 추면 자아가 없어진다. 그래서 한국인은 철학을 하지 못했다.

철학은 그동안 시공간의 문제였다. 철학은 그동안 자아의 문제였다. 포노로지에 이르러 철학은 시공간을 넘게 되었고 자아를 넘게 되었다. 포노로지에 이르러 철학은 춤추는 철학이 되었다. 춤추는 철학은 한없이 열려진 세계이다.

한국인은 그동안 철학하는 데 둔했다. 그래서 항상 남의 나라에서 철학을 들여왔고 그것을 맹종하다시피 했다. 한국인은 논리적 인과보다는 한(恨)과 신(神)이라는 정감의 메커니즘으로 살아왔기 때문이다. 한을 신으로 승화시킬 때 한국 문화는 확대 재생산되었다. 그러나 한을 한풀이로 끝내면 축소 재생산되었다. 축소 재생산의 좋은 예가 일제 식민지 시대이다.

시공간 자체는 볼 수 없다. 단지 그 기록(기억, 흔적)을 볼 뿐이다. 시간의 기록은 흐름이고, 공간의 기록은 장소 이동이다. 시공간(時空間)에서 간(間)을 떼면 시공(時空)이 된다. 이것은 '사이와 초월(between and beyond)'이다. '사이'가 전제되었기 때문에 '초월'도 있는 것이다. 따라서 여기서 초월이라고 하는 것은 '사이'에 대한 상대적 개념으로서의 '초월'이지, 초자연의 의미에서 초월이 있다고 주장하는 것은 아니다.

초월은 단지 기존의 장(場)에서 벗어나기 위한 움직임이다. 본래적 세계는 자연뿐이다. 언어의 세계는 비본래적 세계이다. 언어가 본래적 세계가 되는 것은 존재와 통했을 경우이다. 존재만이 아니라 존재자도 있기 때문에 소통되어야 존재의 세계가 된다. 소통이 존재보다 먼저이다. 인간은 언어에 의해 인간만의 소통 세계를 개척했지만 이제 언어의 장벽(배반)에 의해 소통에 장애를 초래하고 있다. 인간의 언어 중에 신(神)은 가장 위대한 발명 혹은 발견이다. 신은 존재의 최초의 원인이자 본질이었다. 그런데 그 신도 불통의 원흉이 되었다. 그러한 불통을 두고 철학자들은 저마다 경고를 하고 있다.

니체와 하이데거는 대표적인 서양 철학자이다. 그러나 이들도 언어를 완전히 극복하지는 못했다. 언어에 매여 있다. 이는 언어-시각 문명의 연대 때문이다. 니체의 "신은 죽었다"라는 선언이나 하이데거의 '사물을 존재자'로 보는 철학은 모두 '눈-시각-이성의 결과'이다. 과연 신은 죽었다고 하면 신은 죽은 것인가. 그 신은 인간이 아닌가? 하이데거가 사물을 존재자라고 규정하는 것은 현존재인 인간의 인간 중심적 사고의 결과가 아닌가? 사물이 실은 존재가 아니라고 누가 말할 수 있는가?

인류의 철학은 어쩌면 철학의 원시반본(原始返本)을 단행해야 하는 기로에 접어들었는지도 모른다. 그동안 원시 미개인들의 믿음이라고 여겼던 애니미즘, 토테미즘, 샤머니즘을 철학적으로 재해석하면 현대 철학의 해체적 출구를 찾을지도 모른다. 물질을 대상으로 숭배하는 물신 숭배가 아니라 물질 그 자체를 존재로 바라보는 시각이 필요한 시점인 것 같다. 존재는 대립된 세계를 벗어나는 일반성의 철학을 필요로 한다.

그런데 존재론을 말하는 동서의 많은 철학자들은 존재론의 이러한 일반적 성격을 규정하지 못한 것 같다. 인간은 여전히 언어를 붙들고 매달리면서 사물로의 해체라는 죽음을 두려워하고 있는 것 같다. 그래서 구원을 외치고 있다. 존재론자와 실존주의자의 공적은 본질에 대한 전제와 질문을 철회하고 존재(Being)와 실존(existence)에 대해 질문을 시작한 점이다.

시인들은 사물을 언어로 대치했다. 단 그때의 언어는 대상으로서의 언어가 아니라 은유적 언어이다. 존재론 철학자들은 시인들이 일상에서 은유적 언어로 도달하는 존재의 세계를 환유적 언어로 도달하게 하는 사람들이다.

그러나 사물은 존재자가 아니다. 사람들이 존재자인 것처럼 자신들의 언어로 규정했을 따름이다. 사물들이야말로 존재이다. 인간이 언어를 도구로 사용함으로써 존재자를 발생시켰던 것이다. 인간이 존재와 존재자 사이의 교량 역할을 하는 현존재인 것은 사실이지만, 인간이 현존재이기 때문에 존재를 깨달았다고 하는 하이데거 존재론의 입장은 거꾸로 수정되어야 한다. 현존재는 스스로를 사물에 투사해 사물을 존재자로 규정했다.

하이데거에게 이런 말을 들려주고 싶다. "인간은 존재자의 지평에서 존재를 깨달은 현존재가 아니라 존재자(언어)를 발생시킨 존재이다. 사물은 결코 존재자가 아니다. 사물은 존재이다. 사물은 존재에 잠겨 있다."

사르트르의 실존주의는 하이데거와 다르다. 사르트르에게는 이런 말을 해주고 싶다. "사물은 존재로부터 튀쳐나오지 않는다. 사물은 존재이다. 단지 인간이 사물에서 존재자를 발견할 뿐이다."

그런데 인간은 스스로를 사물에 투사해 튀쳐나오는 것을 존재라고 말한다. 서양 철학이 본질의 탐구를 벗어났다고 하더라도 존재는 여전히 밖에서 눈으로 확인할 수 있는 것에 주안점을 두는 특성을 가지고 있다. 존재(existence)와 실존성(Existenzialität)에는 '밖(ex-)'의 의미가 내포되어 있다. 하이데거가 "인간(현존재)은 내던져져(Geworfenheit) 있다"고 하는 것에서도 그런 정황을 알 수 있다.

하이데거와 사르트르는 모두 실존에 대한 물음으로 시작했지만 물음의 출발점이 달랐다. 하이데거의 존재는 '유(有)의 근거로서의 무(無)'

이지만, 사르트르의 존재는 '객관적 사물성(être)'이다. 하이데거는 무(無)에 근거하지만, 사르트르는 '비사물성(néant)'의 무(無)로 돌아간다. 이러한 점에서 사르트르가 더 서양적이라고 말할 수 있다.

사르트르는 객관적 사물을 존재라고 규정하고, 의식과 비사물성의 인간을 '무'라고 규정했다. 객관적 사물은 바로 현상체이다. 그래서 "실존은 본질에 앞선다"고 말했다. 인간은 무(無)이지만 본질에 앞선다. 그래서 끝없이 자유를 추구한다.

무신론자인 사르트르에게는 자유가 신이다. 무신론적 실존주의자인 그에게 일반 사람들의 신과 같은 존재가 바로 자유이다. 나로 말미암는 '자유(自由)', 이것이 신이 아니면 무엇이 신인가. 여호와의 뜻은 "나는 나다"이다. 이것은 자유에 대한 종교적 표현이다. 인간은 말의 차이 때문에 입장이 갈린다. 유신(有神)과 무신(無神)도 마찬가지이다. 그렇게 보면 유신론이 무신론이고 무신론이 유신론인지 모른다.

하이데거의 철학은 비역사주의적이고 사르트르의 철학은 역사주의적이다. 하이데거의 철학은 존재주의이고 사르트르의 철학은 주체주의(자유주의)이다. 하이데거의 철학은 유신론적 존재주의이고, 사르트르의 철학은 무신론적 실존주의이다. 하이데거의 철학은 물학(物學)이고 사르트르의 철학은 유물론(唯物論)이다. 종합적으로 하이데거는 존재에서 실존한고 말하고, 사르트르는 현상(현실태, 현상 일원주의)에서 실존한다고 말한다.

하이데거는 존재 철학자이지만 여전히 서양 철학자답게 사물을 존재자로 규정하고 있으며, 사르트르는 실존적 존재인 인간을 역사적 레벨에서 끝없이 자유를 찾아가는 초월자로 다루기를 주저하지 않는다.

하이데거는 언어(사물을 존재자로 규정하는)에 잡혀 있고, 사르트르는 시간(역사적 인간)에 잡혀 있다. 둘 다 '존재의 자연(혹은 무위 자연)'에 도달하지 못하고 있다.

현대의 존재-실존 철학과 해체 철학이 과학의 입장에서 벗어나려고 노력하고 있지만 여전히 언어와 역사의 한계(굴레)에서 벗어나지 못하고 있다. 여기서 우리는 언어와 역사와 과학과 경제는 같은 입장임을 확인할 따름이다. 우리는 서양의 '시각-언어 문명권'의 강력한 자장(磁場)을 느낄 따름이다. 동양의 '청각-상징 문명권'이 지닌 구원의 메시지를 알리고 싶다.

존재는 전체에 대한 울림(공명)을 지니고 있다. 그래서 비록 존재가 존재자가 되어도 울림을 지니고 있다. 울림은 대상화가 아니라 함께 우는 것이고 참여하는 것이다. 울림은 서로의 차이를 유지하는 가운데 하나가 되는 것이다. 존재자는 존재를 벗어날 수 없다. 존재자는 언어이며 대상이다. 사물이 존재자인 것은 사물을 대상화했기 때문이고 동시에 대상화한 것을 사물이라고 했기 때문이다.

사물을 대상화하지 않고 존재로 바라볼 수는 없을까. 사물을 존재자라고 규정하는 것은 마치 어떤 사람이 다른 사람을 존재자라고 규정하는 것과 같다. 사람을 존재자로 규정하는 것은 존재로서의 사람을 무시하는 것이다.

인간의 문화는 종종 남을 사물처럼 취급한다. 내가 아닌 것은 모두 남인 것이다. 그렇게 되면 내가 아닌 모든 것을 도구나 수단으로 보게 될 위험이 있다. 이는 자신마저 도구나 수단으로 보게 되는 막다른 골목에 도달할지도 모른다. 결국 세계로부터 자신의 소외를 불러올 뿐이다.

사물은 사물이 아니다. 물론 인간도 사물이 아니다. 모두 존재이다. 자연의 본능과 본성으로부터 유래된 존재이다. 인간은 머지않아 존재를 사물로 보는 사고방식이나 삶의 방식을 반성하지 않으면 안 될 상황이나 환경에 처할지도 모른다.

무엇보다도 사람이 남과 다르게 연기(演技)하거나 무엇을 실천할 수 있다는 것은 본질적인 정체성이 없다는 뜻일 것이다. 연기는 단지 현실계와 상상계를 넘나드는 유희가 아니라, 정체성이 없음을 말한다. 정체성이 없다는 것은 무엇이든 대신 정체성이 될 수 있다는 뜻이다. 사람은 본래 그렇게 비어 있다. 우주는 본래 비어 있는 것이다. 비어 있는 것을 드러내는 가장 원초적인 것이 바로 소리이다.

샤머니즘에서 신 지피는 현상, 즉 빙신(憑神)이라는 것은 바로 연기하고 실천할 수 있는 공간을 가지고 있는 사람의 특성에 기인한다. 연기와 실천은 예술과 도덕이다. 인간 개개인과 문화권마다 예술과 도덕이 다른 것은 바로 정체성(결정성)이 없기 때문이다. 정체성이 없기 때문에 정체성을 만들어야 하고, 인위적으로 만들어진 정체성은 변하기 마련이다. 샤먼의 세계야말로 특이한 세계가 아니라 본래의 세계이다. 과학의 세계는 그러한 존재의 세계를 시공간에 박제한 것이다. 과학은 시간과 공간이라는 제도일 뿐이다.

샤먼은 '혼(魂)의 이탈'을 통해 '우주 여행'을 하는데, 과학은 '우주선을 발사'해 '우주 탐사'를 한다. 샤먼의 혼은 돌고 돌지만(신화의 순환론과 같다) 우주선의 발사는 해도해도 끝이 없다.

현실계와 상상계, 논리적 공간과 비논리적 공간, 존재와 존재자는 동거하고 있다. 그래서 인간은 복논리(bi-logic)의 존재이다. 샤머니즘을 미신이라고 하지도 말아야 하지만, 과학만능주의도 금물이다. 과학과 샤머니즘은 둘 다 인간의 필요에 의해 드러난 것이다. 세계는 드러난 부분과 드러나지 않는 부분을 지니고 있다. '드러나지 않는 세계'는 '드러난 세계'의 근본 아닌 근본이다. 샤머니즘은 고대의 철학이고, 현대의 해체 철학은 샤머니즘 철학이다.

존재자의 원인은 현존재인 인간

인간은 과연 하이데거의 말대로 존재를 깨달은 존재일까. 존재를 깨닫는다는 것은 존재와 거리를 두고 존재를 대상으로 바라본다는 의미의 깨달음은 아니다. 적어도 존재자가 '존재의 존재자'라는 사실과 존재는 '존재자의 존재'라는 상호 가역성이나 동거를 깨달았다는 의미이다. 그렇다면 인간이 이 세상에 태어나지 않았어도 존재자가 있을 수 있을까?

인간에 의해 존재는 존재자가 되었다. 더 정확하게는 인간에 의해서가 아니라 인간이 사용하는 언어에 의해 존재는 존재자가 되었다. 사물은 스스로를 존재자라고 명명한 적이 없다. 사물은 존재일 뿐이다. 사물은 인간을 만나기 이전까지 존재였다. 사물은 존재인데 인간에 의해 존재자가 되었고, 그러한 철학적 전통은 인간으로 하여금 으레 사물을 사물이라고 생각하게 했을 것이다. 인간은 현존재(Dasein)인 동시에 현존재자(Da-Seienden)이다. 인간(현존재)은 존재와 존재자의 가교(매개) 역할을 했을 뿐만이 아니라 존재를 존재자로 만든 범인(원인)이기 때문이다.

샤머니즘의 철학, 소리철학에서 보면 사물은 사물이 아니라 사물 그 자체이다. 그러한 점에서 사물은 존재이다. 사물이 존재임을 아는 자들은 사물의 존재에 참여하고 사물을 영매(매개)로 활용한다. 사물을 사물이라고 하는 것은 바로 과학적 사고를 하는 자들이다.

사물이 존재자가 아니라 인간이 이해하는 사물이 존재자이다. 사물은 인간에 의해 존재자가 되었다. 사물은 인간에 의해 규정되기 이전에는 존재였다. 하이데거는 사물을 존재자라고 규정함으로써 여전히 존재의 전체에 이르지 못한, 서구 이성 중심주의 철학의 굴레에서 완전히 벗어나지 못한 철학자이다. 그는 니체와 더불어 그 경계(소유와 존재, 혹은 존재와 존재자)에 있는 철학자이다.

사물(존재로서의 사물)을 사물(존재자로서의 사물)이라고 부른(지칭한) 것은 인간이다. 다시 말하면 인간이 사물을 사물이라고 했다. 사물은 스스로 사물이라고 한 적이 없다. 그런데 왜 인간은 사물을 사물이라고 할까. 곰곰이 생각해보면 그 까닭은 인간이 언어의 주인(혹은 노예)이기 때문이다. 인간이 언어의 주인인 한 인간은 언어에 속을 수밖에 없다. 언어는 마치 제 주인이 인간인 것처럼 대외적으로 표방해놓고 실제로는 인간을 부리고 있다. 주인과 종이 이렇게 뒤바뀐 것은 없다. 인간은 자신이 주인인 줄 안다.

하이데거는 언어를 '존재의 그릇'이라고 했다. 언어에 의해서 존재가 드러나기 때문이다. 그런데 과연 그럴까. 인간의 입장이 아니라 사물의 입장에서 보면 언어는 '존재의 그릇'이기도 하지만 동시에 '존재의 감옥'이기도 하다. 인간이 사물이라고 하는 것은 실은 사물이 아니라 언어이다. '언어=사물'이다.

사물이 먼저 생겨났고(과거완료체이다) 그다음에 인간의 등장에 따라 언어가 생겼다고 하는 것이 순리일 것이다. 그러나 인간이 사물이라고 하는 것은 언어보다 먼저 생겨난 사물이 아니라 언어에 의해 규정된 사물을 말한다. 그래서 칸트는 '사물 그 자체'라는 말을 고안하지 않을 수 없었을 것이다.

사물에는 언어 이전의 무엇인가가 들어 있다. 우리가 사물이라고 하는 것은 언어 이후의 사물을 말한다. 그래서 사물을 존재자라고 말한다. 사물을 존재자라고 말하는 하이데거는, 존재를 탐구하면서도 사물이 존재인 줄 왜 모르는 것일까. 존재 따로 사물 따로이기 때문이다. 바로 여기에 그가 존재론을 주장하면서도 그 존재가 보편성이 아니라 일반성이라는 것을 모르는 이유가 있다. 이런 수준의 하이데거는 다음의 말을 한 니체나 쇼펜하우어에서 후퇴한 느낌마저 있다.

> 무기 물질은 어머니의 품속이다. 생명에서 해방되는 것은 진실의 모습으로 돌아가는 것, 즉 자기 완성이다. 이것을 깨달은 인간은 무감각한 흙덩이로 돌아가는 것을 축제처럼 즐겁게 생각할 것이다._니체

> 생식기는 의지의 참된 중심이며, 그 반대의 극은 두뇌이다._쇼펜하우어

이를 동양의 천·지·인 사상에 대입하면 다음과 같다. 천·지·인 대신 머리, 배(생식기), 가슴 혹은 의식·본능·의지를 대입할 수 있다. 또한 언어(기호, 상징), 무기 물질(무기체), 흙(유기체)을 또는 아버지, 어머니, 인간(父/母)으로 대입될 수 있다. 천은 보편성과 연결되고, 지는 일반성과 연결되며, 인은 보편성/일반성으로 연결된다.

天	머리	의식(意識)	아버지[父]	언어(기호, 상징)	보편성
人	가슴	의지(意志)	인간[父/母]	흙(유기체)	보편성/일반성
地	배(생식기)	본능(本能)	어머니[母]	무기 물질(무기체)	일반성

하이데거는 언어가 존재를 드러내는 그릇이라고 했지만, 말하지 못하는 사물의 입장에서 보면 사물이 존재가 아니고 존재자가 되도록 가둔 것은 언어이다. 언어는 존재의 그릇일 뿐만 아니라 존재를 존재자로 만드는 원인이다. 언어가 없다면 존재자는 없다. 언어가 없다면 모든 존재는 존재일 뿐이다. 언어가 없다면 사물은 사물일 수 없다. 언어가 사물이 아닌 것이 아니라 사물이 언어가 아니다. 사물은 언어 이상이다. 그런데 인간, 호모사피엔스사피엔스가 언어를 도구로 사용하는 순간 사물은 언어가 되고 말았다. 인간은 신체와 함께 언어로 사물을 움직이는 동물이다.

신체는 접촉해야만 사물을 움직이지만 언어는 접촉하지 않고도 사물을 움직이는 디자인을 한다. 언어에 의해 과거와 미래가 현재에 있다. 더구나 접촉하지 않고 사물을 움직이는 경우가 그렇지 않은 경우보다 압도적으로 많아졌다. 언어와 기억은 인간의 전부라고 해도 과언이 아니다. 영장류는 50단어 정도는 사용한다고 하지만 인간은 수천 단어를 사용하는 게 보통이다.

언어에 의해 사물은 존재자가 되었다. 인간은 언어의 속임수에 따라 사물을 마치 언어인 것처럼 생각한다. 그래서 사물을 언어라고 규정한다. 사물을 언어라고 생각하는 것은 크나큰 착각이고 도착이다. 그런데 이것을 착각이나 도착이라고 증명할 도구가 언어이고 보면 사물이 무죄를 증명하고 감옥에서 풀려날 길이 없다. 사물이 존재자가 아니라 존재라는 알리바이를 구성할 길이 없다. 이것이 사물의 결정적 약점이다.

물론 언어에도 존재의 언어가 있고 존재자의 언어가 있다. 존재의 언어는 의식의 언어가 아니라 무의식의 언어이며, 인학적(人學的) 언어가 아니라 물학적(物學的) 언어이다. 물학적 언어는 본능의 언어이다. 하이데거의 존재는 바로 본능과 본성을 철학적인 용어로 설명한 것이다. 말하자면 철학은 하찮게 여겼던 '본능'으로 돌아오기 위해 온갖 어려운 용어와 우회도로를 거친 셈이다.

그러나 사물을 존재자라고 규정한다고 해도 그것이 아니라고 증명할 방법은 없다. 증명 방법이 이미 존재 혹은 사물 그 자체가 아니기 때문이다. 언어가 존재를 드러내주지만 동시에 존재가 존재자가 되는 것도 언어에 의해서이다. 사물이 사물이 되는 것도 언어에 의해서이다. 만약 언어가 없는 세계를 생각하면 존재와 존재자의 구별도 없어질 것이다. 그런 점에서 인간은 현존재(現示되는 존재)이면서 동시에 현존재자이다. 사물을 존재자라고 한 것은 인간이기 때문이다.

하이데거는 인간이 존재와 존재자의 교량(매개) 역할을 한다는 점에서 현존재라고 했지만 실은 인간이야말로 존재를 존재자로 전락시킨 현존재자이다. 이제 세계 철학계에 '현존재자'라는 말이 탄생해야 한다. 서양의 이성 중심의 철학자들이 인간을 통해 보편성을 바라보았듯이 하이데거는 인간을 통해 일반성을 바라보고 있다. 결국 '인간'을 버리지 못하고 있다.

하이데거가 시간을 버리지 못하는 것도 바로 인간이기 때문이다. 그는 '존재와 시간', '시간과 존재'라고 하면서 항상 시간을 달고 있다. 이 것은 시간 자체를 변수로 한 것이기 때문에 보기에 따라서는 시간(공간)을 초월해 있다고 볼 수 있다. 그러나 시간을 변수로 한다는 그 자체는 시공간과 시공 초월의 경계에 있는 것이다. 그래서 완전 초월을 하지는 못하고 양자를 왕래하는 것이다. 그렇다. 하이데거의 존재론은 왕래의 철학이다.

시공간 초월은 시공간을 설정했기 때문에 오는 결과이다. 시간적 선험이나 공간적 초월(시간= 공간)은 시공간을 설정한 데 따르는 것으로 만약 시간과 공간이라는 개념을 설정하지 않았다면 선험이나 초월은 불필요한 개념이다. 인간은 자신이 설정한 개념의 감옥에 갇혀 고생하면서 탈출이니 자유니 하면서 호들갑을 떠는 셈이다.

존재에서 시간은 이미 존재자이다. 존재자를 만들어낸 인간은 그래서 현존재(현존재자)이다. 하이데거의 '존재와 시간'(하이데거 전기)은 존재에서 존재자의 발생을 다룬 것이고, '시간과 존재'(하이데거 후기)는 존재자에서 존재의 발생을 다룬 것이다. 존재에서 존재자의 발생을 다루기 위해서 인간을 현존재라고 말하지 않을 수 없었다. 현존재란 '현재의 존재'라는 뜻으로 현재라고 말할 때 이미 시간에 개입되는 셈이다. 따라서 시간이란 흘러가는 그 자체임에도 불구하고 현재라고 함으로써 이미 환원주의에 빠지게 된다. 시간과 공간을 사용하는 인간은 환원주의에서 벗어날 수 없다.

사람들은 죽음을 미리 생각하지만 죽음은 죽음에 이르러서야 경험할 수 있으며 동시에 그것을 기록할 여유(시간)가 주어지지 않는다. 그래서 존재의 진정성은 생멸(生滅)이 함께 있는 것이다. 순간을 영원이라고 말할 수밖에 없다. 이는 상대를 절대라고 말하는 것과 같다. 인간은 왜 절대를 말하는 존재인가. 이는 자기가 태어난 곳, 어머니를 잊어버렸기 때문이다.

인간(人間), 시간(時間), 공간(空間)이라는 말에는 모두 '간(間)'이 쓰인다. '간'은 '사이'가 있다는 뜻이다. '사이'는 단순한 '차이'가 아니다.

'사이'는 볼륨(부피)이 있는 것이다. 하이데거는 '차이'에 도달한 철학자이지만 완전히 '사이'에서 탈출하지 못하고 있다. 존재를 사물(존재자)로 규정한 인간은 자신을 버림으로써 사물을 존재로 되돌려놓아야 한다. 인간은 사물의 존재성으로 자신을 던져야 한다. '세계에 던져진 존재'로 자신을 인식할 것이 아니라 '자신을 세계에 던짐'으로써 존재성을 회복해야 한다.

이것을 세계에 대한 원인론이 아니라 결과론으로 전향하는 움직임으로 볼 수 있다. 이것이 더욱더 발전하면 '던져졌다'는 의미보다 원인(창조주)은 모르지만 적어도 자연이라는 자궁으로부터 태어난 결과적 존재라는 깨달음에 도달하게 될 것이다. 현재만이 세계의 전부이며, 현재는 과거와 미래의 사이에 있는 역사적 시간이 아니라 '시간 아닌 시간', '시간 그 자체'가 된다.

인간은 인간만이 존재를 느낄 수 있는 존재자인 '현존재', '실존적 존재'라고 생각한다. 사물을 바보처럼 혹은 도구(존재자)처럼 생각한다. 인간은 사물에 둘러싸여 있으면서도, 죽으면 사물로 돌아가면서도, 인간을 구성하고 있는 것이 사물(존재로서의)인 줄 모른다. 인간이 사물을 도구로만 보는 한 사물은 사물(존재자로서의)일 것이다. 만약 인간이 시각을 바꾸어 사물을 존재로 보면 사물은 존재가 될 것이다.

하이데거는 "존재는 개개의 존재자와 동렬(同列)에 있는 존재자가 아니라, 존재자들을 저마다의 존재자로 존재하게 하는 특이한 시간·공간이며, 인간은 거기에 나타나는 것으로 '개존(開存, Eksistenz)'이다"라고 말한다. 하이데거는 서양의 철학은 예로부터 존재를 존재자로서 파악하는 '형이상학'이며, 또한 존재자를 인간의 객체로서 기술적으로 처리하는 인간 중심적인 '폐존(閉存, Insistenz)'의 입장은 존재의 망각(忘却)에서 유래한다고 말한다.

하이데거의 개존과 폐존은 필자의 '역동적 장의 개폐 이론(Dynamic Space Close & Open: DSCO)'과 유사한 발상이다. 그러나 출발점은 다르다. 하이데거는 '인간이 중심'이지만, 필자는 '물 자체가 중심'이다. 하이데거는 존재에서 인간이 드러나는 것을 '개존'이라고 하고 인간이 사물을 존재자로 보는 것을 '폐존'이라고 한다. 어느 쪽이든 인간이 관심의 중심에 있다. 하나는 인간 존재가 드러나는 것이고, 다른 하나는 인간이 언어를 가지고 규정한 사물이다. 어느 쪽이든 서양의 전통적인 인간 중심주의와는 다르지만 여전히 인간 중심적인 냄새가 난다.

필자의 역동적 장의 '개폐'는 우주의 본래적인 것은 '개(開)'이며, 그것이 '폐(閉)'의 상태가 될 때 눈으로 확인할 수 있는(잡을 수 있는) 존재자가 된다는 뜻이다. '개'의 상태는 한없이 열려진 기(氣)의 동사적 상태이며 그것을 명명할 수가 없다. '폐'의 상태는 스스로 하나의 체계를 이루고 있다. '개'의 상태에서는 인간과 사물의 차이가 없다. 인간도 사물도 '폐'의 상태가 되어야 하나의 성질을 가지는 체계가 된다. 즉, 체계성을 가진 것은 이미 '폐'의 상태에 있다는 말이다. '폐'의 상태가 되어야 형태를 가지는 게스탈트(Gestalt)가 된다는 뜻이다.

하이데거의 존재론은 서양의 전통 철학인 인간 중심적인 인학(人學)에 비해서는 물학(物學)에 가깝지만 완전히 물활적(物活的, animistic) 물학은 아니다. 이런 연유로 그는 여전히 언어 철학의 궤도를 완전히 벗어나지 못하고 있다. 필자의 역동적 장의 이론에 따르면 사물을 눈으로 확인할 수 있는 것은 존재가 폐의 상태에 있기 때문이며, 개의 상태에서는 눈으로 확인할 수 없다. 필자는 이것을 라이프니츠의 단자(monad)에 반대되는 개념인 기소(氣疎 = 氣素 = 元素 = 素粒子)로 명명했다.

필자와 하이데거의 견해가 차이 나는 대목은 바로 사물에 대한 이해이다. 하이데거는 사물을 존재자와 같은 의미로 사용한다. 그러나 필자는 사물이 존재자가 되는 것은 인간이 사용하는 언어 때문이라고 주장한다. 바로 언어가 사물을 사물이게 하는 것이다. 인간의 언어가 아니면 사물은 사물이 되지 않는다. 굳이 표현하자면 '물 자체'라고 하는 것이 옳다.

하이데거는 칸트가 과학을 위해 잠정적으로 사유를 보류했던 '물 자체'라는 개념에 접근해 '물 자체'를 '존재'로 새롭게 규정했지만 사물은 그대로 존재자로 두었다. 사물은 대상이나 도구(이용 가능성과 도구 가능성)가 아니라 그 자체로서 살아 있는 텔레파시적(telepathic) 존재이다. 하이데거는 존재를 발견함으로써 실존 철학 혹은 존재 철학에 도달했지만 사물을 존재자로 그대로 둠으로써 '일반성의 철학'에는 도달하지 못했다.

인간을 '물 자체'나 '존재'의 지평에 올려놓는 것은 그리 어려운 일이 아니지만, 인간을 '사물'이나 '무기물'과 같은 지평에 올려놓는 것은 생명과 죽음을 동시적으로 보면서 죽음 자체로 돌아가는 것을 두려워하지 않아야 가능하다. 이것은 죽음을 닫힌 한 단계의 생명 체계의 해방으로 보는 것이기에 받아들이기 쉽지 않다. 만약 인간이 없어진(멸종된) 세계를 생각하면 기분이 어떤가? 세계는 영원하다. 영원한 것(개체)은 없지만, 세계는 영원하다.

존재자나 존재라는 개념들이 두뇌 작용의 산물이라면 생명의 생식의지는 이들에 앞선다. 만약 생명조차 무기물에 의해 구성된 것이라면 사물을 단지 존재자라고 규정할 수는 없다. 사물은 인간과 똑같은 것이다. 단지 존재의 장(場), 스테이지(stage)가 다를 뿐이다.

우리가 사물이라고 하는 것은 사물의 대상적 측면만 보는 것이다. 만약 사물에 대상적이 아닌, 눈으로 볼 수 없는 무언가가 있다면 사물의 어딘가에 생명의 근원과 연결될 존재의 가능성이 있을 수도 있다. 그래서 사물을 쉽게 존재자라고 말할 수 없다. 사물은 텔레파시적 존재이다. 존재(사물)는 존재(물 자체)의 보이지 않는 자장(磁場) 속에 있는 것이다. 자장은 특이한 시공간이 아니라 시공간을 초월한 '장(場. 場所가 아니다)'이다.

하이데거는 '물 자체(thing itself)'에서 '그것(it)'은 회복했으나, '사물(thing)'의 '자체(self)'는 회복하지 못했다. 그 까닭은 '그것'에 '자신(self, 스스로)'이 붙은 것을 간과한 때문이다. 아니면 '그것'에서는 '자체'를 느꼈지만, '사물'에서는 '자체'를 느끼지 못했다고 할 수 있다. 사물은 스스로가 될 수 있는데도 그렇지 못하고 인간 중심에 의해 존재자인 것처럼 인식되어왔다. 사물은 인식되는 것이 아니라 인간과 교감하는 상호 관계에 있다. 사물과 사물도 교감하는 상호 관계에 있다. 사물은 사물이 아니고 존재이고 물 자체이다.

하이데거가 이르지 못한 모든 것의 '자기(自己)=자신(自身)=자체(self)'에 도달한 것이 일반성의 철학이다. 일반성의 철학에 따르면 세계는 어떤 것이든 삼라만상 모두가 '자기 자신'으로서의 세계이다. '자기 자신'은 '자아(自我, 主體, 正體)'와 다르다. '자아'는 '닫힌 자기 자신'이다.

'자기 자신'은 흔히 '자아(ego)' 혹은 '주체(subject)'와 혼동되고 또한 그렇게 사용되기도 한다. 그러나 '자기 자신'은 '자아' 혹은 '주체'가 아니다. 자아는 타자를 전제하고 주체는 대상을 전제한다. 그러나 '자기 자신'은 상대적인 것을 전제하지 않는다. '자기 자신'은 오히려 주체와 객체가 구분이 없는, 구분이 없다기보다는 주체와 객체가 왕래하는 주객일체(주관과 대상, 주관과 객관, 주체와 객체의 일체)의 혼돈 같은 상황이다. 이미 질서가 잡히면 주객이 구분되는 것이다.

'자기 자신'은 사물을 대상으로 바라보는 주체가 아니다. '대상과 주체'를 떠나 사물을 그 자체로서 바라본다. 사물이든 인간이든 마찬가지이다. 인간이라고 사물보다 상위의 존재로 바라보는 것이 아니다. 사물과 인간(나와 남, 즉자와 타자)을 모두 '스스로의 존재'로 바라보는 것이다.

인간은 어쩌면 미래에 '자기 자신'으로서의 자기 종교, 자기 철학이 필요할지도 모른다. '자기 자신'은 혼돈이면서 질서이고, 질서이면서 혼돈이다. 혼돈과 질서가 동시에 있는 세계이다. 혼돈에서 질서로 가고 다시 질서에서 혼돈으로 가는, 혼돈과 질서가 왕래하는 동사의 모습이다. 명사로서의 '자기 자신'은 자칫하면 주체가 되고 자아가 된다.

자아를 만든 인간은 그것을 버릴 수 없어서 영혼이라고 했다. 그러나 영원한 대상이 된 자아(영혼)는 죽을 수도 없다. 자아는 의미이고, 자아는 언어이다. 자아인 언어는 죽지 않는다. 그래서 자아는 죽어서도 죽지 않고 하늘과 지옥, 그 둘 중에 하나에 가지 않으면 안 된다. 이것이 자아를 만든 인간의 불행이다.

부활이란 죽은 자에게 부여되는 자연의 선물이다. 부활은 자아를 가진 자의 죽지 않음이나 재생이 아니다. 부활은 자아를 가지지 않은 죽은 자의 특권이다. 부활은 혼돈, 미분화 상태로 들어간 자의 특권이다. 부활은 어두운 현묘(玄妙) 속에서 일어난다. 그것은 밝음 속에서는 생멸(生滅)하고 왕래(往來)한다.

자아 중심주의는 바로 신(神) 중심주의이다. 자아 중심주의는 의식과 그 의미화에 집착함으로써 종국에는 하나님의 생각이 내 생각이라거나 그것의 정당화를 위한 보편 의식으로 무장한다. 그러나 그 보편은 자아의식을 만인(萬人) 의식이라고 스스로를 속인다. 그래서 인간은 스스로의 생각에 속는 존재이다. 자아, 자유, 이성, 이상, 영원, 하나님, 원인과 결과, 목적과 수단, 주체와 대상 등 모든 것이 자연을 끊은 데서 오는, 자연과 분리된 데서 오는 용어의 행렬들이다. 말하자면 의미가 같은 다른 용어들이다.

인간은 미망적(迷妄的) 존재이다. 진리 자체가 미망이고, 그러한 미망은 세계의 원초적 혼돈에서 비롯된다. 인간이 미망적 존재인 것은 세계의 근본(혼돈)과 어긋나는 것은 아니다. 혼돈은 인간이 만들어낸 질서에서 보면 무질서로 보인다. 그러나 혼돈은 무질서가 아니다. 혼돈은 세계 그 자체이다. 세계는 순환 구조이다. 순환 구조라고 해도 같은 것(동일성, 정체성)의 순환이 아니다. 순환 구조는 세계의 직선적 진리(인과관계)와 다르다.

혼돈이라는 것은 단순한 무질서가 아니라 미분화 상태 같은 것으로 소리의 울림[共鳴, 餘韻]이나 사물을 둘러싸고 있는 분위기 같은 것이다. 혼돈은 무게와 크기와 거리가 없는 일종의 소리와 같은 혹은 기운생동과 같은 미분화체이다. 혼돈은 서정 시인의 마음 상태와 같은 것이다. 더 정확하게는 디오니소스의 음악가와 같은 것이다.

디오니소스의 음악가는 어떠한 형상도 가지지 않는다. 그는 그 자신의 근원적 고통이며 이것의 근원적인 반향(反響)일 뿐이다. 서정적 영혼은 신비한 자기 포기 상태와 합일 상태로부터 하나의 형상 세계, 하나의 비유적 세계가 자라는 것을 느낀다. 이 세계는 조각가와 서사 시인의 세계와는 전혀 다른 색채와 인과성과 속도를 가지고 있다. 조각가와 서사 시인은 이 형상들 속에서 그리고 오직 그것들 속에서만 즐거움을 누리고, 그러한 형상들의 극히 세세한 특성들까지 애정을 갖고 관조하는 데 지칠 줄 모른다. … 이에 반해 서정 시인의 형상들은 바로 그 자신이며 자신의 다양한 객관화에 지나지 않는다. 이 때문에 그는 저 세계를 움직이는 중심으로서 '나'라고 말해도 되는 것이다. 다만 이러한 나는 깨어 있을 때의 경험적·현실적인 인간이 아니라 진실로 존재하는 유일한 자아 그리고 사물의 근저에 자리 잡은 영원한 자아이다. 이 자아의 모상들을 통해서 서정적 천재는 사물의 저 근거까지 꿰뚫어보게 된다._니체, 『비극의 탄생』

'자기 자신'은 우주의 총체적 메타포이다. '자기 자신'에는 '자신(自身)＝자신(自新)＝자신(自神)'의 메타포가 있다. 메타포는 개념 대신에 눈앞에서 실제로 움직이고 있는 총체적 형상이다. 그런 점에서 시의 운율과 음악의 소리를 닮았다. 소리야말로 우주의 총체적 메타포이다. 소리는 자아를 주장하지 않고, 주체와 대상을 설정하지도 않는다. 소리는 그것을 주장하기에는 너무 빨리 사라지고 지속적인 형상이 없다.

서정 시인과 디오니소스의 음악을 빌지 않더라도 '자기 자신'은 하이데거의 존재와 같은 것이다. 그런데 문제는 하이데거가 사물에서 그 존재를 느끼지 못하고 존재자를 느낀다는 점이다. 왜 그럴까? 존재를 발견한 철학자였음에도 하이데거가 시간을 떠나지 못하고 있는 까닭이다. 존재론의 철학자는 시간과 공간이라는 변수도 인간이 만든 생각의 틀이며 제도라는 것을 알 필요가 있다.

본래 시간과 공간은 없는 것이다. 그런데 인간이 그것을 만들어 스스로를 옭아매놓고는 다시 그것을 초월한다고 야단이다. 시간과 공간은 없다. 따라서 시간과 공간의 초월도 없다. 시간과 공간은 인간의 환(幻)이다. 존재에 시간과 공간이라는 변수를 넣으면 세계는 양분된다. 그렇게 되면 세계는 왕래하지 않으면 안 되고, 왕래하면 그리워하거나 사랑하고 싸우거나 정복하게 된다. '자신'의 세계는 시공간이 없는 세계이고, 모든 분별이 없는 세계이고, 본래적인 하나의 세계이다.

흔히 시간과 공간을 대립적인 것으로 보고 마치 공간 속에 시간이 흐르고 시간 속에서 공간이 변하는 것처럼 생각한다. 그러나 시간은 공간이고, 공간은 시간이다. 시간이라는 말을 하면 공간이라는 말을 하는 것과 같다. 시간과 공간은 따로 떨어져 있는 것이 아니다. 존재 속에서 (인간 존재에 의해) 시간과 공간이 생긴 것이지, 시간과 공간 속에 존재가 있는 것은 아니다.

일반성의 철학에는 '자기 자신' 속에 사물이 포함되어 있다. 사물도 인간과 다름없는 똑같은 존재(존재자가 아닌)이다. 단지 인간이 사물(자기 자신으로서의 사물)을 사물(대상으로서의 사물)이라고 할 따름이다.

하이데거는 '존재와 시간'(전기)과 '시간과 존재'(후기)를 통해 한편으로는 시간을 벗어난 것 같지만 다른 한편으로는 시간에서 발을 빼지 못하고 있다. 그래서 하이데거는 전기에서 존재를 독립변수(能記, 見分, 能緣, 能藏)로 놓고 시간을 종속변수(所記, 相分, 所緣, 所藏)로 놓음으로써 인간을 현존재(존재자)라고 설정했다. 후기에서는 거꾸로 시간을 독립변수로 놓고 존재를 종속변수로 놓았다.

이러한 설정 자체가 존재와 시간의 상징성과 상호 가역성과 왕래성을 나타내는 것이지만 그의 존재론이 시간이라는 레벨에 머물러 있음을 뜻한다. 시간에 머물러 있기 때문에(공간에 머물러 있기 때문에) 사물을 존재자로 보게 되는 셈이다. 존재는 시간을 넘어 있다. 존재는 현존재 (Dasein = there sein = 거기에 있다)의 '거기(Da)'가 필요 없다.

하이데거는 인간을 현존재(일종의 존재자. 인간 속에는 시간과 공간의 흔적이 있으며 그것은 인간이 언어를 도구로 사용하는 존재인 데서 연원한다)로 보았으니 사물을 존재자로 볼 수밖에 없었을 것이다. 칸트로부터 완전히 벗어나기 위해서는 인간은 물론이고 사물도 존재라는 것을 알 필요가 있다. 칸트의 '물 자체'가 존재이다. 물 자체는 시간과 공간의 굴레 속에 있지 않다.

하이데거의 존재론이나 물학은 서양 철학의 이성 중심주의에서 반쯤 탈출한 셈이다. 말하자면 물 자체가 바로 신이라는 것(물 자체 = 신)을 아는, 물 자체와 신(물 자체와 신의 결별)을 다시 봉합하는, 그런 뒤에 자연 회복(치유)하는 절차를 거치지 않는 셈이다. 다시 말하면 아직 원시의 애니미즘에 도달하지 못했다.

철학과 문명은 자연의 물활(物活)과 본능의 세계에 인간의 언어와 의식이 개입해 주어(主語)를 세움으로써 빚어진 것이다. 그 반대급부로 인간은 자연을 이용해 종자를 더 번식시키고 인구를 부양하는 데 성공했다. 과학이 오류의 역사라는 것은 이와 맥락을 같이한다.

진정한 물활의 세계는 인간이 신과 물 자체의 봉합 수술을 하는 데 있는 것이 아니다. 자연 그대로 놓아두고[無爲自然], 그냥 보아주고, 들어주면 된다. 그것이 바로 관음(觀音)이다. 관심(觀心)은 관음에서 해탈의 길에 오른다. 관음은 관음색(觀音色)이다.

칸트, 물 자체의 마술

칸트 철학은 이성 중심의 철학이지만, 실은 '물 자체(thing itself)'라는 용어를 창조함으로써 역설적으로 이성의 활동을 확실하게 보장한 철학이다. 그런 점에서 칸트 철학은 역으로 '물 자체의 마술(magic)'이라고 말할 수 있다. 칸트는 '물 자체의 마술'로 사물을 보여준 셈이다. 칸트에 의해 사물이 탄생하게 된 셈이다. 칸트에 의해 사물들은 시간과 공간 안에 자리매김하게(갇히게) 된 셈이다.

칸트는 '물 자체'라는 말을 쓰고, 이성의 밖에서 '신(神)'이 존재한다고 상정했다. 신은 아예 이성적으로 증명할 수 있는 존재가 아니었다. 말하자면 이성을 위해서(과학과 도덕을 위해서) 사물을 신과 엄격하게 구별함으로써 결과적으로 존재를 존재자로 만들어버리게 했다.

칸트가 '물 자체'를 설정함으로써 '신'과 인간의 사이에 인간의 과학과 도덕이 설 영역이 확보되었던 것이다. 다시 말하면 과학과 도덕의 영역이 이성의 영역이다. 하이데거는 칸트가 남겨놓았던(보류했던) '물 자체'를 다시 끄집어내어 본격적으로 철학적 논의를 시작했다. 그러나 하이데거는 칸트가 사물이라고 규정한 것을 안이하게 그냥 받아들여 존재자로 규정했을 뿐이다. 그의 공적은 존재를 (존재의 전체를 존재로) 깨닫게 한 점이다.

서양은 칸트 철학과 함께 기독교의 절대신으로 문명을 이끌어왔는데 기독교의 절대신이 칸트가 논외로 했던 신의 자리를 대신했다. 따라서 하이데거의 존재론은 칸트 철학이 달성한 과학과 대립적인 관계에 있는 존재(자연) 자체를 연구의 대상으로 삼고 있다.

이성의 영역은 시간과 공간이 존재하는 영역이다. 이성이야말로 인간을 말하는 것이고 인간을 대표하는 것이다. 이는 보는 이에 따라서는 인간이 신과 사물의 교통(소통)을 독점하는 것으로 해석될 수도 있다. 그런데 유럽 문명은 후대에 '이성신(理性神)'을 만들어냈다. 보편성과 일반성이 유착되는 것의 대표가 바로 이성신이다. 만약 이성이 신이라면 이성이 없는 동식물이나 무생물은 신의 밖에 있어야 한단 말인가. 그렇다면 자신의 밖에 무엇이 존재하는 것이 어떻게 절대신이란 말인가.

칸트는 신과 이성을 분리해 인간으로서 논할 수 없는 존재로 신을 설정했다. 그 대신 이성이 다른 사물을 다룰 수 있는 영역을 찾아서 논하고 실천하게 하게 했다. 이것이 순수이성 비판이고, 실천이성 비판이다. 칸트가 굳이 이성을 '순수이성'이라고 한 이유는 데카르트와의 구별 때문이다. 그런데 순수이성과 실천이성은 같을 수도 있고 다를 수도 있다(반드시 같은 것은 아니다). 그래서 둘의 화해를 맡은 것이 바로 판단력이다. 판단력 비판은 자연을 합목적적인 아름다움으로 본다. 자연은 이성이 판단하기 전에 이미 주어진 것이기 때문이다. 순수이성은 진(眞), 실천이성은 선(善), 판단력 비판은 미(美)를 추구하는 셈인데, 주목할 것은 미는 진·선의 마찰과 갈등을 화해시키는 역할을 하면서 동시에 진·선·미를 마지막으로 종합하는 것이 된다는 점이다.

칸트의 시공간은 논리(logic)의 공간으로서 시각-언어가 강요한 공간이다. 시각이 강요한 공간을 언어가 정립하고 입증함으로써 성립된 공간이다. 만약 처음부터 그렇게 자연이 시공간의 논리적 공간이었다면 인간이 아닌 동물도 자연스럽게 여기에 적응해야 했을 것이다. 동물이 그렇지 못한 것을 보면 시공간은 역시 인간의 공간이다. 시공간의 공간이란 자연의 한 종(種)으로 태어난 인간이 자연에 논리를 강요한 인위적 공간이며, 이것을 물리적 공간(순수이성 비판)이라고 한다. 이 공간은 물론 인식의 공간이다.

그렇다면 물리적 공간이 아닌 공간은 비논리적(non-logic) 공간을 말하는데 이것은 상상력의 공간이다. 상상력의 공간에서는 논리적 공간에서 이루어지지 않는 일들이 벌어진다. 말하자면 '자유의지(自由意志)'가 가동되는 공간이다. 상상력의 공간이 있기에 서로 다른 도덕과 예술이 가능하게 된다. 도덕(실천이성 비판)과 예술(판단력 비판)이 여기서 이루어진다. 이 공간은 의식의 공간이다. 의식의 공간이란 주체가 없는 공간이고, 칸트 식으로 말하면 오성과 상상력이 만나는 '유희의 공간'이다.

칸트가 말한 판단력 비판의 '자유의지' 중에서 '자유'는 사르트르에 의해 계승되어 '자유의 길'(자유는 실존의 목적)이 되었고 의지는 쇼펜하우어와 니체에 의해 계승되어 '의지와 표상'과 '권력에의 의지'가 되었다. 칸트의 판단력 비판이 실은 다음에 오는 반(反)칸트 철학의 터전이 된 셈이다.

칸트는 상상력의 공간을 이성(인식)의 공간에 종속시키는 철학적 입장을 견지한다. 이는 아마도 객관적인 대상을 통해 객관적 법칙을 추구하기 때문일 것이다. 그래서 도덕적인 인간으로서의 선(善)과 자연의 합목적적인 아름다움을 향하는 일정한 방향의 미(美)를 주장했다. 물론 여기에서 '자유의지'는 신이 인간에게 자유의지를 줌으로써 천지 창조의 모순에 대해 신이 책임질 필요가 없게 되었고, 신의 문제는 인간의 문제가 되어버렸다.

이성이란 인간 특유의 현상으로 하이데거의 존재를 존재자로 치환하는 공간이다. 현상학은 그러한 칸트의 객관적 시공간이 실은 상상적 공간에서 이루어지는 '신'이나 '물 자체'의 문제를 물리적 시공간에서 논의하는 것을 제외시킨 철학적 전략이라는 것을 깨닫게 한 공로가 있다. 말하자면 현상학은 객관적 현상(대상)을 제외한 상상력의 공간에서 벌어지는 의식(意識)의 현상을 의식을 따라가면서 해석하는 공간이다. 물론 해석학적 공간은 일정한 방향성을 가지는데 이는 도덕과 아름다움을 인식의 공간에 종속시킬 때 입증된다. 현상학에서는 그 대상이 객관적 대상이 아니라 주관적 대상이기에 물리적 시공간의 제약과 같은 것이 아닌, 주관적인 방향, 의식의 방향인 셈이다.

합리적인 인간이 즐겨 사용하는 시공간이라는 것은 인간에게만 있는 시공간이다. 과연 세계는 무엇일까. 인식의 시공간인가, 해석의 시공간인가, 아니면 하이데거 식의 존재의 시공간인가. 존재의 시공간이라고 하는 것은 옳지 않다. 존재는 시공간에 소속된 것이 아니기 때문이다. 존재는 시공간을 초월한 공간(공간 아닌 공간)이다. 말하자면 직관으로 바라볼 수 있는 순수 시공간이다. 이성에 의해 제어되지 않는 원시적 시공간, 상상력의 시공간인 셈이다. 이것은 총체적인 느낌의 시공간이다. 이것은 대상의 지각으로서의 감각이나 개념에 의한 시공간도 아닌 그런 시공간이다. 이것이 존재의 시공간이다.

하이데거는 전기에는 '존재와 시간'을, 후기에는 '시간과 존재'를 탐색했다. 전기에는 존재에 시간이라는 변수가 미치는 여러 문제를 탐색하는 것을 통해 존재를 현현케 함으로써 '존재와 존재자'가 다른 것임을 밝혀냈다. 후기에는 '시간의 지평에서' 존재가 어떻게 존재자가 되는지를 밝혀냈다. 존재가 '물 자체가 되는 길'이다. 그래서 물 자체는 증명할 길이 없다. 단지 물 자체를 살아갈 뿐이다. 따라서 철학이 인식이나 의식의 문제가 아니라 삶의 문제라는 것에 도달한 셈이다. 이것은 역으로 그동안 서양 철학이 삶의 필요에 의해 시공간의 철학을 설정하고 오류를 통해 과학을 만들어낸 과정이었음을 보여준다.

존재는 '물 자체'와 '신'을 합류케 한다. 그래서 칸트에 의해 서로 분산되었던, 칸막이가 되었던 신과 물 자체와 존재가 하나 되는 철학적 원시반본의 성취를 이룬다(신=물 자체=존재). 존재는 총체적인 느낌의 세계이다. 총체적인 느낌의 세계는 주체와 대상도 없고, 삶과 죽음도 없다. 끊임없이 변화하는 세계인 것이다.

인간은 이제 이성을 때때로 버림으로써, 존재로 돌아감으로써 논리적 공간과 비논리적 공간을 자유롭게 동시에 왕래해야 한다. 이는 칸트가 이성의 자유로운 활동을 위해서 신을 이성의 밖에 두고 이성을 신이 인간에게 부여한 능력으로 치부하는 동시에 물(物)을 '물 자체'로 둔 것과는 반대 방향이다.

이성의 밖에서도 비이성적인 것들이 존재할 수 있도록 하기 위해서는 이(理)의 반대(대칭 혹은 대립)인 기(氣)가 필요하고, 기는 신(神)과 만나지 않으면 안 된다. 그래서 기는 신기(神氣)이다.

신기(神氣)는 신기(神奇)하고 신이(神異)하다. 세계는 신(神)하고 이(異)하다. 신은 동일성을 위해 존재하는 것이 아니라 '다름=이(異)'를 위해 존재한다. 존재는 바로 다름이다. 인간의 철학은 이(理)를 위해 존재하는(그럼으로써 존재자가 되는) 것이 아니라 이(異)를 위해 존재해야 한다. 이(異)는 무엇을 위해 존재하는 것이 아니라 그냥 존재하는 것이다. 그래서 이러한 역설이 존재한다. 존재하는 것은 바로 '하는 것으로 있어야 하기' 때문에 이(理)가 필요하고, 존재자가 되는 것은 바로 '되는 것이 되어야 하기' 때문에 이(異)가 필요하다.

이제 인간의 철학은 이(理)와 이(異)를 교환하게 되었다(理↔異). 존재의 개별성에 도달하기 위해서는 기(氣)를 바탕으로 하지 않으면 안 된다. 이(理)를 가지고는 존재의 보편성에 도달할 수 있지만 개별성을 포섭할 수 없다. 개별성은 기(氣)의 나타남이다. 기야말로 존재의 일반성이다. 기는 개별성의 탈근거(脫根據)이고 개별성은 기의 탈은적(脫隱迹)이다. 우리는 이제 알게 되었다. 보편성은 특수성의 초월이고 특수성은 보편성의 하강이라는 것을!

철학은 '언어의 자기 구원 예술'이라고 말할 수 있다. 그러면 철학은 미학의 아래에 들어가게 된다. 철학과 미학의 융합은 철학의 겸손이고 철학의 완성이다. 칸트는 순수이성 비판과 실천이성 비판의 다음에 판단력 비판을 놓았지만, 이제 그것을 거꾸로 놓아야 한다. 존재론의 철학은 바로 칸트의 철학을 코페르니쿠스적으로 전환하는 것이다. 물 자체야말로 바로 존재론으로 들어가는 문이다.

왜 존재는 이중적인 것이 항상 함께 있는가. 바로 '함께, 더불어' 있는 것이 우주이고, 더불어 있는 것은 존재가 떨어지지 않았다는 증거이다. 이는 존재가 소외되지 않았다는 것을 말한다. 철학은 인간을 더 이상 '소외의 존재'로 만들어서는 안 된다. 철학은 '인간을 존재'로 만들어야 한다. 이성(理性)이 신(神)이 아니고 기(氣)가 신이다.

서양 철학에서 운위되는 칸트의 '물 자체'·'신(神)'·'이성(理性)', 니체의 '초인(超人)', 하이데거의 '현존재(Dasein)', 그리고 전반적인 '선험', '초월', '초재' 등은 모두 시공간과 시공간 초월의 개념을 동시에 동봉하고 있다. 그러한 점에서 철학적 개념어 자체가 상징적 상호작용을 하고 있는 셈이다.

서양 철학은 주체(실체, 실재)가 있든 혹은 주체가 없다고 하더라도 인간 혹은 우주가 어디에서 어디로 가야 하는 것이라고 생각하고 있다. 우주는 어디에서 어디로 가는 것이 아니다. 우주에는 갈 곳이 따로 없다. 제자리가 우주이다. 우주에서 분리된 자만이 어디로 가야 한다고 생각한다. 인간은 우주에서 단 한 번도, 단 한 순간도 분리된 적이 없다.

서양 문명은 칸트의 이성 철학이 논외로 둔 신의 문제를 기독교에서 담당하도록 했다. 그래서 철학과 종교에서 평행적으로 절대(절대원리, 절대신)를 추구하게 했다. 인류 문명사를 보면 이것은 주술(呪術)에서 주문(呪文)과 과학기술(科學技術)을 분리해 쌍두마차가 되게 함으로써 강력한 문화 능력을 창출했다. 그러한 점에서 절대신은 이성(理性)은 같은 것이다.

칸트는 인식(오성과 이성)의 공간을 위해서 신과 자연(물 자체)을 논리의 공간에서 쫓아냈다. 인식의 공간에서는 과학을 만들고 의식의 공간에서 도덕과 예술을 논의했다. 이때 상상력의 공간에 자유와 의지를 포함시켰다. 그런데 그 의식의 공간을 인식의 공간에 종속시켰다. 그래서 자연을 합목적적으로 만들어 미(美)라고 하고, 삶의 실천을 도덕으로 만들어 선(善)이라고 했다.

이러한 의식의 공간이 현상학의 공간으로 밝혀진 것은 후설의 등장

이후이다. 결국 칸트는 현상을 객관적 대상으로 연구하기 위해 인식의 시공간(인식의 좌표)을 만들었다. 현상을 주관적 대상인 의식으로 바라보게 한 것이 현상학이다. 그리고 다시 주관적 대상을 바라보는 현상학을 존재의 공간으로 넘어오게 한 것이 하이데거이다.

하이데거의 공간은 얼핏 보면 칸트의 공간으로 넘어온 듯하다. 칸트의 공간에서 객관적 대상을 설정하는 것이 아니라 시간 자체를 변수로 함으로써 존재를 탐험하기 때문이다. 이는 칸트의 공간에서 시공을 초월한 '물 자체'와 '신'을 탐험하는 셈이다. '현상과 본질'의 대립이던 서양 철학을 '존재자와 존재'의 동거로 전환시킨 것이 하이데거이다.

칸트는 '신'과 함께 '물 자체'라는 개념을 만들어내면서 신과 물 자체를 인식의 시공간에서 추방했는데, 그 신은 기독교에 연합해 '절대신' 혹은 '신=신을 아는 능력'=이성으로 정착했고, 나머지 물 자체만 남았다. 그 물 자체를 서양의 후기 근대 철학이 다시 철학의 주제로 등장시켰다.

'물 자체'의 '자체'는 매우 중요한 개념이다. '자체'는 사물을 둘러싸고 있는 신비, 결코 자신을 드러내지 않는 그 무엇이다. 우리는 흔히 시공간이 있는 것을 기준으로 시공간이 없는 것을 시공간을 초월한다고 말한다. 그러나 시공간이 '없다'라든가 '초월'이라는 개념보다 '반시간(反時間)'과 '반공간(反空間)'을 상정할 수 있다. 이는 시공간의 '유무(有無)'가 아니라 시공간 자체 내의 '반(反)개념'이다.

똑같은 개념을 '물질(物質)'에도 적용할 수 있다. '물질이 아니다' 혹은 '비물질(非物質)'이라는 개념보다 '반물질(反物質)'을 상정할 수 있다. '반물질'은 물질 자체 내의 '반개념'이다.

'반개념'은 대립되는 개념이 아니다. 마치 동양의 음양 개념처럼 오히려 '원(原)개념'을 상보(相補)하는 개념이다. 음양은 서양 철학의 논리(삼단 논법이나 변증법)에 의해 음과 양이 대립하는 것처럼 오해되기 쉬운데, 음양은 함께 있는 것이다. 음이 있으면 동시에 양이 있고, 양이 있으면 동시에 음이 있는 것이다. 음양은 동시성의 것이다.

칸트의 '물 자체'의 '자체'는 마치 '만유(萬有)의 신'처럼 '물(物, 事物)'과 상보적인 관계에서 '물'과 동시성의 관계에서 존재하는, 드러나지 않은 그 무엇이다. '물 자체'는 '사물'과 동시에 공존하고 있다. 세계는 더 이상 '물리적(物理的) 연장(延長)'의 관계에서 시공간 안에 있는 것만이 아니라 '물적(物的) 차이(差異)'의 관계에서 '반(反)시공간'으로 동시에 존재하고 있다. 세계는 그 자체로서 만족하는 '자족적 체계', 즉 자연(自然)이다. 세계는 '사물'(시공간 = 사물의 환유)과 동시에 '소리'(반시공간 = 사물의 은유)가 공존하는 상보적 체계, 음양적 체계이다. 소리는 사물의 은유이다.

서양 철학의 히말라야 연봉과 한계

무한대와 무한소에서 유무의 구별은 의미가 없다. 신이라는 것에도 유신론과 무신론은 의미가 없다. 유심론과 유물론의 싸움은 이분법을 지향하는 서양 철학의 한계이다. 대립하는 것, 대칭되는 것이 함께 동거하고 가역하고 왕래하는 것이 우주의 실상이다.

니체가 "신은 죽었다"고 선포한 것은 매우 서양 문명적 처방이다. 진정한 신은 죽일 수도 없다. 니체가 죽인 신은 '가짜 신(우상의 신= 대상화된 신)'이다. 신은 저절로 나타났다가 사라지는 것이다. 정확하게 말하면 신은 '저절로'이다. 신은 주체가 아니고 주격도 아니다. 신은 마치 소리와 같다. 신은 드러날 때쯤 드러나는 존재이고 사라질 때쯤 사라지는 존재이다. 한 번의 신이 '절대신'이 되는 것은 아니다. 신은 실재라고 가정했지만 실제로는 가상 실재이다.

신과 인간은 일심동체이다. 신과 인간은 물심동체이다. "신이 죽었다"고 말하는 것은 인간이 죽었다고 선언하는 것이나 마찬가지이다. 신을 죽이는 대신에 초인을 설정한 것은 신을 인간의 입장에서 다시 보는 것이다. 초인은 모든 성인과 필부필부의 인간을 신의 위상에 올리려는 암묵적 시도이다. 그런 점에서 니체는 참으로 서양적이면서 반서양적이다.

니체의 '초인'은 영혼 불멸의 어떤 개인이 아니라 자연의 영원 회귀를 깨달은 사람을 말한다. 따라서 초인은 성인들에 대한 니체 철학의 새로운 버전일 확률이 높다. 초인이란 다른 사람들과 자연적 생멸에서 다른 것이 없다. 자연의 욕망은 드디어 진화의 역사에서 자연 회귀를 통해 자기 만족에 도달하는 새로운 인간인 초인이라는 종을 탄생시킬 수 있었다.

자연은 결코 인간에게 선험적(시간)인 것과 초월적(공간)인 것을 통해 초자연적(시공 초월적)인 것에 도달하는 것을 허용하지 않았다. 에너지 불변의 법칙처럼 에너지의 이동만 있을 따름이다.

니체가 "신은 죽었다"고 새로운 질문을 던진 것에 대해 하이데거는 "존재는 무"라고 답했다. 그 답을 하기에 50여 년이 걸렸다. 니체의 '권력에의 의지'나 하이데거의 '존재'는 자칫 잘못하면 오해하기 쉬운 개념이다. 이들은 여전히 칸트적 전통 위에 있으면서 반(反)칸트적이기 때문이다. 이들 개념에는 이중성과 양면성이 내재한다. 권력이나 존재는 일상적으로 타성적으로 사용되기 쉽기 때문이다.

'권력에의 의지'나 '존재'라는 말은 무한히 생성적인 우주를 설명하기 위한 개념이다. 이것을 쉽게 집단이나 집단의 구성원으로서의 개인에게 적용하는 것은 정반대의 개념이 될 위험이 있다. 두 개념은 히틀러의 나치에 의해 크게 잘못 이해되고 사용되었다. 이것은 보편성을 추구하는 이성 중심의 서양 철학이 개별성과 신체 중심으로 전환하려는 몸짓으로 보는 편이 옳다. 따라서 권력에의 의지나 존재를 이성 중심의 철학적 전통으로 읽으면 정반대의 의미가 되고 만다.

서양 문명과 철학에서 자아를 완전히 버리는 것이 참으로 어렵다는 것을 해체주의 계열의 철학자에게서도 느낀다. 데리다의 '문자학(그라마톨로지)', 들뢰즈의 '-되기(리좀 철학)', 그리고 이에 앞선 니체의 '권력에의 의지', '신은 죽었다'라는 선포에 이르기까지 자아의 흔적이 남아 있다. 이것은 서양 문명에서 두드러지는 특징이지만, 언어를 사용하는 인간 모두는 자아의 흔적을 지니고 있다. 서양 문명 이외의 지역에서는 '자아의 강도'가 약할 뿐이다.

메를로퐁티의 '눈-신체' 철학, 후설의 '의식-현상학', 하이데거의 '존재론', 데리다의 '그라마톨로지', 라캉의 '언어-욕망', 들뢰즈의 '리좀-되기', 니체의 '권력의에 의지' 등은 서양 문명적 한계와 공통성을 지니고 있다. 그 한계와 공통점은 바로 언어이다. 언어는 철학은 구성하지만 동시에 철학을 속이고 있다. 언어로 구성된 철학은 언어로 구성된 까닭으로 철학을 속이고 있는 언어를 제어할 방법이 없다. 철학과 언어 사이의 권력 주도권이 언어에 있기 때문이다.

언어는 철학의 세포이면서 동시에 암세포와 같다. 그동안 언어는 철학을 구성하는 세포였는데 갑자기 돌변해 암세포가 된 것이다. 언어는 사물을 절단하는 의미에서 컴퓨터 바이러스와 같다. 바이러스도 프로그램이다. 그렇다면 암세포나 바이러스 같은 철학적 언어를 퇴치하는 방법을 개발할 필요가 있다. 그 방법은 철학의 자연요법이나 백신 개발과 같은 것일까.

후설의 현상학과 하이데거의 존재론의 차이는 다음과 같다. 후설의 '판단정지(epoché)'는 괄호 안에서 주관적 대상인 노에마(noema)에 대한 현상학적 기술인 노에시스(noesis)를 하지만, 하이데거는 현상이 아니라 사물에서 '있음(Being)'을 끄집어낸다. 후설의 현상학으로 의식학이지만, 하이데거의 존재론은 현상학이 아니다. 하이데거의 존재론을 현상학적으로 말하면 '현상학을 다시 판단정지한 것이 존재론'이다.

하이데거의 존재론은 물학(物學)이다. 이때의 물학은 유물론이 아니다. 하이데거의 '존재'는 현상-본질의 레벨이 아니라 존재-존재자의 레벨이다. 현상-본질은 대립적이지만, 존재-존재자는 대립하지 않는다. 존재-존재자는 동거한다. 그렇기 때문에 하이데거는 존재는 존재자의 존재이고 존재자는 존재의 존재자라고 말한다.

니체나 하이데거는 서양의 이성 중심주의를 비판하고 해체한 철학자의 대명사이지만, 여전히 이성 중심주의의 흔적을 가지고 있다. 그들이 서양 철학 안에서 탈출하기 위해 몸부림쳤으며 철학적으로 탈출하는 데 일부 성공했다. 그러나 둘 다 탈출의 흔적을 가지고 있는 철학자이다.

서양 철학은 근본적으로 정신과 물질의 이분법에서 출발했기 때문에 그 간극을 메울 수가 없다. '정신-물질'의 대립은 '심(心)-물(物)'의 동거 또는 '이(理)-기(氣)'의 동거로 보아야 한다. 존재의 지평은 끝없는 정·반·합의 역사적 변증법의 장소(場所)가 아니라 장(場)이며, 존재의 차이의 선(線)이 되었다가 종래에는 그 선마저도 없어져 점(點)이 되는 기(氣) 일원론, 물(物) 일원론의 자장(磁場)에 도달해야 한다.

서양의 존재론자들은 존재의 안과 밖을 '밖'에서 본다. 이는 '시각-언어 문명'의 영향 탓이다. 그러나 동양의 철학자들은 존재의 안과 밖을 '안'에서 본다. 이는 '청각-상징 문명'의 영향 탓이다. 존재를 밖에서 보면 존재자, 제도, 기술, 과학, 중력(重力)을 파악하지만, 존재를 안에서 보면 존재, 불성(佛性), 공(空), 무(無), 중(中)을 본다. '중'은 중(中, 重, 衆)이다. '중'을 천·지·인에 대입하면 천=중(中), 지=중(重), 인=중(衆)이다. 한국 사람이 승려를 '중'이라고 부르는 것은 참으로 재미있다.

동양 철학은 존재를 안에서 바라보는 데 비해 서양 철학은 밖에서 본다. 서양 철학은 그'시각-언어 중심주의'로 인해 이성 중심주의의 자장을 벗어날 수 없다. 서양에서는 본능이 언어로 승화되어야 한다고 주장한다. 그러나 언어는 본능의 외피이다. 언어야말로 본능에 이르러서 존재가 되어야 한다. 본능에서 솟아오르는 말은 존재의 말이고 그렇지 못한 말은 존재자의 말이다.

　서양 철학사를 보면 독일은 관념론·연역론, 프랑스는 합리론·귀납론, 영국은 귀납론·경험론의 특징을 지니고 있다. 이는 근대 서양 철학의 출발과 발전 과정, 그리고 이동 과정을 동시에 나타내고 있다.

　철학은 삶의 실제에 비해서는 관념이다. 관념은 음악과 통한다. 철학과 음악의 출발은 역시 독일이다. 독일은 비가 많은 나라인데 그러한 환경이 독일 사람들을 철학적이고 음악적이게 했는지도 모르겠다. 독일 철학도 관념적이다.

　프랑스는 햇볕이 좋은 나라이다. 햇볕이 좋으니까 색에 민감하고 미술에 두각을 나타냈을 것이다. 철학도 독일보다는 구체적이고 합리적이다. 영국은 안개가 많은 나라이다. 비가 많은 나라에서는 관념적이기 쉽고 햇볕이 많은 나라에서는 합리적이기 쉽지만, 안개가 많은 나라는 보이지 않는 것을 보고 싶은 욕구가 강하게 일어날 수 있다. 그래서 역설적으로 경험적이 될 수 있다.

　독일에서 음악이 왕성하고, 프랑스에서 미술이 왕성하고, 영국에서 과학이 왕성한 이유도 이와 관련이 있다. 철학도 환경을 벗어날 수 없으며 적어도 환경을 반영한다.

　서양 철학의 한계를 알려면 서양 철학의 최고봉들을 정복해야 한다.

그러나 철학에서 히말라야의 연봉 같은 것들을 다 정복한다는 것은 불가능하고 또 그럴 필요도 없다. 하나의 최고봉에서 다른 연봉을 바라볼 줄 알면 된다.

히말라야 연봉은 모두 14좌이다. 지금까지 히말라야 14좌 등정에 성공한 산악인은 모두 20명(한국인 3명)이다. 서양의 근대 철학사에서 결정적 영향을 끼친 면면을 살펴보면 대략 24좌의 연봉이 보인다. 이들 연봉에 우리나라 철학자가 끼어들어야 할 때가 됐다. 그러기 위해서는 그들에 대한 이해나 해석에 그쳐서는 안 된다. 그들이 하지 않는 말을 하고 그들이 사용하지 않은 개념을 창안해야 한다.

서양 근대 철학의 연봉들로 데카르트(1596~1650), 스피노자(1632~1677), 라이프니츠(1646~1716), 루소(1712~1778), 칸트(1724~1804), 헤겔(1770~1831), 쇼펜하우어(1788~1860), 다윈(1809~1882), 키르케고르(1813~1855), 마르크스(1818~1883), 니체(1844~1900), 프로이트(1856~1939), 베르그송(1859~1941), 후설(1859~1938), 화이트헤드(1861~1947), 하이데거(1889~1976), 바타유(1897~1962), 라캉(1901~1981), 사르트르(1905~1980), 메를로퐁티(1908~1961), 레비스트로스(1908~2009), 알튀세르(1918~ 1990), 들뢰즈(1925~1995), 데리다(1930~2004), 보드리야르(1929~2007) 등을 꼽을 수 있다.

철학은 산의 연봉과 달리 앞선 철학의 대안으로 뒤의 철학이 생성되었기 때문에 최고봉에 오르면 다른 것들을 눈 아래에 두게 된다. 물론 이들 연봉은 들뢰즈와 카타리의 표현대로 '천개의 고원' 같은 것이다. 그렇지만 산악인들처럼 모두 정복할 필요는 없다. 철학은 결코 물리적인 산이 아니다. 철학자들이 살아온 시공간적 한계와 장단점, 시대적 필연성을 읽을 수 있으면 철학에의 참여가 가능할 것이다.

인간은 고대의 바벨탑에서부터 불탑(佛塔), 그리고 현대의 마천루에 이르기까지 하늘을 향해 무언가를 높이 쌓아왔다. 이제 하늘로 올라가는 것으로, 보편성으로 문명의 성과를 평가하는 것에서 벗어날 때가 되었다. 서양 철학은 항상 '보편적이고 일반적인'이라고 말한다. 이것이 서양 철학의 맹점이다. 이제 '일반적이고 보편적인'이라고 말해야 한다. 이 간단한 말의 바꿈이 얼마나 철학적인 코페르니쿠스의 전환인가를 후세는 알게 될 것이다. '일반적인'이라는 말은 '본래 있는(본래적인, 자연적인)'의 뜻이다. 이에 반해 '보편적인'이라는 말은 '본래적이 아닌(비본래적인, 인위적인)'의 뜻이다.

서양 철학사는 일련의 서양 철학의 문맥이다. 그 문맥의 정체는 이성과 해체와 재구성이다. 그중에서도 가장 빛나는 철학자가 니체이다. 서양 철학은 '니체 이전과 이후'가 있을 뿐이라고 말하는 철학자도 있다. 니체는 처음으로 철학을 음악과 결부시켰으며, 개념이 아닌 음악에서 철학을 유추해냈다. 물론 그에 앞서 음악은 현상의 모사가 아니라 의지 자체의 직접적인 표상임을 발견한 쇼펜하우어의 공적이 있었다. 쇼펜하우어나 니체에서 한 걸음 더 나아갈 필요가 있다. 그게 바로 소리철학이다. 소리철학은 철학을 높은 산에서 바다로 끌어내린 철학의 혁명이다. 이는 철학의 '수평선화'이며, 철학의 '지혜화'이다.

인간은 상대를 절대의 입장에서 바라보거나 절대를 상대의 입장에서 바라본다. 전자는 역사적 입장이 되고, 후자는 자연적(존재적) 입장이 된다. 역사적 입장이란 항상 이데아를 앞에 두고 추구하면서도 상대와의 대립적인 관계에서 평행선을 긋는다. 이는 기독교와 과학의 입장이기도 하다.

기독교와 과학의 입장은 우선 대상을 전제하고 그다음 대상으로서의 주체를 추구한다. 과학은 사물을 대상으로 객관적으로 해석해 사물을 이용하고, 기독교는 신앙의 대상(인격신)을 설정하고 대상의 종으로서의 주체(하나님, 유일신)을 설정한다. 과학은 사물을 대상화(함수론)하는 반면, 기독교는 인간을 신의 대상으로 설정한다. 대상을 우선하고 주체는 대상으로서의 주체가 되는 셈이다.

이러한 대상적 사고는 시각-언어 중심의 사고이다. 이것은 궁극적으로 '남성-가부장적 사고(사회)'와 맥락을 같이한다. 서구 문명은 유일신을 주장하지만 인간 중심주의에 머물렀다. 마르크시즘은 이데아적 사고의 해체주의로 출발했지만 서양의 이데아적(이성 중심적) 사고의 축(형상과 질료의 역동성)에서 질료에 물질을 대입한 것이라고 할 수 있다. 마르크시즘도 서구 문명의 이데아 자장에서 벗어나지 못한 것이다. 서구 문명이야말로 사물의 허상을 본 것이다. 그 허상이 실상이 되어 있는 형국이다. 시각-언어는 본질적으로 상상의 허상을 가지고 있고, 그 허상과 실상 혹은 실재와 현상, 구상과 추상을 왕래하거나 전도하는 특성을 지니고 있다.

서양의 근대 철학은 마르크스에서 끝나고 니체에서 다시 시작되었다. 마르크스는 신을 부정했지만 실은 '이성'과 '신'의 항목에 '인간'과 '물질 신'을 대입한 셈이다. '신'은 중기 구석기 시대의 네안데르탈인이 만들어낸 것으로 인류의 삶의 본질 속에 깊숙이 들어 있다. 이것을 좌지우지하면 인간의 삶 자체가 근본적으로 흔들린다. 단지 신을 부정하더라도 그것의 성격을 달리하는 대체에 불과하다. 니체도 신을 부정했지만 기독교 신을 부정한 것이지, 신 자체를 부정한 것은 아니었다고 해석할 수 있다.

그런 점에서 마르크시즘에 대한 종합적인 문명사적 분석과 반성이 필요하다. 마르크시즘은 인류학과 무관하지 않다. 마르크스는 인류학에서 아이디어를 가져왔다. 모건(L. H. Morgan, 1818~1881)은 『고대 사회』(1877)에서 인류의 가족 형태를 난혼(promiscuity), 혈연 가족(consanguine family), 푸날루아 가족(punaluan family), 대우혼 가족(syndyasmian family), 부권 가족(patriarchal family), 단혼제 가족(mono- gamian family) 등 다섯 가지로 구분했다. 모건이 제시한 가족 형태는 공산주의 유물사관을 만들어낸 마르크스와 엥겔스에게 직접 영향을 주었다.

마르크시즘은 '이성적인 것이 현실적인 것'이라는 이상주의 때문에 도리어 현실을 닫힌 상태로 볼 뿐만 아니라 이성마저도 닫힌 이성이 되게 했다. 마르크시즘은 근본적으로 국가를 부정하기 때문에 국가가 존속되는 한 영원히 싸워야 할 대상이 마련된 셈이다. 마르크시즘이 인간이 만들어낸 가장 큰 허구라는 것은 소비에트를 보면 알 수 있다. 소비에트가 실현한 것은 가장 나쁜 제국주의와 전체주의의 예이다. 소비에트의 억압이 만들어낸 것은 관료의 부정부패와 성적 타락과 인권 유린과 민중의 가난이었다. 이보다 더 악한 제도는 없었다. 따라서 제도로서의 마르크시즘은 실패했다.

돌이켜보면 이성은 인간이 만들어낸 것이며, 그러한 점에서 이성은 항상 다른 것으로 대체되어야 이성의 구실을 한다. 공산 사회라는 이상향은 영원히 상상적인 가상의 현실일 뿐이다. 공산 사회는 원시 공산 사회라고 하는 원시 모계 사회에 대한 마르크스의 무의식적이고 본능적인 추억일 뿐이다. 그런데 그것은 가장 의식적(초의식적)이고 초월적인 것처럼 위장되어 있다. 그래서 마르크스는 좌파에겐 신처럼, 예수처럼 떠받들어지는 우상이다. 이는 현실과 꿈(이상)을 전도시킨 현실 속의 꿈으로서 은폐된 소원의 성취를 꿈이 아니라 현실에서 하려는 것이다.

마르크시즘이 전체주의가 되는 것은 바로 현실을 꿈으로 착각하기 때문이다. 마르크시즘은 종교를 아편이라고 했지만 마르크시즘이야말로 이데올로기의 종합적 아편이다. 여기에 빠지면 나오기 어려운 것이 바로 이 때문이다. 그러나 마르크시즘은 인간의 이성과 이상과 꿈과 현실을 넘나드는 가장 큰 담론으로서 인간이 만든 모든 제도를 반성케 하는(다시 점검케 하는) 역할을 한다. 마르크시즘은 비판 철학의 종결자이다.

마르크시즘의 실패는 인간을 과학으로 보려는 과학의 실패와 같다. 마르크시즘은 사회과학의 꽃이다. 그러나 그 과학적인 것이 바로 실패의 원인이었다. 마르크시즘은 과학적이었기 때문에 실패했던 것이다. 과학(과학적 언어)은 사물을 비대칭적(대립적)으로 본다. 이에 비해 상징은 사물을 대칭적(비대립적)으로 본다. 사물을 대칭적으로 보면 상대(대상)에게 내가 들어 있고, 상대가 내 운동의 역동성이 된다. 예컨대 동양의 태극 음양론은 대칭적인 것의 좋은 예이다.

태극 음양론에서 실은 태극은 중요하지 않다. 태극은 상대인 음양을 논하기 위한 전제로 설정한 것으로 이데아와 같은 것이다. 그런데 동양에서는 태극을 중시하지 않는 데 반해 서양에서는 이데아를 중시한다. 이데아를 중시하는 바람에 서양 문명은 절대론에 빠져버렸다. 소리조차도 절대론(하나님의 말씀)으로 보았던 것이다. 서양 문명에서 '이데아

=이성=하나님의 말씀'이 된 것은 그들의 당연한 귀결인 셈이다.

인류 문명사를 보면 한 가지 재미있는 사실을 발견할 수 있다. 서구 문명의 '소리의 절대화'와 동양 음양론의 '태극의 전제'는 문명적 평행이면서 교차라는 사실이다. 그 교차에 음양론이 있다. 태극 음양론에는 실은 음양론밖에 없다. 음양론은 지극히 세계를 관계적(상호 관계)으로 본다. 이는 사물을 대상으로 보는 서양과는 다른 방식이다.

서구 문명에서 주체와 대상은 비대칭적이고, 결국 헤겔의 변증법으로 발전했다. 마르크스는 헤겔의 정신 중심(정신현상학)을 물질 중심(유물론, 유물 사관)으로 뒤집었다. 자연과학은 사물을 대상으로 보고 인간을 주체로 봄으로써 사물을 수단화하고 자연을 황폐화하는 데 기여했다. 역으로 유물론은 대상화된 사물에서 주체를 포기함으로써 스스로를 철저히 대상화하는 허무주의에 빠지게 되었다. 유물론은 기존의 질서를 모두 파괴하는, 자연의 차이조차 계급투쟁의 대상으로 삼은 극도의 무정부주의에 빠졌다.

헤겔과 마르크스는 서로 반대이지만 공통적으로 서양 철학이 택할 수 있는 정신과 물질의 이분법을 따랐다. 헤겔에게 현상은 절대정신(절대관념)이고, 변증법적인 논리학은 역사철학으로 받아들여진다. 마르크스는 헤겔의 정신에 물질을 대입했다. 헤겔의 변증법은 형식 논리의 동일률을 벗어난 운동론을 향하는 것 같지만 '등식의 발견'에 머문다. 그래서 서양 문명은 계속 등식과 이상을 발견해야 하는 숙명을 안고 있는 것이다. 이게 변증법적 정·반·합의 한계이다.

이에 비해 동양의 음양론은 대칭적이고 일원적 역동론이다. 여기에는 실체로서의 주체가 없다. 음양론의 세계는 실체(substance)로서의 세계가 아니라 상징(symbol)으로서의 세계이다. 여기서는 사물을 대상화하지 않고 인간도 대상화하지 않는다. 세계는 모두가 '자연으로서의 주체'인 것이다. 이는 정·반·합이 아니라 'n→2n→n(n↔2n)'의 세포 증식과 재생산이라는 생물학의 방식이다. 전자는 3단계의 방식이고 후자는 2단계의 방식이며, 전자는 발전의 방식이자 연속의 방식이고 후자는 원융의 방식이자 불연속의 방식이다. 전자에는 남성-시각이 숨어 있고, 후자에는 청각-여성이 숨어 있다.

여기에서 우리는 '시각-눈 중심'에 대칭되는 것으로 '청각-귀 중심'의 철학을 제안하지 않을 수 없는 것이다. 이것은 나중에 '모계 사회-모성 중심적 사고(사회)'와 연결된다. 소리의 특성은 귀로 들으면서도 그것이 대상이 아니라 쉽게 몸과 일체가 된다. 설사 그것이 감각적 대상으로 잠시 존재한다고 할지라도 오래 지속되지 않는다.

소리(파동)는 매우 상호 관계적이고 상징적인 특성을 가지고 있다. 동양의 음양론은 사물의 상징을 통해 사물의 실상(파동, 음파)을 듣고 있다. 움직이는 것(역동적인 세계)에는 소리가 있다. 동양의 태극 음양론에서 서양의 주체와 대상은 상징의 한 상호 관계에 불과하다. 여기에는 서양식의 인간 중심주의가 없고 동양식의 자연주의가 있을 뿐이다.

철학자들은 등산가들이 히말라야 산을 정복하는 것보다 자신들의 업적이 의미가 크다고 말할 수도 있다. 그러나 에베레스트 산을 정복하는 것이나 철학을 하는 것이나 인간의 행동이라는 점에서 다를 바가 없다. 모든 행동에는 의미가 없다. 행동에 의미가 있게 된 것은 인간의 생각과 기억 때문이다.

인간은 어느 분야에 종사하나 행동(운동)이라는 측면에서는 같은 것이다. 인간의 행동은 자연의 의지(자유의지)라는 점에서 음악이나 소리가 운동하는 것과 같다. 철학은 철학자의 전유물이 아니다. 인간은 어느 분야에서 일하든 자신이 하는 일에서 예술과 종교와 철학을 하고 있는 셈이다. 이게 구체 철학이다.

니체의 은유와 음악, 그리고 소리

니체에 대해선 프랑스의 여성 철학자 이리가라이(Luce Irigaray, 1943~)의 연구가 주목된다. 이리가라이의 니체 연구와 관련해 신경원은 『니체, 데리다, 이리가라이의 여성』에서 대체로 다음과 같이 서술한다.

아폴론과 디오니소스는 둘 다 음악의 신들이지만 아폴론은 빛과 조화의 음악, 다시 말하면 천상의 음악이다. 이에 비해 디오니소스는 광란과 난교의 음악이다. 이는 육체에 대한 심한 콤플렉스의 결과이다. 이것은 아폴론의 부친 살해와 디오니소스의 모친 살해와 대칭을 이룬다. 결국 아폴론은 음악/시/로고스의 연쇄에 의해 '철학의 황홀'로 연결되고, 디오니소스는 가면/부재/현상의 존재로 인해 '신체적 오르가즘'으로 연결된다.

디오니소스는 여성의 자궁에 대한 콤플렉스로 인해 계속적으로 어머니 상을 필요로 한다. 그래서 역설적으로 남근 가면을 좋아한다. 신화에는 반드시 역설과 아이러니가 존재한다. 바로 이것은 신화의 역동성, 세계의 역동성을 의미하기도 한다. 신화소(神話素)에는 반드시 교차가 숨어 있다. 신화소는 교차를 통해서 세계의 역동성을 표현한다고 할 수 있다.…

'언어의 신'이라 할 수 있는 아폴론의 등장이야말로 사색과 숙고의 세계의 도래를 알린다. 디오니소스가 고통의 신이라면, 아폴론은 고통을 덮어 망각시키고 개념화하여 명상과 숙고의 세계로 이끌며 '비극을 이론적인 것으로 극복하는 방법을 예고'한다. 아폴론을 통해 '개념과 숙고의 세계'로 들어감으로써 디오니소스의 '환각의 황홀경'에서 '철학의 황홀경'으로 방향이 바뀌게 된다는 것이 이리가라이의 주장이다.

아폴론은 빛과 조화의 음악, 영혼의 불꽃을 상징하고, 디오니소스는 광란과 난교의 음악, 몸의 에너지를 상징한다. 아폴론은 부친 살해, 디오니소스는 모친 살해를 상징한다. 아폴론은 태양의 신이자 제우스의 신탁으로 격상되고 아르테미스의 타자로서 여성성을 포기한다. 디오니소스는 세멜레에게 잉태되었으나 제우스의 허벅지에서 다시 태어남으로써 이중 출산의 의미를 내포하게 된다.

아폴론은 음악, 시, 로고스, 천상의 황홀(천상의 신기루)로 이어지면서 개념화의 환유로 정착되고, 디오니소스는 가면, 부재, 현상의 존재, 환각의 황홀(신체적 오르가즘)로 이어지면서 은유로 정착된다. 아폴론은 제우스의 화신으로 신의 계보학의 주인공이 되고, 디오니소스는 페르세포네에 의해 여장 남자로 키워진다. 둘 다 제우스의 아들이었지만 아폴론은 하늘의 상징, 디오니소스는 땅의 상징으로 정반대의 운명의 길을 간다.

나는 이러한 신화의 해석에서 소리와 문자, 몸과 손, 눈과 귀, 쓰는 행위와 듣는 행위의 대칭을 발견할 수 있다. 이들은 모두 몸에서 일어나는 감각을 기초로 하는 것임에도 불구하고 시각 문명과 청각 문명의 차이로 나타난다.

천지인 사상으로 본 제우스, 아폴론, 디오니소스

天 (정신)		제우스	정산·남성·천상적인 것(의식)	보편성	정신주의 연결
人 (음악의 신)	아 폴 론	음악의 신, 전쟁의 신 빛과 조화의 음악 영혼의 불꽃	제우스와 레토 사이에 태어남 아르테미스와 쌍둥이 부친 살해	태양의 신이자 제우스의 신탁으로 격상됨 아르테미스는 타자로서의 여성성 포기	음악/시/로고스 (빛/목소리) 철학의 황홀 천상의 신기루 개념화	가부장제의 계보학 제우스의 화신
	디 오 니 소 스	광란과 난교의 음악 여성의 자궁(어머니 상을 필요 몸의 에너지	제우스와 세멜레 사이에 태어남 남근 가면 선호 모친 살해	세멜레에게 잉태되었으나 제우스의 허벅지에서 태어남 이중 출산	가면/부재/현상의 존재 환각의 황홀 신체적 오르가즘 은유화	페르세포네에 의해 여장으로 키움
地 (물질)		제우스의 여자들 (레토 혹은 세멜레)	육체·여성·지하적인 것(무의식)	일반성	물질주의 연결

이를 표층-심층으로 보면 서양 문명권은 시각-청각의 구조이고, 동양 문명권은 청각-시각의 특성을 보인다. 전자는 실재 우선이고, 후자는 재현 우선이다. 전자는 눈에 보이고 계량화할 수 있는 환유적인 '생산(production) 우선'이고, 후자는 눈에 보이지 않고 계량화할 수 없는 은유적인 재생산(reproduction) 우선이다.

니체가 은유와 음악에서 구원을 찾은 것은 서양 문명의 필연적 결과였다. 적어도 시와 음악은 소리를 재료로 하고 있고 청각적 지각이 몸 전체에의 울림을 통해 몸 밖의 우주적 소리와 하나가 될 수 있는 길을 열 수 있기 때문이다.

그러나 음악은, 디오니소스의 음악도 궁극적 구원이 되지 못한다. 멜로디의 오름내림과 그것의 조화는 하나의 텍스트(담론, 문법)를 강요하기 때문이다. 다시 말하면 음악의 은유는 그 밑에 디오니소스를 깔고 있다고 하더라도 그 표면에서 아폴론을 요구하고 있다. 음악사의 양식과 형식의 변천은 바로 그 표면에서 아폴론의 변천이다. 이것은 이성의 작용이다.

니체가 음악 정신으로부터 비극의 탄생을 도출하고 그 비극에서 형이상학적 구원을 기대하는 것 역시 서양 철학자답게 이성과 영원성을 믿고 있음을 보여준다. "형이상학적 위로가 일시적으로 우리를 무상한 세상살이로부터 구출해주기 때문이다. 우리는 실제로 짧은 순간 동안 근원적인 존재 자체가 되어서 그것에 제어하기 어려운 생존욕과 생존의 희열을 느낀다."

이것은 쉽게 드러나지 않는 은밀한 것이지만, 니체는 서양의 자아를 버리지 못하고 있다. 니체의 어딘가에 자아가 숨어 있다. 음악을 통해 자아와 개체가 붕괴된 것 같지만 실은 그렇지 않다. 이는 음악의 뒤에 숨은 텍스트(Text)와 시간(Time)의 직선성(直線性)과 환유를 무시한 처사이다. 니체에게서조차 보편성은 일반성을 매개 변수로 무시해버리거나 유착시켜버린다. 일반성은 갈 곳이 없는 것이다.

니체는 근원적인 일자성(一者性)으로부터 위로를 받고 있다. "이 희열의 불멸성과 영원성을 디오니소스적인 황홀 속에서 예감하게 된다. 두려움과 동정에도 불구하고 우리는 행복하게 사는 자들이다. 그것은 우리가 개체로서가 아니라 근원적인 일자(一者)로서 존재하기 때문이다. 이러한 근원적인 일자가 느끼는 생식의 기쁨과 우리가 융합되어 있기 때문이다."

그런데 여기서 '일자'는 형이상학적 보편성의 의미가 짙다. 니체는 음악을 통해, 음악의 디오니소스와 아폴론의 조화를 통해 보편성과 형이상학적 구원을 기대하고 있는 눈치이지만, 음악의 구원은 일시적이다. 자연과 현상의 모사(模寫)에 그친 타락한 음악이나 예술이 아닐지라도 음악(예술)의 구원은 한계를 드러낸다.

니체는 분명 음악에서 근원적인 일자성을 발견했지만 그것을 항상 음악적 보편성과 결부시켰다. 그래서 그 일자성이 보편성과는 다른 일반성, 포일성(包一性)이라는 것을 생각하지 못했다. 일자성과 보편성이 하나를 추구하거나 주장하는 것이라면 일반성이나 포일성은 다른 것을 포용하는 것이다. 진정한 하나는 포일성이고 인드라 망이다. 여기서 보편성이라는 것은 역시 이성으로 통한다. 니체는 이성 중심주의를 비판하면서도 완전히 서양 철학과 결별하지 못했다.

니체는 말한다. "동일한 자연이 디오니소스적 예술과 그것의 비극적 상징법에서는 자신의 왜곡되지 않은 참된 소리로 우리에게 이렇게 외친다. '그대들은 나처럼 존재하라! 현상의 끊임없는 변천 속에서 영원히 창조하고, 인간으로 하여금 생존하도록 영원히 강제하며, 현상의 이러한 변천에 영원히 만족하는 근원적인 어머니인 나를!'"

보편성은 추상성이고 추상성은 동일성이다. 그러나 보편성은 실은 동일성이다. 보편성을 논하는 자체가 이미 동일성의 궤도에 들어간 것이다. 철학은 태생적으로 보편성과 동일성의 유혹에 약한 생리를 가지고 있다. 보편성=추상성=동일성에 반하는 것은 일반성=개별성(구체성)=특수성이다.

음악의 보편성과 소리의 일반성

니체는 시적으로는 (은유적으로는) 근원적인 어머니를 발견했으면서도 여전히 철학적으로는 아버지인 보편성을 버리지 못한다. 이는 서양 철학의 동일성을 추구하는 내부적 자장 때문이다. 음악은 보편성을 추구한다. 그러나 소리는 일반적으로 있고자 한다. 음악은 악(樂)을 표상하지만, 소리는 악(樂)이 아닌 고(苦)와 악(惡)마저도 포용한다. 더 정확하게 말하면 소리에는 고락(苦樂)과 선악(善惡)이 아예 없다. 음악에 이르러야 문화권 나름으로 고락과 선악이 있다.

음악은 보편적이고 소리는 일반적이다. 음악은 소리에 비해 보편적이다. 소리는 음악에 비해 일반적이다. 음악에는 문법(구문)이 있다. 음악은 단지 소리를 재료로 하기 때문에, 다른 예술과 달리 소리의 파동과 소리 자체가 가지고 있는 자연의 은유를 은연중에 사용하기 때문에, 영원한 구원이 될 것 같은 착각에 빠지게 한다. 그 착각은 황홀이다.

음악은 마치 물 자체와 같은 환상을 준다. 니체는 음악에 관한 쇼펜하우어의 서술을 그대로 인용한다.

음악은 다른 예술과 달리 현상, 더 정확히 말하면 의지가 객관화된 것의 모사가 아니라 의지 자체의 직접적 모사이고, 세계의 모든 물질적인 것에 대해서 형이상학적인 것을 표현하며 모든 현상에 대해서 물 자체를 표현하기 때문이다. 따라서 우리는 세계를 구체화된 음악,

구체화된 의지라고 부를 수 있을 것이다.

그러나 음악에 들어 있는 음악적 보편성, 보편적 개념에 비할 수 있는 보편적 선율 같은 것, 사물 이전의 보편성(universalia ante rem)은 감성의 것을 이성의 것으로 치환하는 경향이 있다.

과연 쇼펜하우어의 주장대로 '음악이 세계의 표현으로서 간주될 경우 그것은 최고의 보편적 언어'일까? 이성을 감정이라는 폭넓은 부정적인 개념 안에 포함시켜버리는, 인간 내면의 저 모든 상태들은 무한히 많은 음악(멜로디)으로 표현될 수 있다. 그러나 그것들은 항상 소재를 사용하지 않고 순수한 형식의 보편성 속에서 표현될 수 있으며, 현상에 따르지 않고 물 자체에 따라서 표현될 수 있으며, 현상의 가장 내적인 영혼이 형체 없이 표현될 수 있는 것일까?

음악은 보편적이 아니라 일반적이기 때문에 서양 철학자의 눈에 어느 순간 보편적인 것으로 보인 것이며, 소재를 사용하지 않는 것이 아니라 소리라는 잡을 수 없는 소재를 사용하기 때문에 소재가 없는 것처럼 보이는 것이다. 또 물 자체에 따라서 표현될 수 있다는 것은 어디까지나 은유적인 표현에 속하는 것일 뿐이다. 이 모두 음악 자체의 순수한 형식에서 비롯되는 보편성이 아니라 소리─세계의 전체를 은유하는 소리─를 소재로 한 덕분이다. 이를 음악 자체의 공적으로 보는 것은 시각-이성 중심 문화에서 바라보는 까닭에 그렇게 보이는 것일 뿐이다.

음악은 감정적인 세계, 소리의 세계를 순수한 형식에 담아 보여주는 은유의 예술이다. 바로 그 형식을 두고 보편성이라고 이름 붙인 것에 지나지 않는다. 그래서 음악의 타락은 바로 그 형식에 너무 매여서 순수한 감정의 흐름을 방해할 때 발생하는 것이다. 바로 이것이 "이성이 의식하지 못한 채 세계의 본질에 대한 직접적인 인식으로부터 출현해야 하며, 명확한 의도와 함께 개념에 의해서 매개된 모방이어서는 안 된다"고 경고하는 부분이다. 형식은 이성이 주도하기 때문이다.

음악은 이성과 형식으로부터 가장 멀리 있는 예술이다. 그렇기 때문에 가장 순수한 예술이라고 한다. 음악이 위대한 것은 그 형식에 있는 것이 아니라 세계의 본질로서의 리듬(파동)에 있는 것이며, '동일성의 서로 다른 표현'에 충실하면서도 그 동일성이라는 것이 보편적인 것으로서의 일자(一者)가 아니라 어디까지나 일반적인 것으로서의 일자이기 때문이다. 더욱이 그 일자에 대해 이성으로부터의 환유적 해석이 아니라 감성으로부터의 은유적 해석에 만족하기 때문이다.

음악은 수(數)로서 표현되어 고도의 순수한 형식과 보편성을 가지고 있지만 그것은 과학과 달리 세계에 대한 환유가 아니고 은유이다. 음악의 최고 장점은 바로 세계의 총체성을 환유의 과학적인 방법으로는 파악할 수 없으며 소리라는 은유의 방법으로밖에 표현할 수 없음을 일찍이 터득한 점이다.

시간 예술인 음악은 세계의 흐름에 몰입함으로써 도리어 세계에의 허무를 극복하게 하는 장점을 가지고 있다. 다시 말하면 흐름에 저항하지 않음으로써 세계의 온갖 곳을 여행하지 않고도 귀로써 여행하고 경험하는 특권과 혜택을 누리는 장르이다. 시간을 객관적으로 재는 것이 아니라 시간 자체에 편승하는 4차원의 예술이다. 미술이 아무리 기발해도 그것의 조형성 때문에 3차원의 예술을 벗어날 수 없음과 비교하면 음악이 확실히 우위에 있음을 알 수 있다. 음악은 4차원 예술이기 때문에 3차원을 자유자재로 표현할 수 있으며, 미술은 3차원 예술이기 때문에 2차원의 평면에 머무를 수밖에 없다. 미술에서 3차원이라고 떠드는 것은 평면의 결합에 지나지 않는다.

니체는 서양 철학의 아폴론적 조형성과 조화와 질서, 회화적인 음악, 소크라테스적 낙천주의에는 반기를 들어 디오니소스적 비조형성과 혼돈과 무질서, 불협화음의 음악, 권력에의 의지를 주장했지만 음악을 형이상학적인 의지의 음성이라고 했다. 문제는 '형이상학적인 의지'에 있다. 철학이 본래 형이상학이긴 하지만, 서양 철학이 규정한 '(대상이나 도구로서의) 사물'로의 환원을 두려워한 나머지 형이상학 자체에 대한 반기를 들지 않았다.

니체는 철학이 자연과학이 아닌 맥락으로서의 형이하학(일반성)이라는 새로운 분야를 개척[返本]해야 할 시점에 이를 두려워한 나머지 형이상학(보편성)으로 돌아갔다. 서양 철학은 사물을 사물(물질)로서 볼 뿐 물활(物活, 物)로 보지 않았기 때문에 사물로 돌아가는 것을 받아들일 수 없었다. 그것은 대상으로 하는 것에 스스로를 포기(굴복)하는 것이나 마찬가지이기 때문이었다. 그 결과 음악에서만 겨우 세계의 의지를 느꼈다. 사물 자체가 가지고 있는 파동(리듬)의 의미를 알아차리지 못했다.

이는 오랫동안 보편성의 철학에 훈습된 나머지 '일반성의 철학'이라는 것을 생각하지 못했기 때문이다. 자연에는 이성도 감정도 없다. 그런데 인간의 이성과 감정을 자연에 투사하는 게 인간이다. 철학은 더더욱 이성을 사물에 투사한 결과였다. 이성을 투사한 결과가 과학과 종교(종교는 이성과 감정의 중간이다)이고, 주로 감정을 투사한 것이 음악과 예술(예술도 이성에 의해 도움을 받는다)이다.

소리에는 감정이 없다. 소리를 발하거나 듣는 사람의 감정에 따라 소리의 감정이 달라진다. 그런 점에서 소리를 재료로 하는 음악도 세계의 진면목이 될 수는 없다. 인간이 이룩한 과학(학문)이나 종교, 그리고 예술이 세계의 의지의 소산이지만 음악조차도 세계의 의지 그 자체는 아니다. 소리는 음악의 재료이긴 하지만 엄밀하게는 하나의 멜로디라는 구문을 형성하는 음악과는 다르다.

소리를 굳이 음악과 비교한다면, 소리는 끊어진 음악 혹은 불협화음의 음악, 불규칙적인 음악이다. 음악에는 아폴론적 음악과 디오니소스적 음악이 있지만 소리는 숫제 디오니소스적 음악이다. 더욱이 소리는 디오니소스적 음악과 아폴론적 음악이 만나서 이루는 음악의 보편성이나 형이상학으로 향하지 않는다. 소리는 우주의 일반성이다. 음악은 보편성으로 향하지만 소리는 아예 방향성이 없다.

소리는 근본적으로 무심(無心)하다. 소리야말로 물 자체이다. 소리로는 어떤 논리도 불가능하다는 점에서 비논리적이다. 소리는 음악에 비해서 논리 자체를 부정한다. 소리는 세계로부터 나오지 않았다. 소리는 현현된 것보다 은적되어 있다. 그래서 도리어 절대적인 것을 말할 때 자연의 소리, 양심의 소리라고 한다. 마치 상대 속에 절대를 숨기고 있는 듯하다. 개체가 절대 속에 상대를 숨기고 있는 것과 반대이다.

인간은 음악이 아니라 소리와 촉각에 이르러야 물 자체에 이르게 된다. 그러려면 사물에 대한 종래의 대상적 인식이나 도구적 인식, 도구적 합리성의 태도를 버려야 한다. 그렇지 않으면 사물은 결코 스스로를 열지 않을 것이기 때문이다. 일반성을 무서워해 그것을 보편성의 종속변수나 들러리로 생각하는 것은 금물이다. 소리를 듣는 귀의 청각과 사물과 접촉하는 몸의 촉각으로 인간의 생각을 일반화해야 한다. 인간은 특별한 존재가 아니고 도리어 '물의 총체성'의 요소일 따름이다. 물은 의식도 아니고 인식할 수도 없다. 물은 존재일 따름이다.

서양 철학은 사물(존재)로 돌아가는 것을 두려워한다. 그래서 존재자(절대적인 유일신, 하나님, 절대적인 법칙)를 만들었다. 존재는 (물로서의) 사물이다. (대상을 규정하는) 언어가 사물이 아니다. 언어가 규정하는 사물에서 해방되어야 진정한 사물을 바라볼 수 있다.

이성에서 소리로

서양의 이성 중심 철학에서 구체적으로 탈출을 시도한 인물이 니체이다. 그러나 니체는 산문으로 그것을 쓸 수 없었다. 그래서 『짜라투스트라는 이렇게 말했다』는 잠언과 은유으로 철학을 선포한다. 이것을 산문화한 것이 하이데거의 『존재와 시간』이다. 그러나 하이데거의 존재론은 존재 자체를 규명하지 못했다. 단지 지금까지 존재라고 한 것이 존재자라는 사실만 밝혔을 뿐이다.

그러나 존재는 소리이다. 소리는 동시적으로 공명하는 것이다. 소리는 태초의 소리를 품고 있다. 우리가 그것을 듣지 못하는 것은 수신하지 못했기 때문이다. 소리는 시공간적인 것이 아니다. 소리는 시공을 초월하는 것이다. 소리야말로 공(空) 그 자체이다. 엄격하게 말하면 소리는 태초가 없다. 태초가 없으니 종말도 없다. 무시무종(無始無終)이다.

서양에서는 소리를 문자에 종속시켰다면, 동양에서는 소리를 차이로 상징화했다. 한자는 문자의 차이이기도 하지만 동시에 소리(운율)의 차이이다. 데리다의 그라마톨로지는 한자에서 나타나는 문자의 차이에서 영감을 얻어 탈소리주의, 탈이성주의 혹은 해체주의를 주창했지만, 여전히 서양 철학의 이성주의적 전통의 흔적을 가지고 있다.

이는 니체에서 들뢰즈에 이르기까지 해체 철학자들 모두에게 해당된다. 그들은 플라톤이나 칸트적 이성주의의 전통에 반발하면서도 여전히 그것의 영향권에서 벗어나지 못하고 있다. 그래서 니체를 칸트적으로 해석하고 하이데거를 칸트적으로 해석해 이들의 철학을 이성 중심 철학의 정점(頂點)으로 보기도 한다. 정점(포물선의 꼭짓점)은 이쪽에도 관계되고 저쪽에도 관계되는 이중성의 것이다.

철학의 대상인 언어·사물이 이중성을 보이고 모호한 것이 아니라 이제 철학 자체가 이중성과 모호함의 주인공이 되고 있다. 구조주의의 구조는 실체이면서 동시에 해체이다. 구조 자체에 해체를 숨기고 있다. 구조이기 때문에 해체인 것이다. 해체의 실현은 시간을 기다려야 하고 시간을 필요로 하지만, 구조는 시간(역사)의 문제가 아니고 초(超)역사적인 혹은 탈(脫)역사적인 혹은 전(前)역사적인 문제이다. 정점은 면이 아니라 점이고, 점은 시공간과 시공의 경계이기 때문이다.

니체 철학의 '그 너머(over there)'와 음악의 '상음(overtone)'은 의미에서 상통하는 점이 많다. 상음은 기준 음에서 한 옥타브 높은 음을 전체 음정의 중심으로 잡고 있지만 전체 음정의 분산을 허용하면서 동시에 통합한다. 니체 철학의 거기는 '그 너머'라고 하지만 실은 특정 장소를 의미하는 것은 아니라 영원 회귀의 피안으로 도리어 모든 장소를 포괄하는 것이다.

인구 증가와 가부장제의 등장

만물의 영장이 된 인간은 인구를 늘이면서 마을을 점점 크게 이루었는데 처음엔 아이를 낳는 여자 중심이었다. 그러나 인구 집단의 규모가 커지면서 집단 간의 권력 경쟁(전쟁)이 일어나고 전쟁은 필연적으로 가부장제를 선호하게 만들었다. 가부장제는 나중에 국가를 성립시키게 된다. 자연은 모계를 원했지만 문명은 부계를 원했다. 여기에서 자연과 인간의 역전 현상이 일어났다. 더불어 여자와 남자의 역전 현상이 일어났다.

여자는 자연을 대변하게 되었고 남자는 문명을 대변하게 되었다. 모계는 자연에 가까운 생활이었고 부계는 점진적으로 인위를 증가시키는 생활이었다. 결국 여자는 자연과 가까운 존재라는 것이 증명되었고 남자는 문명과 가까운 존재라는 것이 증명되었다. 문명은 억압하면서, 특히 여성을 억압하면서 확대 재생산을 거듭하게 된다.

이 과정에서 인간은 자연을, 남자는 여자를, 여자는 거꾸로 남자를 투영(모방)하는 문명화의 과정을 걸었다. 그런 점에서 문명은 자연의 변형이다. 여자는 자연과 육체(물질)를 은유하는 생산(출산)과 음식을 맡게 되고, 남자는 사냥(전쟁)과 여자와 인구를 관리하는 역할을 맡게 되었다. 제정일치 시대에 특히 제사가 정치를 우선할 때는 여사제와 여자가 제사를 맡았지만, 정치가 제사에 우선되자 남사제와 남자가 정치와 제사를 맡게 되었다.

여기에 인구가 급증하게 되면서 더욱더 남자가 정치권력을 맡게 되었다. 남자가 정권을 잡으면서 종교는 정치의 하위가 되고 종교는 원시 종교에서 고등 종교가 되었다. 고등 종교는 가부장제를 뒷받침하는 역할을 했다. 종교는 본래 여성적이었다. 이는 정치가 남성적이라는 것과 같다.

고등 종교의 영생이나 부활은 실은 남성들에 의한 여성적 재생산의 모방, 다시 말하면 몸의 재생산과 순환을 부활(기독교)과 열반(불교)으로 대체한 은유에 불과한 것인지도 모른다. 여자는 재생산의 담당자로서 심리적 자신감과 창조적 신비를 가진 데 반해 남자는 그것을 가지지 못한 것에 대해 정치적 우월감과 문화적 창조로 대체하려고 했다. 여자와 남자가 크게 역전되는 것이 문명의 전반적인 모습이다.

재미있는 것은 남녀가 섹스를 하면서 남자는 "(여자를) 먹는다"고 하고 여자는 "(자신이) 먹힌다"고 하는 점이다. 섹스를 물리적으로 보면 구멍을 가진 여자가 남자의 막대기를 먹는 모습인데 이상하게도 이를 반대로 해석한다. 다시 말하면 먹는 여자는 먹으면서 먹힌다고 생각하고 먹히는 남자는 먹히면서 먹는다고 생각한다.

이와 똑같은 역전 현상이 프로이트에 의해 주창되었다. 남자는 페니스가 있는 것이 되고 여자는 페니스가 거세된 것으로 생각하는 것이다. 이는 다분히 남자 중심으로 생각하는 것이다. 여자가 페니스가 없는 것은 자궁을 통해 재생산을 하기 위한 것인데 이를 역전시켜서 남자에게 '자궁이 없다'고 생각하지 않고 여자에게 '페니스가 없다'고 생각한다. 이는 더 본질적으로 있는 '움푹 팬 것'을 무시하고 '돌출한 것'을 높이는 행위이다.

이는 자연에 대해 문명을, 모계에 대해 부계를, 여자에 대해 남자를 우월하게 생각하는 것과 같다. 이는 이분법적인 사고를 통해 본래부터 있는 자연·육체·물질을 무시하고 '본래부터 있는 것'보다 '나중에 창조된 것'을 우월하게 생각하는 수직적 사고이다.

이렇게 보면 가부장제와 고등 종교의 등장, 국가의 발생, 남녀의 사회적 지위의 역전 현상 등은 문명의 거대한 주기를 상정할 수 있게 한다. 이는 코페르니쿠스의 '자연(천체) 지동설' 혹은 칸트의 '철학의 코페르니쿠스적 전환(이성 중심의 철학)'에 앞서 그보다 훨씬 수천 년 전에 '문명의 천동설'이 있었음을 알게 한다. 인구 증가의 최종 원인이 되는 '여자의 재생산'보다 새롭게 '남자가 권력을 생산하는 창조'가 높이 평가되는 시대가 있었던 것이다. 여자의 재생산(자연)보다 남자의 생산(창조)이 우월한 시대였다. 남자는 '먹는 존재'였고 여자는 '먹히는 존재', '요리하는 존재'였다.

요리하는 존재인 여자는 필연적으로 음식과 관련되는 존재였으며, 그 자신이 음식인 존재였다. 실지로 여자=재생산=음식=요리이었다. 여자는 빵이고 고기였다. 땅에서 사는 인간은 지상에서 만물의 영장이 되면서 필연적으로 '지구가 돌고 있다는 것'보다 '별자리가 돌고 있는 하늘이 높다'고 생각했을 것이고 그 순간 우주는 수평적인 것에서 수직적인 것으로 둔갑했다. 그 수직의 높은 곳인 하늘에 남자가 있었고 그 아래에 낮은 땅에는 여자가 있게 되었다.

천상적인 것은 높은 것 또는 고귀한 것이 되고, 지상적인 것은 낮은 것 또는 비천한 것이 되었다. 이 같은 음모에 고등 종교와 국가가 연합했다고 해도 과언이 아니다. 이는 '생물 종의 생존 경쟁' 시대에서 '인간의 권력 경쟁' 시대로 전환되었음을 뜻했다. 권력 경쟁은 생존 경쟁의 먹이 연쇄를 모방했지만, 인간 종의 내부 문제로 은유되었다. 남자와 여자의 관계에서 나타난 불평등과 계급의 양상이 인간 집단 전체로 이전되었다. 이것이 바로 정치와 권력의 본질이다.

제정일치 시대에 인간은 생물의 양육강식, 적자생존의 세계를 '제사의 세계'로 은유했다. 이는 먹고 먹히는 세계를 바치고 베푸는 세계로 변모시킨 것이었다. 이는 매우 문화적인 발전이었다. 제정일치 시대에는 비록 영육이라는 말은 존재했지만 영육은 하나였고 둘이 아니었다. 그래서 애니미즘과 토테미즘이 있었다. 인간과 동물은 하나였고 자연은 분열되지 않았다. 여기서는 영육은 함께 변했고 서로 침투할 수 있었고 조상과 자손의 관계였다.

오늘날에서 보면 이것은 돌고 도는 '육체(물질)의 순환'이었다. 이때 정신(영혼)은 단지 물질의 순환을 자유롭게 하는 매개체 역할을 했다. 다시 말하면 세계는 먹고 먹히면서도 평화로운 하나인 세계였다. 이를 전반적으로 수평적 세계라고 명명할 수 있을 것이다. 그러나 수직적 세계가 되고부터 여자는 '먹히는 존재의 최상위'가 되었다.

물론 이것은 인구의 증가, 가부장제, 국가의 등장, 고등 종교(크게 문명화의 과정이라고 말할 수 있다)의 발생과 때를 같이했다. 이는 종교에서 물의 종교에서 불의 종교로 전환된 것과 맥을 같이했다. 물론 여기서 불의 종교는 고등 종교를 말한다. 모든 종교는 물의 종교에서 출발했지만 불의 종교가 되면서 생명보다는 '권력'을 숭상하게 되었다. 이는 '먹는 자와 먹히는 자'의 구분과 같은 것이다.

고등 종교에서 남자는 자연으로부터 독립된 존재(자아)를 가지지만 여자는 자연과 일치(무아)라는 것에서 벗어나기 어렵다. 남자는 정신을, 여자는 육체와 빵(밥)을 책임지는 성역할 분담을 하게 되었다. 여자는 몸이면서 동시에 빵이었다. 여자(암컷)는 생물 재생산의 권능을 가지면서도 동시에 남자에게는 빵의 존재로 전락했다. 여자는 먹히는 존재이고 남자는 먹는 존재였다.

왜 여자는 먹히는 존재로 전락한 것인가. 먹힌다는 것은 생물의 먹이연쇄에서 하위에 속한다. 여자도 인간이기 때문에 남자와 함께 만물의 영장이 되었지만 남자와의 관계에서는 먹히는 존재가 되었다. 식욕은 성욕과 동일한 은유를 가진다. 따라서 이렇게 말할 수 있다.

"여자는 인구의 재생산 때문에 필연적으로 자연의 몸(육체, 고기)에서 벗어날 수 없다."

"여자는 (남의) 고기를 먹기 위해 (자신의) 고기를 준다."

"여자는 재생산의 창조성 때문에 다른 창조성에 긴장하지 않는다."

"남자는 재생산을 하지 못하기 때문에 자연의 모방인 권력을 창조한다."

"여자의 정체성은 본래적인 것이고 남자의 정체성은 계속해서 쌓아가는 것이다."

섹스의 공유와 모계 사회

고등 종교는 모계 사회를 비난하는 부계 사회의 이데올로기였다고 해도 과언이 아니다. 그래서 불교이든 기독교이든 공통적으로 여성에게 죄를 뒤집어씌우거나 죄의 무게를 더 주고 있다. 이는 남녀의 성교 이후 여성이 아이를 재생산하는 것과도 관련 있다. 성과 재생산을 다스리는 것은 모계 사회의 공유를 부계 사회의 소유의 개념으로 전환하는 것과 함께 늘어나는 인구 조절의 문제와 직결된다. 인구 조절은 늘어난 인구에 대한 식량의 조달과 사회 질서의 유지라는 지극히 생태정치학적인 문제와 직결된다. 이러한 전체를 바라보기 위해서는 인류학의 생문화적(生文化的) 연구가 필요하다.

섹스는 본래 공유되는 것이었다. 남자의 성이든 여자의 성이든 공유되는 것이었다. 모계 사회는 그것에 충실한 사회였다. 모계 사회는 요컨대 여자가 낳은 아이는 여자의 아이 혹은 마을 공동체 사회의 아이라는 데 이의가 없었다. 특정의 어느 남자의 아이가 될 필요가 없었다. 그러한 생각조차 하지 않았다. 그것은 당연했다. 성이 자연스럽게 가족으로 연결되는 사회였다.

인도 남부의 나야족 모계 사회에서는 아버지의 역할을 외삼촌이 맡고 있다. 그래서 가족을 '어머니와 그 자녀들로 구성된 하나의 친족 단위'로 규정하기도 한다. 혈연 또는 핏줄은 생물학적인 관계가 아닌 문화적 관념이다. 호주 북부의 원주민 티위족은 부성(父性)을 인정하지 않는다. 티위족은 남자 없이도 여자가 언제든지 임신할 수 있다고 믿는다. 여자는 정령에 의해 임신하기 때문이다. 그 대신 아이에게 아버지를 만들어주기 위해 남편이 항상 있어야 한다. 그래서 여자는 태어나자마자 남자와 혼인해야 하고 할머니일지라도 혼자된 여자는 재혼해야한다. 생식에서 남자의 역할을 무시하는 사회는 호주 원주민 사회 및 태평양 제도의 여러 종족에서 볼 수 있다.

모계 사회에서 남자의 생식 역할(정충을 제공하는)은 무시되었고, 여자와 그 여자가 낳은 아이를 보호하는 역할을 하는 것에 그쳤다. 이에 반해 오늘날의 부계 사회에서는 생식에서 여자의 역할(여자도 난자를 제공한다)은 무시되고 단지 남자의 밭(아이의 생산 공장)이 되는 것처럼 인식하기 일쑤이다. 부계 사회란 소유의 개념을 불러일으키면서 남자가 가족과 사회에 대한 책임을 더욱 많이 지는 방향으로 발전한 출계 및 가족 제도이다.

아이를 낳는 장본인은 여자이고 여자가 아이를 낳는 메커니즘에 대한 이해는 사회마다 다르지만, 어느 경로를 거치든 결과적으로 여자는 아이의 최종 생산자였다. 이는 결과적·효과적 인과였다. 이는 매우 현명했다. 여자의 생산(정확하게는 재생산이지만)에 대한 신앙과 여신화(女神化)는 자연스러운 것이었다. 소위 '풍요의 여신'은 그러한 잔존물들이다.

모계 사회는 최초의 원인이나 최초의 동일성에 대해 별로 신경을 쓰지 않는 사회였다. 여자는 스스로 '인간을 생산하는 존재'였기에 다른 최초의 원인자, 동인(動因), 동일성을 찾을 필요가 없었다. 그것이 몸에 붙어 있기에 몸의 요구에 충실하면 그만이었다. 자연으로부터 물려받은 오랜 전통에 몸을 맡기면 그만이었다. 모계 사회는 가장 자연적인 사회이다. 부계 사회는 자연적인 사회를 인위적인 사회로 바꾼 것이다. 오늘날 인류가 겪고 있는 문화적 현상과 문제는 모두 부계 사회의 결과물이다. 자연은 공장이 되었다.

우리가 고등 종교라고 하는 기독교나 불교는 모두 가부장 사회 이후에 발생한 가부장 사회를 지원하는 종교이다. 그 이전의 모계 사회는 원시 종교나 샤머니즘에 의해 운영되는 사회였다. 그러한 점에서 여성성을 우주와 자연의 근본이라고 여기는 노자(老子)의『도덕경(道德經)』은 모계 사회의 여러 사상이나 전통이 한 사람의 이름을 빌려서 집대성된 것일 확률이 높다. 아마도 여성성을 기초로 쓰여진 경전 중『도덕경』은 으뜸의 자리를 차지하고도 남을 것이다.

모계 사회가 보다 근본적인 이유는 몸으로 이어지는 진정성과 접촉성 때문이다. 모계 사회는 평화적으로 종의 영속을 도모하는 가장 자연스러운 사회였다. 모계 사회는 종의 영속을 위해 그렇게 많은 비용을 지불하지 않아도 되었다. 자연으로부터 최소한의 식량과 먹이, 그리고 억압받지 않는 즐거운 섹스가 있으면 그만이었다.

모계 사회에서는 남녀가 본능적으로 성 관계를 했지만 남자의 정충이 인간의 재생산에 관계하는 줄 알지 못했다. 아이를 재생산하는 것은 전적으로 여자의 능력(권능)이었다. 여자가 임신하는 것은 정령 혹은 영혼이 여자의 몸속에 들어오는 것이거나 하늘 혹은 천지신명의 점지(點指)라고 생각했다. 따라서 남자의 역할은 재생산에서 인식되지 않거나 중시되지 않았다.

가부장 사회가 되면서 남자의 역할이 중시되었고, 정치권력뿐만 아니라 인간의 재생산에서도 남자가 결정적인 인자로 인식되어가기 시작했다. 예컨대 '여자의 밭에다 씨를 심는다'는 생각은 남자를 능동적이고 권력적으로 만들었으며 여자를 소유한다는 관념으로 발전했다. 마치 인간이 토지를 소유하듯이 남자가 여자를 소유하는 것이었다. 여자는 마치 땅처럼 남자의 정충이 심어지면 키우는 수동적 역할을 하는 것으로 취급되었다.

가부장 사회가 되면서 남녀 사이의 섹스는 서서히 남자의 독점(정확하게 말해서 독과점)으로 변하기 시작했다. 섹스에 대한 독점 현상은 사회 전반에 퍼져갔다. 가부장 사회는 주체와 대상을 만들고, 남자를 주체로 여자를 대상으로 만들어가기 시작했다. 힘 있는 남자는 음으로 양으로 여러 여자를 소유하게 되었다. 여자는 스스로의 집단을 만들지 못했고, 그럼으로써 정치적인 존재가 되는 것에서 소외된 채 분산되었다. 여자는 각자 남자에 소속되어버렸고 어떠한 정치적 행위도 스스로 할 수 없었다.

이는 모계 사회에서 남자가 자신의 어머니 부족과 처가의 부족을 왕래하면서 떠돌이 생활을 하는 것에 비해 적반하장이 된 것이었다. 가부장 사회는 남자의 전사화, 다시 말하면 전쟁 기술자로서의 남자의 능력과 특징을 강화시켰고 전쟁의 생산성에 대해 눈을 뜨기 시작했다. 전쟁은 식량의 약탈을 물론 어른으로 성장한 적의 남자와 여자를 노예로 만드는 도구가 되었고, 특히 약탈한 여자는 훌륭한 세컨드 혹은 성적 노리개의 대상이 되었다. 남자의 권력은 더욱더 증대되어갔다.

가부장 사회에서 집단의 규모는 더욱 확대되어 국가를 수립하기에 이르렀다. 국가의 수립은 인구의 증가와 함께 생산에 대한 증대를 요구했고 증대된 생산은 독과점되었다. 이것은 급기야 아름다움[美]에 대한 독과점으로, 나아가서 윤리인 선(善)에 대한 독과점, 진리[眞]에 대한 독과점으로 외연을 넓혀갔다. 섹스의 독점은 인간 사회의 권력 경쟁을 가속화했다. 가부장 사회는 여자를 남자에게 종속시켰으며, 권력 있는 남자는 여러 명의 여자를 자신에게 종속시킬 수 있었다. 물론 아름다운 여자를 두고 전쟁이 일어났으며, 전쟁은 여자의 약탈과 전리품화를 촉발시켰다.

가부장 사회는 전반적으로 자연적인 생산(여자의 재생산)보다 인위적인 생산(산업 생산)에 더 많은 가치를 부여했다. 여자의 생산이야말로 실은 자연으로부터 물려받은 생성적 생산이었다. 여자의 재생산은 자연과 합일하는, 자연과 내통하는 어떤 접촉점, 자연과의 접속 고리를 잇는, 소위 '생명의 배아적 유입'을 유지하는 그런 생산이었지만, 산업 생산은 전쟁 물자와 무기 생산 등 전쟁을 수행하기 위해 필요한 모든 것을 포함한 제도적·기술적 생산이었다. 그것은 한마디로 여성의 '배아적 생산'에 비하면 '기계적 생산'이라고 할 수 있다. 기계적 생산은 인간 종의 인구를 증대시켰지만 자연의 불균형을 초래하고 결국 환경을 문제를 불러일으키는 현대 산업 사회로 귀결되었다.

여자의 생산이야말로 '생성적 생산'의 표본이다. 남자의 생산은 바로 산업 생산이다. 산업 생산은 대상을 설정하는 생산이다. 여자의 생산이 자연으로부터 물려받은 '능력의 생산'이라면 남자의 생산은 '권력의 생산'이다. 전자가 강제하지 않는 자연스러운 생산이라면 후자는 점점 더 강제하는 생산이다.

다시 성의 문제를 살펴보면 가부장 사회가 되면서 성의 일반적인 현상의 하나로 창녀 집단이 등장했다. 역설적으로 창녀 집단은 가부장 사회를 유지하기 위한, 산업 생산과 무역에 따른 이동이나 여행 등 남성들의 권력 유지에 여성의 성을 제공하는 장치이다. 창녀가 되는 경로는 복잡다단하지만 그들은 결과적으로 한 남자에게 종속되지 않는 삶을 영위하는 여성들이었다. 그들은 가부장 사회의 숨구멍과 같은, 다시 말하면 가부장 사회를 돌아가게 하는 성적 기제 혹은 놀이적 기제이다.

그런데 창녀들은 여성적 생산과 같은 일에 참여하지는 않지만, 특히 한 남자에게 종속되지 않는다는 점에서 매우 모계적인 성적 공유를 유지하고 있는 측면이 있다. 가부장 사회에서 여러 남자에게 성을 제공하는 것은 버림받은 혹은 타락한 것이지만, 모계적 원리로 보면 성적 억압을 받지 않는 것이기도 하다.

창녀는 흔히 가부장 사회에서 여신적 지위를 예술적으로, 특히 영화에서 누리게 되는 경향이 있다. 어쩌면 현대인은 어두운 영화관에서 옛모계 사회의 향수를 느끼고 있는지도 모른다. 영화에서 폭력은 가부장사회의 유물이고 섹스는 모계 사회의 유물이다. 섹스가 공유된 것이라는 원천을 모계 사회에서 볼 수 있다.

자본주의와 사회주의

마르크스는 자본주의로 인한 사회적 불평등을 해소하기 위해 생산 관계를 재조정할 것을 주장하고 이를 획득하기 위한 실천 방안으로 계급투쟁을 역설했지만 그러한 주장 자체는 가부장제적 발상의 소산이다. 가부장 사회의 연장선상에서 평화와 환경을 지키는 것은 거의 불가능하다. 가부장 사회는 남성의 욕망과 사물의 대상화를 촉진하고 있기 때문이다. 성폭력이나 강간도 가부장 사회의 소산이다. 이것은 자본주의의 탓이 아니다.

이러한 관점에서 볼 때 사회적 불평등의 해소는 생산 관계보다는 재생산 관계의 조정을 통해 해결하는 것이 훨씬 현명해 보인다. 원천적으로 성을 억압하지 않는(성의 억압 정도가 약한) 모계 사회의 원리를 재활용하는 것이 효과적인 것으로 보인다.

자본주의와 사회주의 가운데 어느 것이 더 성을 억압하지 않는, 구체적으로는 여성성을 억압하지 않는 제도일까? 남녀의 평등을 주장하고 선전하는 사회주의일까, 아니면 풍요의 물질시대를 연 자본주의일까?

여자의 재생산은 생물의 한 종인 호모사피엔스에겐 종의 영속과 인구의 증가를 불러오는 중요한 자연의 은혜였다. 따라서 여자는 고대 인류에게 숭배의 대상이었다. 그러나 인구의 증가와 더불어 여자의 재생산은 새로운 형태의 먹이(식량) 조달과 생산 체계의 확립이라는 압력을 받는다. 이것이 농업 혁명이다.

재생산의 주인공인 여자는 이제 생산을 위한 희생제를 치러야 하는 존재로 변했다. 인간은 수렵에서 농경 시대로 변천하는 과정에서 식인 풍습(인간의 살해)과 여성의 살해 및 그것의 매장을 통해 생산을 확보하는 생산 의례를 벌였다. 이것은 죽음과 희생의 의례였다. 이것은 동시에 모계 사회에서 부계 가부장적 사회(국가)로 진행하는 사회 과정과 일치한다.

이 과정에서 여성은 사악한 존재, 남자는 선량한 존재가 되었다. 가부장 사회에서 여성의 살해나 식인 풍습은 전쟁을 통한 남성들의 대량 살상으로 변천했다. 전쟁은 인구 압력에 따른 식인 풍습과 여성 살해, 그리고 희생제가 변천한 것인지도 모른다.

모계 사회에서 여신이었던 여자는 부계 사회에서 창녀가 되었다. 현모양처도 실은 한 남자에게 종속된 창녀에 속한다. 왜냐하면 여자는 기본적으로 출산과 양육으로 인해 남자에 의존해서 살지 않으면 안 되기 때문이다. 남자와 여자가 만나면 대개의 경우 남자가 비용을 지불하는 것은 바로 여자가 창녀적 존재임을 증명한다. 모계 사회처럼 여자가 낳은 아이를 마을 공동체에서 양육한다면 여자는 여신적 존재가 되는데 그렇지 못하면 여자는 출산과 양육을 스스로 해결하는 완전한 존재가 되지 못한다. 그래서 여자를 대상으로 보는 존재인 남자가 필요하고 때로는 은밀하게, 때로는 전략적으로, 때로는 공개적으로 창녀가 된다.

가부장 사회가 시작되면서 억압되었던 여성의 성은 완전히 닫히면서 호기심마저도 차단되고 배제된 것으로 보인다. 이는 상상력에서도 상상의 재료와 정보의 부재와 함께 빈곤을 초래한다. 그럼에도 다행인 것은 자본주의 사회의 발달과 더불어 풍요 사회가 이루어지면서 여성의 성이 다시 부활의 기지개를 켜고 있는 것이다.

인류가 그동안 떠들어온 신화와 철학과 종교가 실은 가부장 사회를 지원하는 것이었고 가부장 사회의 결과들이었다. 숨어 있는 것, 요(凹)보다는 드러나는 것, 철(凸)을 중시했다. 그런데 역설적으로 자연과학의 발전과 자유 자본주의의 성숙에 따라 숨어 있는 것, 요에 대한 관심을 불러일으키고 있다. 그러나 요를 '물질'(유물론)로 보는 것은 겉보기에는 '요'에 대한 관심을 가진 것 같지만 실은 철에 관심이 있는 것을 스스로 위장하고 있을 뿐이다.

모계는 어떤 의미에서는 출계(出系)도 아니고 권력도 아니다. 자연이 준 것을 그대로 이어받았을 뿐이다. 모계는 인위적으로 의식적으로 구성된 것이 아니라 '여자가 아이를 낳는다는 사실'을 중심으로 가족을 구성한 것이고, 권력조차 남자인 외삼촌에게 주어져 있다. 아이를 낳는 여자와 그 아이를 보호하는 가장 자연적인 가족일 뿐이다. 누가 어머니와 아이를 보호할 것인가를 두고 가부장 사회가 발생한 것은 훨씬 후대의 일이다.

신모계 사회의 등장은 남성들의 무기 생산과 전쟁 촉발이 없어지는 것을 전제로 하지만 만약 그렇게 된다면 인류 사회는 급속하게 모계 사회로 돌아가는 환원 현상을 보일 것이다. 무엇보다도 여성들의 호기심과 모험심이 대단하다는 점과 산업 생산에서 여성들의 활동이 괄목할 만하다는 점에서 그것을 느낄 수 있다. 역설적이지만 여성이 산업 생산에 보다 더 적극적으로 참여하는 것은 여성 고유의 '재생산의 생산'이 지닌 가치를 떠올리게 한다.

남성은 인과적인 사고와 동일성을 추구하는 데 익숙하고 그러한 생산(복제 생산, 산업 생산)에 충실하지만, 여성의 재생산은 동일성의 재생산이 아니며 차이와 변화를 추구하는 생산(재생산)이다. 여성의 복제는 자기 복제가 아니다. 여성은 자기 복제의 존재인 것 같지만, 차이인 남성을 존중하고 차이를 받아들여서 재생산한다. 여성의 복제는 차이의 복제이다. 이에 비해 남성의 산업 생산은 동일성의 복제이다(물론 엄밀한 의미에서 동일성은 아니지만, 동일성은 이 세상에 없는 고로).

하이데거와 데리다의 차이는 실은 표면의 차이이며 남성의 차이이다. 이에 비해 여자의 몸에서 이루어지는 차이는 심층의 차이이면서 교차의 차이이고, 더욱이 교배의 차이이다. 여자의 재생산은 남성의 생산에 비해 교배의 차이이다. 인류는 여자의 재생산과 교배의 차이에 의해 인간 종을 이어간다. 철학이 아무리 이성 중심이라고 하더라도 종이 멸종할 단계에 이르면 여성의 교배를 숭배하지 않을 수 없다.

마르크시스트인 들뢰즈는 물질적이고 기계적인 세계를 상부 구조의 존재로 올려놓고 그 바탕인 하부 구조에 존재의 구원이라고 할 수 있는 여성의 '생명의 배아적 유입(germinal influx of life)'을 배치했다. 이것은 그의 마르크시스트적인 해법이겠지만 문명의 바탕인 물질이나 기계를 상부 구조로 올린 유물론자로서는 그 자리에 인간의 생명 현상과 관련되는 그 무엇을 대치하지 않을 수 없었을 것이다.

들뢰즈가 추구하는 것은 모두가 여성성을 회복하는, 모계 사회를 기조로 하는 모계적 사고들과 개념들의 집합이다. 서구의 후기 근대 철학, 해체 철학은 무의식중에 여성과 모계의 상징과 이미지들로 채워져 있다.

무엇보다도 여성은 가부장제의 신을 섬길 이유가 없다. 자신이 생산의 신비를 지니고 있는 존재이고 동시에 그들 스스로가 자연의 딸들이기 때문이다. 자연과의 소통, 자연과의 센서를 잃어버리지 않고 지니고 있는 존재가 여성이다. 다시 말하면 여성적 사고, 여성적 느낌의 부활이야말로 인류 사회를 예술 사회로 만드는 첩경이고 자연을 회복하는 길이다. 인류는 마르크스의 생산 관계에서 출발한 자본주의에 대한 치유를 재생산 관계에로 눈을 돌려야 한다. 생산 관계에 기초한 공산 사회주의 운동은 이미 빈곤으로 실패를 드러냈으므로 자본주의 사회는 역설적으로 모계 사회의 원리를 환기·회복시킴으로써 도리어 희망적이 될 수 있을 것이다.

가부장 사회에서 여성성을 달성하는 것은 자유 자본주의이다. 공산 사회주의는 이데올로기로서 여성성을 달성하는 것같이 선전하지만 그것은 선전일 뿐 실은 여성성을 가장한 남성성의 마지막 폭력이다. 공산 사회주의는 물품이 아니라 이데올로기를 생산해 팔기 때문에 필연적으로 가난해질 수밖에 없고 욕망을 강제적으로 제어하기 위해 전체주의로 흐를 수밖에 없다.

기독교와 공산 사회주의의 차이점은 전자가 유신론이고 후자는 무신론이라는 점이지만, 공통점은 공허한 말을 생산하는 집단이라는 점이다. 기독교의 해방 신학은 그 둘이 만나 이루어졌으니 인류가 개발한 가장 '비생산적인 최악의 만남'이라고 말할 수 있다. 해방 신학이 창궐한 남미가 선진국의 문턱에서 좌절하게 된 것은 당연한 수순이었다.

가부장 사회로 운영되는 인류 사회의 성패는 여성성에 자유를 주는 정도에 따라 서열을 매길 수 있을지도 모른다. 가난한 사회, 불행한 사회는 반드시 여성성을 억압한다. 이에 비해 풍요 사회, 복지 사회는 여성성을 최대한으로 만끽하게 한다. 오늘날 좌파들은 자본주의 사회를 치유하기는커녕 자본주의 사회에 기생하고 있다. 자본주의의 풍요를 먹고 운동은 사회주의를 한다. 말하자면 평등과 분배의 이데올로기를 파는 것이다.

그런데 사회주의가 생산성을 올린 것은 아무것도 없다. 있다면 감시 체제뿐이다. 이는 가장 악랄한 가부장제(전체주의)의 모습이다. 그러한 점에서 사회주의는 사이비 민주주의이고 사이비 여성주의이다. 그 풍요를 좌파 운동권인 자신들도 나누어 가지기 위해 대중의 힘을 빌려서 질투의 평등과 분배를 부르짖는다. 이것은 대중에 대한 속임수이거나 스스로를 속이는 행위이다.

후기 자본주의 사회의 풍요는 여성의 성에 거의 무제한의 자유를 주고 있다. 여성의 성적 만족은 이제 당연한 것으로 인식되고 있다. 여성은 재생산을 위한 도구가 아닌 것이다. 가부장 사회가 여성에게 원죄를 뒤집어씌우면서 우려한 일들, 예컨대 성적 타락이나 개방(해방)에 따른 무질서와 이혼율의 증가 등이 이제 일상적인 일들로 받아들여지고 있다.

여성에게도 섹스(연애)는 개인적 재미나 즐거움을 위한 것이다. 실지로 인류의 많은 사회는 자식의 생부나 생모에는 관심이 적다. 자식의 양육이나 교육에 대한 사회 보장 제도가 잘 되면 이혼율은 더 올라갈지도 모른다. 이는 인생의 여러 부분에서 오락과 즐거움과 재미를 많이 보고 싶어 하는 욕구가 증가하기 때문이다. 분명 섹스와 생식에서 새로운 균형점을 찾아야 하는 것이 오늘의 인류에게 주어진 과제이다.

남자는 여자를 소유하고 여자는 남자를 공유한다. 남자가 여자를 소유하는 이유는 남자의 성기는 닫혀 있기 때문이다. 여자가 남자를 공유하는 이유는 여자의 성기는 열려 있기 때문이다. 성기가 닫혀 있는 자는 필연적으로 소유하게 되고, 성기가 열려 있는 자는 필연적으로 공유하게 된다. 남자는 과학을 만들고 여자는 종교를 만들었다. 남자는 보편성의 철학을 만들고 여자는 일반성의 철학을 만들었다. 보편성에는 소유가 숨어 있고 일반성에는 존재가 숨어 있다.

삶은 조금의 차이로 갈라진다. 그 조금의 차이가 여자가 되고, 남자가 되고, 어머니가 되고, 아버지가 된다. 여자와 어머니는 존재이고, 남자와 아버지는 존재자이다. 여자는 몸이라는 실체에서 산다. 여자는 실체의 상속자이다. 남자는 머리라는 가상에서 산다. 남자는 가상의 상속자이다.

시간은 텍스트이다

시간(Time)은 텍스트(Text)이다. 둘 다 'T'자로 시작하는 단어이다. 'T'자는 'T'자 모양의 자를 연상시켜서 그런지 어딘가 무엇을 재고, 세는 것 같은 이미지, 좌표의 이미지를 준다. 무엇을 계량한다는 것은 '하나의 우주'(전체성)을 쪼개는 느낌이다. 이것은 과학이다.

시간이 없으면 텍스트도 없다. 따라서 시간은 텍스트이고 텍스트는 시간이다. 시간은 결국 없어진다. 따라서 텍스트도 없어진다. 그렇다면 영원은 무엇인가. 영원은 순간이다. 순간은 시간이 아니다. 순간은 정지이다. 따라서 정지가 영원이다.

시간을 말하는 것은 이미 텍스트를 쓰는 것이다. 시간을 말하면서 존재를 말하는 것은 그것이 아무리 존재를 말한다고 하더라도 이미 존재자를 말하는 것이다. 시간을 말하는 것은 자신도 모르게 존재자를 말하는 것이 된다. 그런 점에서 존재를 말하려면, 정확하게 존재를 느끼려면 시간을 말하지 마라. 존재는 말하지 마라. 말하면 이미 존재는 사라져버린다. 존재는 느껴라. 느끼는 것이야말로 세계에로 돌아가는 길이다.

운동하는 세계를 직관적으로 알게 된 인간이 운동(가변)하는 세계에 대한 저항으로 영원(불변)을 생각해냈다. 그러나 정지는 인간의 생각에서 나온 착오(오류)이다. 역동하는 우주는 순간도 정지하는 법이 없기 때문이다. 정지란 인간이 운동하는 것을 계산하기(수량화하기, 보기) 위한 방법(과학적 방법 혹은 오류)일 뿐이다. 영원한 것은 변하는 것 자체일 뿐이다. 영원은 그것을 추구하는 인간의 뒤통수에 숨어 있는 것이다.

시간은 역사를 만들고 역사는 텍스트이다. 그러나 텍스트는 항상 자연으로부터 2차적으로 구성된 것이다. 생각해보면 텍스트 자체가 시각의 산물이다. 시각이 없다면 텍스트를 만들지 않았을 것이다. 텍스트 자체를 만들지 않았으면 주어(주체, 자아)와 목적어(객체, 대상)와 그들의 움직임을 표현하는 동사도 없었을 것이다. 텍스트는 우주를 나름대로 (인간의 생각대로) 나누어서 다시 조립한 재현(혹은 패러디)에 불과하다. 그것은 우주 자체가 아니다. 실재(존재)는 없다. 실재는 알 수 없다. 알 수 없는 것은 없는 것이다. 다시 말하면 실재에 가장 가까운 재현만 있을 뿐이다. 재현이야말로 창조이다.

시간을 초월한다는 것은 '공간화된 시간', '공간에 포함된 시간'을 말하는 것이 아니라 시간 자체를 말하는 것이다. 시간 자체는 흐름이다. 공간에 포함된 시간이 아니라 공간과 별도로 '흐름의 의미'로서의 시간을 말한다. 시간이 변수가 되면 그것은 이미 '공간화된 시간'이다. 따라서 흐름으로서의 시간은 변수의 시간이 아니고 변화 자체, 시간 자체, 흐름 자체이다. 이들은 대상으로서 잴 수 있는 것이 아니다.

이것을 불교적으로 말하면 제법무아(諸法無我), 제행무상(諸行無常)이다. 흐름은 무엇을 가지고 잴 수 있는 것이 아니다. 흐름은 '흘러가기' 때문에 그 무엇이 아니다. 그 무엇이라는 것은 볼 수 있는 것이다. 그러나 흐름은 볼 수 없는 것, 잡을 수 없는 것, 감각으로 잡을 수 없는 것, 그저 느낄 수밖에 없는 것이다.

인간의 문명은 항상 위도(緯度)보다는 경도(經度)을 좋아한다. 그래서 경전(經典)을 중시하고 참위(讖緯)는 부수적인 위치에 놓였다. 경도는 시간의 차이를 나타내고, 위도는 공간의 차이를 나타낸다. 시간은 인위적인 약속이고, 공간은 자연적인 분포이다. 공간 속에 시간이 있다. 공간(space)은 콘텍스트(context)이다. 이때의 공간은 시간을 벗어나기 위한 일종의 방편으로서의 공간이다. 엄밀한 의미에서의 공간은 시간과 같은 것이다.

텍스트에 매이면 시간에 매이는 것이다. 시간에 매이면 텍스트에 매이는 것이다. 시간과 텍스트는 콘텍스트의 드러남이고 현상이고 표상이고 대상이다.

시간은 인간에게 즉자적인 것이다. 그래서 그것이 으레 있는 줄 안다. 그러나 시간은 인간의 등장과 더불어 생겨난 것이다. 우주는 생겨난 그냥 그대로 하나로 작용하고 있을 뿐인데 이것의 거리를 재고 대상화한 것이 인간이다. 따라서 인간은 시간적이고 공간적인 존재로서의 인간이다.

빛의 철학 소리철학

눈은 빛과 관련되고 귀는 소리와 관련된다. 인간의 문명을 크게 눈의 문명과 귀의 문명으로 나누어볼 수 있다. 이 밖에도 혀의 문명, 코의 문명, 신체의 문명이 있지만, 가장 두드러진 것이 눈의 문명과 귀의 문명이다. 이를 종합한 것이 바로 의미의 문명이다. 의미는 여러 감각의 통섭에 의해 마련된다. 하나하나의 감각이 따로 있다면 의미는 발생하지 않았을 것이다.

서양 철학은 소리를 희생시키고(희생양으로 만들고) 언어의 협조를 받아 문법(문장)을 만들어낸 문명이다. 인류의 모든 문명이 다 그런 특징이 있지만 서양 문명은 특히 더 그렇다. 서양 문명은 눈의 문명이다. 동양 문명은 비교적 소리를 살리고 들어주는 귀의 문명이다.

눈은 빛을 따라가고 귀는 어둠 속에서도 소리를 따라간다. 눈과 귀가 서로 만나는 중간 지점이 바로 특이점이다. 이것이 우주의 교차점이다. 빅뱅과 블랙홀은 우주 저 멀리에 있는 것이 아니라 바로 눈과 귀가 만나는 지점에 있다.

여자는 자기 몸 안에서 우주가 발생하는 소리를 듣는다. 남자는 자기 몸 밖에서 역사가 만들어져가는 것을 본다. 여자는 귀로, 신체로, 몸 전체로, 감성으로 듣는다. 남자는 눈으로, 이성으로 본다. 여자는 그래서 우주 밖에 있다. 여자는 밖에서 우주를 품는다. 마치 암탉이 알을 품듯이. 남자는 그래서 우주 안에 있다. 남자는 안에서 항상 밖을 궁금해 한다. 마치 개구쟁이가 일을 저지르듯이.

남자가 이룩하는 문명은 눈의 문명이다. 여자가 이룩하는 문명은 귀의 문명이다. 눈의 문명은 항상 만족하지 못한다. 욕망의 대상이 밖에 있으니까. 귀의 문명은 쉽게 감동한다. 우주의 리듬이 안팎으로 울리니까.

시각의 특징은 역설적으로 시각을 대신하는 카메라와 필름이 발명됨으로써 드러났다. 시각은 사물을 일단 순간적인 정태 상태로 보고 그것이 움직이는 것으로 운동과 변화를 인식한다. 사물을 볼 때 색이나 명암이 없다면 평면적 화상으로밖에 보이지 않을 것이다. 오감 중 하나인 시각은 색과 명암을 분석하는 시스템을 갖추고 있다. 바깥 세계의 사물은 수정체라는 렌즈를 통해 좌우의 망막에 맺히고 망막 속의 시세포에서 전기 신호로 바뀌어 시신경에 전달된다.

시세포는 원추세포와 간상세포로 구분되는데, 원추세포는 사물의 색에 대한 정보를 뇌에 전달하며 막대 모양의 간상세포는 사물의 명암에 대한 정보를 담당한다. 사물 정보는 수정체를 통과해서 망막의 시세포에 전달되는데, 이때 사물에 대한 정보는 빛에 있다.

시신경 중 원추세포는 빛의 파장을 느낀다. 시각은 빛의 파장 차이를 색의 차이로 번역하는 구조이다. 즉, 빨강·초록·파랑에 대응하는 파장이다. 세 파장의 느끼는 정도는 다양한 색의 시리즈로 변환된다. 원추세포는 각 파장의 차이에 대한 정보를 대뇌로 전달한다. 색의 명도와 채도를 구분하는 것은 원추세포와 간상세포의 작용이다.

그런데 재미있는 것은 망막에는 사물의 상이 거꾸로 맺힌다는 점이다. 이는 위의 것을 아래로, 아래의 것을 위로 보게 함으로써 상하 관계를 자유자재로 보게 하는 능력을 갖게 한다. 만약 망막에 상이 거꾸로 맺히지 않으면 수평으로 들어오는 빛에 의해서만 사물을 바라보게 되어 입체적인 세계에 적응할 수가 없다. 이와 함께 눈으로 사물을 볼 때 상대(대상)의 좌우를 거울처럼 바꾸어 보는 것이기 때문에 실제 사물의 좌우가 바뀐 셈이다. 즉, 시각은 상하좌우를 바꾸어보는 것은 물론이고 동적인 것을 정적인 것으로 보는 특징을 지니고 있다.

시각은 입체적이고 역동적인 우주를 평면적이고 정적인 우주로 바라보면서 평면을 합쳐 입체적인 것에 도달하려는 노력이라고 볼 수 있다. 그러한 작업 과정에서 시간과 공간이라는 좌표를 사용하는 셈이다. 시각과 언어는 과학을 만들었지만, 동시에 인간을 시간과 공간에 예속되게 함으로써 존재의 본질과 멀어지게 만들었다. 시각은 눈에 들어오는 것, 존재의 드러난 것만을 가지고 세계를 논하게 된다.

시각의 이러한 특징이 철학에 어떤 영향을 미친 것은 아닐까. 만약 철학이 시각 중심이었다면 상하좌우·내외표리(內外表裏)·동정(動靜)의 실제를 상호 작용했을지도 모른다. 상하좌우가 공간에 작용하고 동정이 시간에 작용했다면 인간이 인식한다는 것은 믿을 수가 없다.

서양 철학사를 상하좌우·내외표리·동정의 관점에서 다음과 같이 정리할 수 있을 것이다.

상징(음양)적 상호 작용			
상하좌우(上下左右)	내외(內外)	표리(表裏)	동정(動靜))
인식론(자연과학) (객관적 대상)	의식론(현상학) (객관적 대상·주관적 대상)	존재론 (존재·존재자)	음양론(포노로지) (다원다층의 음양학)
물리적 시공간	의식적 시간	시공 초월	태극 음양적 우주
칸트	베르그송, 후설	하이데거	박정진

영화는 정(靜) 필름을 일정한 간격으로 돌려서 사물을 움직이는 것처럼 착각하게 하는 기술이다. 망막이 1초에 만들 수 있는 상은 30~40개를 넘지 못한다고 한다. 그래서 불을 0.12초보다 짧은 간격으로 켰다 껐다 하면 계속 켜져 있는 것처럼 느낀다. 즉, 0.12초보다 더 빠른 자극은 연속 동작으로 알게 된다. 이것을 이용한 것이 영화이다.

인간은 그동안 세계를 영화처럼 보아왔다고 할 수 있다. 만약 세계를 음악으로 볼 수 있는 철학이 탄생한다면 그것은 어떤 철학일까. 바로 포노로지(Phonology)이다. 소리는 상하좌우·정동의 구별이 없다.

만약 우리가 소리에 귀를 기울인다면 시각적 세계 인식의 한계를 넘어설 수 있게 된다. 소리는 드러나지 않는 세계를 전제할 뿐만 아니라 세계를 '드러난 세계'와 '드러나지 않는 세계'로 대칭시킨다. 드러나지 않은 세계의 무궁함을 깨닫게 되는 것은 인간을 겸허하게 만든다. 소리는 세계를 드러내면서도 세계를 고정시키지 않고 대상화하지 않는다. 진정 세계를 입체적으로 느끼게 하는 것은 소리이다. 소리는 철학을 관념(개념)에서 벗어나게 한다.

포노로지를 비유적으로 말하면 춤추고 노래하는 여자(댄싱 퀸)라고 할 수 있다. 댄싱 퀸은 무엇보다도 신체를 음악의 리듬에 올려놓음으로써 신체를 선율로 탈바꿈시키는, 기운생동으로 변신시키는 마술을 행한다. 이것은 귀와 신체의 연계이다.

인간의 감각기관은 촉각, 미각, 후각, 청각, 시각의 순으로 발달했다. 촉각과 청각은 물리적 파동에 반응하고, 미각과 후각은 화학적 작용을 하는 입자에 반응한다. 시각은 빛과 수정체와 망막에 의해 이루어지는 물리 현상이다. 빛은 물리적 입자이며 파동이다. 빛은 입자로서 질량을 갖고 파동으로서 에너지를 가지고 있다.

귀는 파동의 우주가 살갗에서 유지되다가 미각·후각을 거치면서 입자로 되었다가 다시 파동(진동)으로 복귀하는 청각 기관이다. 촉각의 파동과 귀의 파동은 노래하고 춤추게 한다. 노래와 춤의 연계는 강력한 하모니이다. 진정한 우주는 귀를 통해서 소리로, 살갗의 전도(電導, 電律, 戰慄)로 그 본질을 드러낸다. 눈은 우주를 재구성한 것이다. 귀는 저절로 듣게 되지만 눈은 입장에 따라 다시 재구성한다.

무엇을 잡는 데 행복이 있는 것이 아니고 자신을(무엇을) 즐기는 데 행복이 있다. 잡는 만큼 존재하는 것이 아니라 즐기는 만큼 존재한다. 서양은 눈의 문명이고 동양은 귀의 문명이다. 기독교는 눈의 경전이고 불교의 귀의 경전이다.

진실(진리)의 반대가 거짓(허위)이 아니라 거짓의 일부가 진실이다. 머리의 반대가 몸이 아니라 몸의 일부가 머리이다. 눈의 반대가 귀가 아니라 귀의 일부가 눈이다. 미술의 반대가 음악이 아니라 음악의 일부가 미술이다.

물질의 양(量, 무게, 중력)이 공간이고, 공간이 시간이다. 흔히 물질은 시공간상에 있는 것처럼 인식하기 쉬운데 실은 물질이 시공간을 결정한다. 그런 점에서 물질이 없으면 시공간도 없다. 존재는 모두 제자리에서 (제 크기만큼) 자유(自由), 자재(自在), 자연(自然)의 존재이다.

기억의 성질은 빛과 같다. 기억은 입자이기도 하고 파동이기도 할 것이다. 기억이 입자라면 어떤 고정된 지점이 있고, 고정된 지점이 있다면 그것은 시공간의 제약을 받을 것이다. 그러나 만약 기억이 파동이라면 소리처럼 울리는 것이고, 울리는 것이라면 어떤 고정된 지점이 없이 동사적으로 존재할 것이다. 소리의 울림은 게스탈트적이다. 그래서 기억은 명사적 존재자이기도 하고 동사적 존재이기도 한다.

만약 기억과 감각의 사이에 있는 지각 과정(지각 이미지)이 가역한다고 가정한다면, 감각 그 자체는 존재이고 그것이 기억으로 넘어갈 때 존재자가 될 것이다. 언제 어느 지점에서 기억이 입자가 되고 파동이 되는지는 알 수 없다. 그러나 기억은 두 가지의 성질을 가지고 있다. 바로 두 가지 성질로 인해 세계는 서로 교감하게 된다. 그러한 점에서 빛과 기억, 반도체는 공통점을 가지고 있다.

세계는 교감하게 되어 있다. 감각의 과정, 인식(의식)의 과정, 물리·화학의 과정 어느 곳에서라도 나름대로 매개가 있다. 그것을 매질, 촉매, 효소, 전도, 영매, 메신저, 매파 등으로 상황에 따라(평면에 따라) 다른 이름으로 부를 따름이다.

미술과 음악

자연의 표지(문자)는 얼굴이나 유전자 지도와 같다. 그러나 이름은 자연의 표지(문자)가 아니다. 이름은 의식적으로 짓고 불러준 문화의 표지, 즉 제2차적인 표지에 불과하다. 이름은 존재가 아니라 존재자이다. 그러나 소리는 자연의 표지이다. 소리는 몸(physics)의 상태를 그대로 드러낸다. 단지 그 소리의 의미를 인간이 다 해독하지 못할 따름이다. 소리는 자연의 은유이다. 본래 인간은 은유적 존재인지 모른다. 그러나 인지가 발달함에 따라 인간은 환유적 존재가 되었다.

인간을 은유적 존재로 되돌려놓은 원시반본의 예술이 음악이다. 음악은 단지 은유할 뿐이다. 시(詩)도 마찬가지이다. 은유를 환유로 읽는 것이 일상의 인간이다. 음악이야말로 존재에 가장 가까운 예술이다. 음악의 의미는 명확하지 않고 이중(다중)적이며, 결코 고정된 의미에 만족하지 않는다. 음악은 가장 존재에 가까운 존재 양식이다.

존재 양식이란 존재의 표현을 위한 불가피한 존재자이다. 존재 양식은 존재의 표현을 위한 방편으로 자신을 주장하지 않는다. 양식은 그 자체가 이미 양식의 변화와 비주체성을 내포하고 있다. 그러한 점에서 양식은 존재와 존재자 사이에 있다.

시간과 공간도 실은 존재의 양식이다. 시간과 공간에 속하는 모든 것은 양식을 주장하지 않아도 양식이다. 문화 양식은 이미 변화를 내포하고 있다. 따라서 변하지 않는 양식은 역사의 정체성에 불과하며 존재를 거부하는 것이다. 존재를 거부하는 존재자는 망한다. 따라서 존재자는 존재 양식이라는 측면에서도 존재를 이길 수 없다.

점, 선, 수직, 수평, 원, 타원, 다중심, 무중심, 무질서는 하나이다. 과학적으로 말하면 '정도의 차이'이며, 철학적으로 말하면 '차이'에 불과하다. 정도의 차이는 기준이나 중심이나 표준이 있는 것에 관한 것이고, 그냥 차이는 기준이나 중심이나 표준이 없는 것과 관련된다.

그러한 점에서 미술이야말로 과학과 가장 밀접한 예술이다. 미술은 근본적으로 공간의 예술이기 때문이다. 공간이 없는 미술은 상상할 수 없다. 미술은 사물의 이미지를 평면(혹은 입체)로 옮긴다(고정시킨다)는 점에서 음악과 다르다. 음악은 흘러가는 예술이고 시간의 예술이다. 미술은 고정되는 예술이고 공간의 예술이다.

좀 비약이긴 하지만 서양 문명은 미술의 문명이고 동양 문명은 음악의 문명이라고 말할 수 있다. 이 말을 들으면 혹자는 서양의 음악이 얼마나 대단한데 그런 말을 하느냐고 반문할 것이다. 이는 말의 맥락을 잘못 잡은 것이다. 그렇다면 동양에는 미술이 없느냐고 반문할 수 있다.

문명을 특징적으로 보면 서양 문명은 매우 전시적이다. 여기서 전시적이라는 말은 누가 누구에게 무엇을 보여준다는 주체와 대상을 의미한다. 시각적이라는 말이다. 이에 비해 동양 문명은 주체와 대상이 없이 하나가 되는 것을 지향한다. 이는 매우 청각적이라는 말이다. 시각과 청각, 미술과 음악은 상대적인 대칭을 이룬다. 항상 상대적인 세계에는 교차가 있고, 교차는 교차 관계에 있는 것들을 상징으로(상징적 상호작용으로) 묶는다.

미술은 사진의 등장으로 평면을 버리고 캔버스를 떠나야 했고, 음악은 서양의 12음계를 떠나 보다 많은 소리를 포용하는 세계를 모색하지 않으면 안 되었다. 그래서 떠돌이가 된 미술과 음악이 마침 새로운 매체로 등장한 텔레비전 박스라는, 미술과 음악을 동시에 포용할 수 있는 것에서 발생한 것이 비디오아트이다.

비디오아트는 영화와는 또 다른, 사진의 후속물이다. 사진은 스틸에서 출발했지만 활동사진인 영화를 만들어냈고, 텔레비전 박스와 만나면서 비디오아트를 만들어낸 셈이다. 영화에 대해 픽션이냐 다큐멘터리냐 아니면 그 중간이냐고 묻지만 비디오아트는 다큐를 싫어한다. 비디오아트는 본질적으로 무질서를 지향하기 때문이다. 비디오아트는 무질서를 바라보는 질서와 같다. 마치 혼란스러운 소리를 바라보는 눈과 같다. 그러한 점에서 관음(觀音, 觀陰, 觀淫)이다.

미술의 사진 콜라주 작업은 사진의 수용이면서 동시에 사진에 대한 질투이다. 평면에 대한 사진의 점령으로 미술은 캔버스로부터 달아나야 했고 동시에 캔버스에 사진을 수용해야 했다. 입체파는 평면으로부터 달아나기 위한 예행연습이었으며 그 뒤를 콜라주가 이었다. 이들이 궁극적인 피난처로 삼은 것이 오브제 작업이었다. 그러나 오브제는 궁극적인 피난처가 되지 못했다. 오브제는 사물에 대한 미술의 완전한 항복이었기 때문이다.

그래서 오브제는 다시 설치로 달아났다. 공간이라는 입체에서 자유롭게 해체할 수 있는 길을 연 것이 설치였다. 그것은 미술이 건축의 일부였던 시절이나 그 이전 옛날의 동굴 벽화를 회상하게 했다. 미술은 인간의 일상 활동이나 행위와 전혀 다른 바 없는, 그러면서도 다르다는 것을 증명해야 하는 딜레마 속에서 새로운 길을 모색하지 않으면 안 되었다. 거기서 혜성처럼 나타난 구세주가 바로 비디오아트였다.

포노로지와 백남준의 비디오아트

　백남준의 장점은 오브제를 넘어서 퍼포먼스로, 퍼포먼스에서 다시 비디오아트로 넘어가 미술을 텔레비전 박스 안으로 집어넣음으로써 시각-평면-공간의 3차원 예술을 청각-소리-시간의 4차원 예술로 완전히 변화시킨 데 있다. 전자를 양의 예술이라고 한다면 후자를 음의 예술이라 할 수 있다. 백남준의 미술은 소리, 즉 음(音)의 미술이다. 소리는 '사물-언어'에 비해서 음(陰)의 위치에 있다. 동시에 소리는 음(淫)의 우주를 은유한다. 음의 우주는 노이즈(noise), 혼돈(chaos)의 우주를 은유한다.

　종합적으로 볼 때 백남준의 미술은 '사물-언어'보다 '소리-은유'를 통한 '상징-의례'의 위치에 있다. 백남준의 미술은 매우 상징적이고 의례적인 성격을 가지고 있다. 그러면서도 백남준의 미술은 매체적(매개적, 영매적) 특성으로 인해 매체가 곧 메시지라는 맥락으로 통하면서 존재를 매개(매체)로 보는 매우 샤머니즘적 특성을 갖는다. 여기서 백남준이 한국인이라는 것을 발견할 수 있다.

　그런 점에서 백남준의 비디오아트는 소리철학, 포노로지 철학으로 해석할 수 있는 좋은 테마이며 대상이다. 존재는 매개(매체)이다. 매개는 존재이다. 인간이나 사물을 주체와 객체로 보는 것은 존재에서 존재자를 보는 것이다. 흘러가는 것을 시간으로 표현하고 잴 것이 아니라 흘러가는 자체를 그냥 그대로 두면 그게 바로 존재이다.

현대인은 고대 인간의 비극을 거부하기 때문에 평균적이고, 율동적이지 못하고, 소외에 직면하게 되었다 해도 과언이 아니다. 진정한 디오니소스적인 음악을 거부하기 때문에 아폴론적인 미술적 세계를 맞이하게 되었다. 백남준은 바로 그러한 아폴론적인 미술을 거부하고 다시 소리의 미술, 음악의 미술인 비디오아트를 창시했다. 백남준의 미술에는 항상 소리가 있다. 그는 진정으로 니체 계열에 속하는 예술가이다.

달빛을 좋아했던 백남준은 "달은 가장 오래된 텔레비전이다"라고 말했다. 백남준은 심하게 말하면 '달에 빠진 작가'이다. 백남준에 의해서 미술은 '해의 시대'에서 '달의 시대'로 접어들었다. 비디오아트는 근본적으로 텔레비전 모니터에서 출발했기 때문에 '달의 이미지'이다. 모니터에 의해 반사된 이미지들이다. 인간이 처음 달에 착륙한 날인 7월 20일은 그의 생일이었다. 백남준은 물고기 궁에 달이 빠질 때(1932년 7월 20일) 태어나서 물고기 궁에 태양이 빠질 때(2006년 1월 29일) 돌아갔다.

그에게 달은 자궁과 같은 것이다. 달은 빛이자 어둠이다. 자궁은 달을 닮았다. 자궁을 가진 여자는 달이다. 여인은 식물이자 동물이자 인간이다. 여인은 의식이면서 무의식이다. 그러나 여인은 인간 종의 대표(man)가 아니다. 그러나 여자야말로 개체이면서 동시에 세계이고 전체이다. 여자는 신비 그 자체이면서 자연의 연장으로서의 인간이다.

햇빛과 그림자는 그림자가 빛과 사물의 종속이라는 것을 말한다. 그러나 어둠 속의 달빛은 빛과 어둠이 공존하는 것을 말한다. 달빛은 빛이 원천적으로 어디서 왔는가를 은유적으로 말해준다. 빛은 빅뱅을 닮았고 달빛은 블랙홀을 닮았다. 빛은 역사를 만들고 달빛은 신화를 만들었다. 빛은 빛의 시간인 낮과 어둠의 시간인 밤을 구분하게 만들지만 달빛은 빛과 어둠이 한자리에 있게 한다. 밤과 소리와 여자는 닮아 있다.

백남준의 비디오아트가 미술의 새로운 영역을 개척한 것은 바로 '소리의 미술'을 추구한 때문이다. 백남준의 작품에는 항상 소리가 있다. 그런 점에서 백남준의 비디오아트는 이미지의 조형성을 추구하는 비디오가 아니다. 따라서 상식적 차원에서 보면 '백남준의 비디오아트에는 비디오가 없다'고 말할 수 있다. 백남준의 이미지는 항상 소리로 인해 혼돈에 빠져 있다. 이는 미술의 평면성을 벗어나려는 움직임이다. 피카소의 입체화는 평면의 결합을 벗어나지 못한다. 그런 점에서 백남준은 피카소를 능가하는 아티스트이다.

몸, 마음, 몸, 맘마, 엄마

　인간의 구강 구조에서 가장 자연스럽게 발성되는 소리는 무엇일까. 젖먹이 혹은 세 살 먹은 어린아이가 가장 쉽게 발음할 수 있는 글자는 무엇일까. 목구멍에서 울려나와 그냥 형성되는 소리는 '옴(ㅇ+·+ㅁ)'일 것이다. 'ㅇ'은 닿소리 중에서 목구멍소리의 기본이며 목청에서 아무런 기교를 부리지 않고(牙舌脣齒의 도움을 받지 않고) 그냥 내는 소리이다. 그리고 '아래아(·)'는 홀소리의 천·지·인을 상징하는 기본음 중에서 하늘[天]에 해당하는 소리이다. '·'가 다른 기본 홀소리인 'ㅣ'와 'ㅡ'와 결합하면 모든 홀소리가 만들어진다. 'ㅁ'은 입술소리의 기본이다. 그리고 보니 이 소리는 '옴(Ω)'의 소리에 흡사하다. 이것이 아마도 가장 기본적인 모성의 소리일 것이다. 인간이 발성할 수 있는 가장 편한 소리이다. 그래서 예부터 '옴'을 명상가들이 암송 혹은 음송했을 것으로 짐작된다.

　'옴' 다음으로 발성하기 쉬운 소리가 '몸'이었을 것이다. '몸(ㅁ+·+ㅁ)'은 어린아이가 입술을 움직이면 낼 수 있는 소리이다. 몸은 몸과 마음의 원형이다. '맘'에서 형성되는 두 음절의 단어인 '맘마', '엄마', '마마', '파파' 등이 어머니와 아버지를 부르는 소리가 되었을 것이다. 하늘 소리인 'ㅇ' 다음에는 'ㅁ'이 가장 발성하기에 편한 소리이다. 'ㅁ'은 모양도 천·지·인 원방각(○□△)의 방(□)의 모양이다. 'ㅁ'과 홀소리이자 하늘 소리인 '·'의 만남인 '무'는 인간의 가장 자연스러운 소리라고 해도 과언이 아닐 것이다. '므'는 오늘날 '무, 모, 마, 머' 등으로 발음될 수 있을 것이다. 인류 최초의 제국의 이름이 여기서 선택되는 것은 당연하다.

마음은 없다. 그런데 왜 마음이라고 하는가? 몸의 우주, 다시 말하면 총체적으로 움직이는 우주의 상호작용하는 전체를 지칭하는 것으로서의 마음만 있다. 마음은 몸이 고정되어 있지 않고 변화무쌍하다는 뜻을 담고 있다. 마음(맘)과 몸 사이는 이원적으로 대립(대칭)되는 것의 상호작용이 있다. 이를 상징적 상호작용이라고 한다. 그래서 마음이라는 것을 알기 위해서는 그것을 몸(몸 전체)으로 인식하는 것이 더 나을 때가 있다.

몸은 우주로 통하는 문이다. 그리고 우주로 통하는 문을 마음이라고 한다. 몸과 마음은 하나이다. 그런데 마음에는 아직 몸을 열지 못한 상태가 있다. 몸을 열지 못하는 까닭은 자신의 몸을 닫고 있는 자물쇠가 어디에 있는지 모르기 때문이다. 또 설사 그 위치를 알았다고 하더라도 그것을 열 열쇠(key)을 가지고 있지 못하면 열 수 없다. 인간은 누구나 자신의 몸을 열 고유한 열쇠를 가지고 있다. 그 열쇠를 얻는 것이 바로 깨닫는다는 것의 이름이리라. 우주의 사방은 문이다.

몸을 전체로 표현하는 말로 흔히 '마음[心]'이라는 말을 쓴다. 그래서 마음은 마치 몸의 주인인 것 같게 느껴진다. 그러나 마음은 몸의 주인이 아니다. 마음은 몸의 전체를 은유할 따름이다. 따라서 마음은 고정된 명사나 추상명사로 쓰면 안 된다. 마음은 역동적이다. 몸은 마음(주인 아닌 주인)에게 말을 건다. 이런 대화(독백, 자문자답)는 해석하기에 따라 주체와 객체(대상)에 관한 여러 가지 논란을 가능하게 한다. 그러나 몸과 마음은 주객일체이다. 마음은 잘못 이해되기 쉽다. 마음을 환유적으로 읽으면 이성 중심주의의 늪에 빠지게 된다.

몸은 존재이다. 그러나 철학은 그동안 몸을 너무 보잘것없는 것으로 하대했다. 몸의 철학은 존재의 철학이고, 몸의 회복이야말로 철학의 다른 출구이다. 새로운 철학은 몸의 철학이고 본능의 철학이고 존재의 철학이다. 몸은 억압받지 않기를 원한다. 몸은 어느 한 방향으로 지향하는 것을 원하지 않는다. 방향을 헤아리면 어긋나기 때문이다. 이를 의향즉괴(擬向則乖: 향하고자 하기만 하여도 어긋난다)라고 한다.

여자는 임신하는 것만으로도 우주의 신비와 지혜에 대한 공부를 한꺼번에 하는 셈이다. 몸에 느낌으로 전해오는, 몸 깊숙이에서 새겨지는 이런 공부를 얻으려면 남자들은 수많은 역경과 고통을 넘겨야 한다. 그런 의미에서 여자는 몸과 마음의 지혜자이다.

역사는 규정하는 자의 것

역사는 규정하는 자의 것이다. 그래서 역사는 오류의 역사이다. 진리는 이름 짓는 자의 것이다. 그래서 진리는 오류의 진리이다. 진정한 깨달음은 무소유, 무의식이다. 그래서 깨달은 자는 아무 일도 하지 못하고, 심하게 경쟁하고 전쟁하는 자들에게 평화와 화해를 권장한다.

인간이 권력을 추구하는 까닭은 어디에 있을까? 세계는 쓰는 자가 주인이다. 주인은 씀으로써 비롯되는 것이다. 따라서 쓰지 않는 세계는 주인이 없는 세계이다. 주인과 사물, 주인과 종(노예)은 그렇게 생겼다. 과학과 기독교, 고용주와 노동자는 그러한 것의 변주에 불과하다. 사람이 무엇을 쓰지 않으면 살 수 없는 경우 이러한 변주를 벗어날 수 없다. 본래의 세계는 주인이 없다. 그렇다면 주인이 없는 세계가 과연 좋은 세계인가? 이는 무엇을 쓰지 않는 세계이고, 그러한 세계는 없다. 세계는 주인을 번갈아 등장시키는 무대와 같다. 그러한 무대는 궁극적으로 연극과 예술의 세계이다.

그래서 세계는 대리(代理), 대신(代身), 교대(交代)의 세계이다. 기존의 것은 새로운 것으로(새 술은 새 부대에) 교대·대체되지 않으면 안 된다. 세계는 '대(代)의 세계'이다. 이는 본래의 세계에 절대성이 없음을 말한다. 그래서 역설적으로 역사는 절대성을 주장하지 않으면 안 된다. 만약 역사가 절대성을 주장하지 않는다면 역사로서의 의미가 없게 된다. 인위(人爲)와 무위(無爲)는 아무런 차이가 없다. 인위를 한다고 해서 무위를 벗어나는 것도 아니고, 무위를 주장한다고 해서 인위를 하지 않을 수 있는 것도 아니다.

자연은 아무 일도 하지 않는 것처럼 모든 일을 하지만 인간은 그것을 흉내 낼 수 없다. 인간의 일이란 자연의 일만큼 크지도 못하고 영원하지도 않다. 인간은 자연으로부터 무엇을 끄집어내 인위하지 않으면 안 된다. 만약 무위를 주장하는 철학이 있다면 그 주장조차 인위이다. 철학은 말의 인위이기 때문이다. 말이 없으면 역사도 철학도 되지 않는다. 그래서 반역사의 역사, 반철학의 철학, 비이성의 이성, 비존재의 존재가 필요한지도 모른다.

역사는 절대자의 편이다. 이는 우주의 본질이 상대적이기 때문이다. 상대적인 우주는 역사에서 절대자의 손을 들어줄 수밖에 없다. 상대론은 어떤 결과도 상대적이기 때문에 특별한 역사적 동기를 요구하지 않는다. 따라서 절대적인 사고나 행동을 하는 쪽이 동기 부여를 받기 때문에 상대적으로 승리할 확률이 높다. 그러나 그들이 승리한다고 해서 반드시 옳다거나 선하다고 말할 수는 없다. 선한 자도 승리할 수 있고 악한 자도 승리할 수 있다. 궁극적으로 선악도 없다. 선악이라는 것은 하나의 관점일 뿐이다.

십진법과 『천부경』, 그리고 바둑

하나로서 나아가려면 나아갈 수 없다. 그래서 1진법은 0뿐이다. 나아가려면 적어도 둘은 되어야 한다. 그래서 2진법이 있다. 2진법은 1과 0이다. 2진법이면 아무리 먼 곳이라도 갈 수 있다. 이는 두 다리가 있는 것과 같다. 두 다리와 뇌는 닮은꼴이다. 두 팔과 뇌는 닮은꼴이다. 그런데 한 손에는 왜 다섯 개의 손가락이 있고, 두 손을 합해 왜 열 손가락인가. 이는 세상을 다섯으로 볼 수도 있고 열로도 볼 수 있는 가능성을 열어둔다. 손가락 숫자와 연관되는 10진법은 0에서 9까지 10개의 수를 쓴다. 10진법이 10을 쓰지 못하는 이유는 10을 쓰면 두 자릿수가 되기 때문이고 두 자릿수를 쓰면 혼란이 오기 때문이다. 그 대신 10진법에서는 0을 쓴다. 0은 만인만물의 몸이다.

우리는 은연중에 십진법을 쓰면서 수는 언제나 십진법으로 처음부터 있는 양 생각한다. 진법에는 여러 가지가 있다. 그런데 왜 구태여 십진법인가. 이는 아마도 인간의 손가락이 열 개이기 때문일 것이다. 오진법도 가능하다. 오진법은 한 손에 다섯 손가락이 있기 때문이다. 아마도 음양 오행법은 오진법과 관련이 있을 것이다.

다행히 인간의 손은 펴고 오므리고 하면 5개가 10개가 된다. 이에 앞서 고려해야 할 것이 인간의 손은 양손이라는 사실이다. 인간의 손은 왼손과 오른손으로 음양 둘이다. 둘을 수적으로 쓰려면 삼진법이 필요하다. 천·지·인의 삼진법이 음양 오행법으로, 다시 십진법으로 발전한 것은 아마도 인간의 양손과 손가락과 긴밀하게 관련 있을 것이다. 수에서 0의 발견은 아마도 원과 관련이 있을 것이다. 원(圓, ○)은 돌고 도는 것의 상징적 표현이다. 0은 원의 수적 표현이다.

우물 정(井)자와 함께 천지인(天地人)-정기신(精氣神)-원방각(圓方角)의 개념이 중요하다. 원은 360도이다. 사방의 각도 360도이다(90도×4=360도). 사각형은 두 개의 삼각형(180도×2=360도)으로 구성되어 있다. 그래서 삼각형은 180도이다. 이렇게 원방각은 서로 호환이 가능하다. 정전법을 만든 인간은 끊임없이 원에 대해 추구했던 것으로 보인다. 그래서 원과 사방의 관계는 서로 방면에서 추구되었던 것 같다. 360은 24절기(시간)나 방위(공간)로 나타났고 이것은 15라는 숫자에 대한 의미를 깨닫게 하는 계기가 되었다(360÷24=15). 15는 원과 방의 만남과 교류를 매개하는 숫자이다. 십진법의 숫자를 세 단위로 끊으면 1+2+3=6(角), 4+5+6=15(方), 7+8+9=24(圓)이다. 이것은 원방각을 나타낸다. 여기서 6은 여자, 어머니의 숫자이다. 15에서 6을 빼면 9라는 숫자가 나온다(15-6=9). 9는 남자, 아버지의 숫자이다. 동시에 9는 닫힌 우주로 볼 때 10진법의 최고의 숫자이다.

마방진(魔方陣)은 이것을 잘 표현하고 있다. 마방진은 어떤 방향으로 숫자를 더해도 모두 15가 나온다. 이것을 일명 낙서(洛書), 구궁도(九宮圖)라고 한다. 십진법으로 볼 때 10이라는 숫자는 0과 같다. 10은 다원다층의 세계, 삼천대천세계, 우주의 끝없는 층위를 나타낼 따름이다. 하도(河圖)의 중앙은 10으로 0과 같다. 주역은 마방진의 숫자 15(6+9)를 따서 음효(陰爻, --)를 6이라고 하고 양효(陽爻, —)를 9라고 한다. 6은 여자를, 9는 남자를 나타낸다. 6은 아래가 무겁고 9는 위가 무겁다. 두 글자는 대칭이다.

식구 혹은 인구를 먹여 살리기 위해 지경(地境) 혹은 국경을 정하고 농사를 짓기 위해 밭[田]을 만들고 농사를 짓기 위해 우물[井]을 파는 일은 고대인이 나라를 경영하는 기본이었을 것이다. 정전법(井田法)에는 역(易)과 삶의 원리와 철학이 다 들어 있다. 정전법은 인류 문화의 핵심 코드이다.

우선 밭 전(田)자에 대한 짤막한 설명을 하고 넘어가자. 밭'전'은 우주 자체를 나타낸다. 첫째, 농사를 짓는 밭을 의미한다. 둘째, 사냥을 나타낸다. 셋째, 전쟁을 나타낸다. 또한 우리 몸의 단전(丹田)을 나타낸다. 단전에는 상단전(上丹田, 머리), 중단전(中丹田, 가슴), 하단전(下丹田, 배)이 있다. 말하자면 우리 몸을 세 부분으로 나누어서 그 중심을 단전이라고 명명했다. 단(丹)은 원(元, 圓)과 환(丸)을 나타내기도 한다.

불교에서는 마음을 심전(心田)이라고도 한다. 참선할 선(禪＝示＋單)과 싸울 전(戰＝單＋戈)에는 공통으로 밭 전(田)이 들어 있다. 참선할 '선'에 볼 시(示)가 들어 있고 싸울 '전'에 창 과(戈)가 들어 있는 것이 다르다. 마음을 다스리는 것과 적을 다스리는 것은 다르지 않다. 밭'전(田)'은 인간의 몸, 그리고 농사, 사냥, 전쟁, 나아가서 땅의 구획(영토, 국가)을 나타낸다. 그렇다면 문화의 총체성을 이 하나의 글자가 다 나타낸다고 보아도 과언이 아니다. 전(田)이야말로 땅의 우주이다. '전(田)'은 우선 지(地)의 방(方), 즉 지방(地方)을 나타내지만 동시에 천원(天圓, 天元)을 나타내는 기호이다. 여기엔 십(十)자가 그려져 있다.

'전(田) — 정(井) — 위(圍)'는 어떤 작은 영역의 동심원적 확대 과정의 산물이다. 이것을 평면에서 입체로 바꾸면 천·지·인의 우주 체계가 완성된다. 정전법은 천지인을 나타내는 기호이다. 특히 '정(井)-위(圍)'는 사방을 나타내고 숫자로 완성수이다. 전(田)의 막히고 닫힌 부분을 틔워주는 역할을 하면서 '홀수의 우주'와 '짝수의 우주'를 동시에 포용할 수 있는 모델을 제시하고 있다. 이것은 '홀수의 도(道)'와 '짝수의 도(道)'를 동시에 공유하고 있음을 의미한다. '홀수의 도'는 '남자의 도'이고 '짝수의 도'는 '여자의 도'이다. '홀수의 도'는 1, 3, 5, 7, 9이다. 여기서 1은 진정한 '남자의 도'라고 하기 힘들다. 1은 모든 숫자의 출발이기 때문이다. 진정한 의미에서 홀수의 출발은 3이다. 이에 비해 '짝수의 도'는 0, 2, 4, 6, 8, 10이다. 여기서 0과 10은 시작과 끝을 의미하는데 '여자의 도'이다. 닫힌 우주와 열린 우주가 서로 가역하게 만들고 중심과 주변이 서로 가역하게 만든다. 그럼으로써 역(易, 逆)을 성립시킨다.

정전법은 문화를 나타내는 가장 소박하고 간단한 기호이며 상징이다. 더구나 정전법에는 단순함을 바탕으로 복잡성도 포용하고 있다. 음양오행과 십진법과 주역이 정전법 속에 숨어 있다. '전(田)'은 네모 구획 4개와 전체 1개 등 5개를 통해 5(오진법)를 상징하고 있고, 이는 '닫힌 우주'를 나타낸다. '정(井)'은 네모 구획 9개와 전체 1개 등 10개를 통해 10(십진법)을 상징하고 있고, 이는 '열린 우주'를 나타낸다. 이는 태극·음양(-- —) 이진법의 추상성에서 구체성으로, 단순성에서 복잡성으로 발전해간 것을 나타낸다. 5는 닫힌 우주의 완성이고 10은 열린 우주의 완성이다. 십진법의 성립은 인간의 손가락이 다섯 개이고 그것을 오므리고 펴면 열 개가 되고 혹은 양손가락을 다 세면 열 개인 것과도 관련을 맺고 있다는 주장도 있지만 1과 0의 발견, 그리고 이 둘의 조합인 10의 발견은 수의 상징성[象數學]과 실체성[數學] 양면에서 인간 생활에 획기적인 진전으로 평가된다.

음양은 크든 작든 우주의 근본 핵심이다. 말하자면 물질의 원자 구조이거나 생물의 세포 같은 위치에 있는 것이다. 이는 앞으로 자주 언급될 2·1, 3·1, 5·1, 10·1의 철학적 원리를 포괄한다. 이진법에서 오진법, 그리고 십진법으로의 진전은 인간의 생활 체계를 보다 복잡하게 만들었을 뿐만 아니라 역으로 복잡한 생활 체계에 맞추어 살아가게 하는 원동력이 되었던 것으로 보인다. 세상의 도(道)에는 '홀수의 도'가 있고 '짝수의 도'가 있다. 홀수의 도는 짝수의 도에 의해 보완되고 짝수의 도는 홀수에 의해 보완된다. 그러나 이것은 같은 것이다. 이것이 일(一)과 이(二)의 가역 반응이다(1↔2).

우물 정자 모양은 인류가 만들어낸 모든 문화를 설명하는 근본 틀로 인정해도 좋을 만큼 획기적인 것이다. 우물 정자는 인간의 사고 원형과 신체적 특징과 현실적 필요에 부합하는 참으로 위대한 디자인이다. 우물 정(井)과 밭 전(田)에 공통하는 것은 열 십(十)이다. 열 십은 오늘날 기독교의 십자가로 널리 알려져 있지만 실은 십진법과 열린 세계를 상징한다. 그런데 이것과 관련해 인류학적 상상력을 자극하는 것이 또 하나 있다. '십(씹)'이라는 발음이다. 여자의 몸은 우주를 상징하고 있다.

동양의 바둑은 우물 정자의 모임이며 확대이다. 가로세로 각각의 19줄은 19×19=361로 1년 혹은 우주를 나타낸다. 결국 원방각(○□△)의 게임이다. 방(方, □, 땅)에서 어떻게 사선(/)의 연결을 통해 인간(△)이 원(○, 우주)을 그리느냐의 문제이다. 누가 더 큰 원을 그리고, 결과적으로 누가 더 많은 집을 얻느냐의 문제이다.

바둑은 두 사람이 하는 '사선의 놀이'이며, 상대를 포위하고 포위당한 상대는 안에서 두 집을 마련해야 하는 '음양의 놀이'이다. 만약 포위당한 쪽에서 두 집(음양)을 마련하지 못하면 집을 전부 내놓아야 하는 공즉시색(空卽是色), 색즉시공(色卽是空))의 게임이다.

바둑의 가로세로가 만나는 지점에『천부경』81자를 놓으면 아래의 그림과 같은 모습이 되어 딱 들어맞는다. 신선이 되는 것을 이상으로 생각한 동양인들이 바둑을 신선놀음이라고 한 것은 이러한 이유 때문일까?『천부경』과 바둑은 분명 우주철리(宇宙哲理)와 관계가 있는 것 같다.

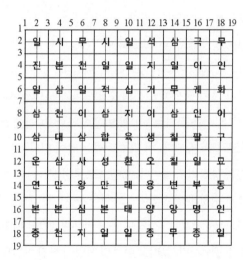

빛=남성, 소리=여성, 우주 어머니의 소리

빛은 사물을 확인하게 해준다. 그러나 빛 이전에 그 무엇이 있다. 빛은 사람들 눈에 밝게 보인다. 따라서 그 이전의 것은 검어야 한다. 『천자문』 첫머리에 나오는 '천지현황天地玄黃'의 검을 현(玄)이 그것이다. '검을 현'은 정확하게 말하면 검붉은, 거무스레한 것이다. 옛 사람들은 검은 것을 신(神: 검=신)이라고 했다.

사람이 생존 경쟁에서 살아남으려면 무(武)가 필요했다. 무는 문(文) 보다 본질적으로 훨씬 앞서는 것이다. 무의 대표가 검(劍)이었다. 비록 총이 나오면서 그 대표성이 퇴색되었지만 아직 무의 상징은 검이다.

그런데 '검'은 신을 뜻하는 '검'과 발음이 같다. 여기에 문화적 상징이 이중적으로 겹치게 된다. 현무(玄武)라는 말이 있다. 현무는 사신도의 북쪽에 있는 상징적 동물이다. 오행으로 보면 물[水]을 뜻한다. 현무는 암컷 거북과 수컷 뱀의 결합이라고 한다. 여기에 이브와 사탄과 아담 사이에 전개되는 『성경』의 상징도 들어 있는 것 같다. 예컨대 암컷 거북=이브, 수컷 뱀=사탄, 그리고 이브의 꼬임에 빠진 아담의 낙원 추방으로 인한 창세기의 스토리 말이다. 낙원 추방의 이야기는 이브로부터 시작된다.

여자는 흔히 뱀으로 상징되기도 한다. 또한 뱀은 우주의 순환을 나타내는 상징이기도 하다. 그런데 뱀이 이브를 유혹하는 것을 보면 이브가 자체적으로 분열해 뱀을 낳고 뱀이 이브를 유혹하고 이브는 다시 남자인 아담을 유혹한다. 이브인 음의 자체 분열과 그로 인한 사탄의 등장, 그리고 이어지는 이브와 아담 이야기는 어딘가 태허(태극) 혹은 음양으로 전개되는 우주론을 떠올린다.

『성경』이 가부장제를 위한 신화적 이데올로기이지만 그 이야기의 출발은 이브에 있다. 물론『성경』에 하느님은 아담을 먼저 만들고 아담의 갈비뼈로 이브를 만들었다고 한다. 이는 어딘가 역전된 감을 갖게 한다. 이브를 하와라고도 한다. 하와는 '여호와'와 발음이 유사하다. 여호와를 빨리 하면 하와가 된다. 조금은 비약이지만 하와인 여신이 태초의 신이었는데 이것을 여호와라는 남성신이 가로채고 그 자리에 이브를 놓으면서『성경』의 이야기가 남성신 중심으로 전개된 것이 아닌가 생각이 든다.

만물을 낳는 것은 수컷이 아니라 암컷이다. 그런데 이상하게도『성경』의 창세기는 비록 여호와를 '남자다' 혹은 '여자다'라고 말하지 않았지만 은연중에 '여호와'를 '하느님 아버지'라고 대체함으로써 남자로 인식하게 한다. 여호와는 '스스로 자기인 자'라는 뜻이다.

그런데 동양의 도덕경에서는 현(玄)을 우주의 태허와 같은 것으로 본다. 현은 다시 묘(妙)와 요(徼)로 나뉜다. 묘는 드러나지 않는 것, 요는 드러나는 것을 상징한다. 그래서 현묘(玄妙)에 치중한다.

'묘'라는 글자에는 계집 여(女)가 붙어 있다. 여기서도 여자 혹은 여신이 앞서는 것을 볼 수 있다. 생명을 탄생시키는 것은 여자이다. 그것은 지금도 그러하다. 그런데 여자를 다스리는 것은 남자이다. 여자는 자신이 낳은 남자 자식(아들)에게 다스림을 당하는 셈이 된다. 현무에 대해서 여러 설명을 할 수 있겠지만 어딘가 우주의 블랙홀 같은 것을 떠올리게 한다. 현무이든 현묘이든 '현'이라는 글자는 어둠에서 시작한 우주의 신비를 읽게 하는 글자, 일종의 표자-문자이다.

서양 철학은 시각이 중심이 되고, 동양 철학은 청각이 중심이 된 것을 가정해 볼 수 있다. 따라서 서양 철학은 '빛과 반사(reflection)'를 중심으로 전개되고, 동양 철학은 '소리와 공명(resonance)'으로 전개된다. 그런데 인간은 시각에 의존하는 역사보다 이에 앞서 청각에 의존한 긴 역사를 가지고 있다. 이것을 음성 언어의 시절이라고 한다. 옛날에 문자가 생기지 않고, 그것을 기록할 종이(바탕)가 없던 시절에, 인간은 소리와 귀에 의해 문화를 운영했다. 그러나 오늘의 인간은 그러한 시절을 망각하고, 그 흔적과 전통을 음악에서 겨우 이어가고 있다.

음악은 의미이면서 동시에 복잡하지 않은 단순한 기호이다(소리는 의미가 아니다). 그래서 음악은 인간의 무의식에서 의식, 그리고 초의식까지 관통하는 특징을 가지고 있다. 음소는 무의식의 레벨에 있고, 소리는 중력이 없기 때문에 초의식에 이르러도 막힘이 없다. 그래서 소리에게 초의식과 무의식은 하나인 셈이다. 소리는 스스로를 비웠기 때문에 스스로의 저항이 없다. 그래서 통하지 않는 곳이 없다.

노자는 '들으려고 해도 들리지 않는 소리'를 '희(希)'라고 했다. 이제 '희', 즉 들리지 않는 소리를 들을 때가 되었다. 빛과 소리, 반사와 공명은 매우 닮아 있다. 그런데 빛은 눈으로 소리는 귀로 감지된다. 이것은 감각기관의 이중성 때문이다. 우리 몸 안에는 감각기관 사이에 통로가 있어 이중성을 통합할 수 있는 길이 있다.

노자는 "보아도 보이지 않는 것을 이름 하여 '이(夷)'라고 한다. 들어도 들리지 않는 것을 이름 하여 '희(希)'라고 한다. 잡아도 얻지 못하는 것을 이름 하여 '미(微)'라고 한다(視之不見名曰夷聽之不聞名曰希搏之不得名曰微)"(『도덕경』 14장)고 하였다.

소리는 잡을 수 없고 대상화할 수 없다는 점에서 비어 있는 공간과 같다. 크든 작든 비어 있는 공간이 있어야 소리가 움직이고 이동할 수 있다. 우리는 우주라는 비어 있는 굴속에서 소리의 공명을 듣고 있는지도 모른다. 소리 가운데서 '들어도 들리지 않는' 희(希)와, '보아도 보이지 않는' 이(夷)와, '잡아도 잡히지 않는' 미(微)는 서로 소통하는 통로 혹은 네트워크가 있을지도 모른다.

'희'와 '이'와 '미'는 허(虛) 혹은 공(空)의 대리인지도 모른다. 이 세 가지 무한소(無限小)의 감각들은 '허'와 '공'이라는 일반성(진정한 하나)을 향해 제 감각의 입장에서 추구하고 접근한 것은 아닐까. 허공은 한계가 없는 무한대(혹은 무한소)의 그릇 또는 테두리인 어머니와 같다. 허공에서 나오는 소리는 우주 어머니의 소리이다.

문자학

  문자학(표지학)은 실은 인간의 자기 순환적(자기 내부적) 자기 확인에 지나지 않는다. 문자학이 있다고 해서 문자가 존재로 되는 것은 아니다. 살아 있는 인간이 문자라는 존재자에게 자신의 생기를 불어넣고 존재로 부활시킬 때 살아나는 것이다. 살아 있는 의미가 되는 것이다.

  문자학(그라마톨로지)은 서양 철학이 표현할 수 있는 포노로지(음운학)이다. 문자학은 공간에 제한된다. 공간에 제한된다는 것은 시간에 제한된다는 뜻이다. 그러나 진정한 포노로지는 시공을 초월한다.

  문자학은 문자를 가지고 몸(존재)의 바탕을 말하는 것에 지나지 않는다. 소리학은 몸의 소리를 표현하는 것이다. 그러나 소리는 표현하되 표지하지 않는다. 그러한 점에서 소리의 기표라는 것은 문자의 기표만큼 확실한 것(결정적인 것)이 아니다. 기의의 표상에 지나지 않는다. 그래서 소리를 기의라고 말하기도 한다. 소리는 기표와 기의 사이(이중성)에 있다.

  표지학에는 의식적 표지학과 본능적 표지학이 있다. 의식적 표지학은 위에서 쓰는 것이고, 본능적 표지학은 아래에서 솟아오르는 것이다. 그래서 표지학은 한 발을 존재론에 들여놓았지만, 다른 한 발을 여전히 존재자에 그대로 놓아두고 있다. 여기에 기호학과 존재론의 결별이 존재한다. 데리다의 표지학은 프랑스의 언어학적 전통과 기호학을 극복한 것이지만 그것의 언어적 합리주의로 인해 완전히 존재에 도달하지 못한 반면, 하이데거의 존재론은 독일 관념론적 전통의 불리함을 극복하고 관념(idea)이 아닌 존재(Sein)에 도달했다.

문(文, 紋)은 교직(交織)의 의미가 있긴 하지만 어딘가 직선의 의미가 강하다. 문(文)은 일렬로 배열하는 것이기 때문이다. 데리다는 문(文)을 교직의 직물(textile)처럼 생각하지만, 문은 분명히 일렬로 배열해가면서 나아가는 것이다. 교직으로 글을 쓰는 사람은 없다. 그 결과를 교직으로 읽을 수 있지만 말이다.

교(交)에는 서로 바꿈 혹은 곡선의 의미가 강하다. 문(文)과 교(交)라는 글자를 동시에 놓고 보면 모양이 참 비슷하다. 일본의 세계적인 갑골문과 금문의 대가인 시라카와 시즈카(白川靜)는 이렇게 말한다.

하늘에 있는 질서는 천문(天文)이고, 사람의 내면에 있는 선험적인 것은 인문(人文)이다. 그렇다면 문자 또한 삼라만상이 스스로를 드러내는 모습이지 않으면 안 된다. 문자는 결코 언어를 표기하는 단순한 형식으로 그친 것이 아니라 존재가 자기 스스로를 표현하는 형식 그 자체이다. 즉, 문자란 언어와 같은 차원에서 실재를 개념화하고 객관화하는 방법이었던 것이다.

문(文)의 개념이 어떤 것이든 그것은 확실히 바탕(종이, 혹은 바위 등)에 쓰여진 것이다. 분명히 바탕이 있어야 한다. 그런데 바탕은 물질적 대상이다. 말하자면 '문'은 물질적 대상 위에 쓰여진 것이다. 그러나 소리는 물질적 대상이 아니라 매질(媒質)을 통해 전달된다. 소리는 매질에 쓰여진(고정된) 것은 아니다. 단지 매질을 통해 스스로를 파동체로서

215

(파도치듯이) 드러내는 것일 뿐이다. 소리의 공명은 눈에 보이지 않고 사라진다. '문'이 텍스트라면 '교'는 콘텍스트이며, '교'의 가장 대표적인 예는 교차되면서 공명하는 소리이다.

예술인류학과 한국 문화

필자가 1992년을 전후해서 발표한 '예술인류학'은 한마디로 철학을 '언어의 예술'이라고 선언한 것이었다. 이는 철학을 미학의 일부로 편입시킨 학문적 행위였다. 이는 동시에 미학(예술)을 철학으로부터 독립시키는 결과를 초래했다. 이것은 '예술 중심의 철학' 영역이었다. 여기에 '인류학'이 붙은 것은 예술과 인류학의 융합을 꾀한 것이었지만 무엇보다도 다른 나라의 문화도 예술적으로 바라볼 것─시인의 눈으로 바라볼 것(시인의 고고학, 시인의 인류학)─을 제안했기 때문이다.

예술이야말로 현재까지 인류가 보존하고 있는 대칭적 사고의 전유물이면서 그러한 보물을 간직하고 있는 창고이다. 그래서 예술은 현대인에게 신화와 같은 구실을 하고 있다. 대칭적 사고는 서로 대립하는 이원 대립항을 대립적(투쟁적 혹은 제조적)으로 놓지 않는다.

예술인류학은 나의 현재의 삶은 물론이지만 다른 문화의 삶을, 그 문화의 주체 입장에서 바라볼 것을 권고하고 있다. 다시 말해, 삶을 진리나 윤리로 바로보기보다는 예술로 바라보게 한다. 이는 절대시되던 진리와 윤리라는 것이 '보편성'이라는 이름의 강요였다는 것이 드러났기 때문이다. 예술인류학은 그래서 그 속에 철학인류학을 배태하고 있었다.

예술인류학은 문화의 '상대성'과 '차이'를 존중한다. 나아가 차이 아래에 내재한 '일반성'이라는 새로운 '포일성(包一性)' 혹은 '제일성(齊

一性)'을 제안한다. 일반성과 통일성과 제일성은 실은 '내재성(內在性, immanence)이다.

예술인류학은 인류의 삶을 예술가의 입장에서 바라보고 전개할 것을 종용한다. 예술인류학이 한국에서 탄생한 이유는 한국인이 문화 선진국 가운데 가장 원시인의 심성을 그대로 유지하고 있기 때문이다. 그 원시적 심성이란 바로 대칭적 사고를 말한다. 그런데 대칭적 사고를 하는 한국인은 역사 속에서 고난의 연속이었다. 왜냐하면 역사는 항상 비대칭적 사고를 하는 자의 무대였기 때문이다. 대칭적 사고를 하는 사람들은 주로 상상적인 공간(상상계)에서 살아가게 된다. 상상적 공간이란 예술이 이루어지는 공간이다.

대칭적 사고를 하는 사람들은 타자와의 투쟁적인 역사적 현실(현실계) 속에서는 항상 자기 분열적(자기 당파적) 사고를 하는 속성을 가지고 있다. 한국은 심(心)과 정(情)으로 살기 때문에 대칭으로 살고, 그것이 때로는 역사적 맥락에서 심각한 대립과 파당으로 변한다. 그러한 점에서 한국은 여성의 삶이라고 할 수 있다.

돌이켜보면 한국 문화론으로 쓴 『한국 문화 심정 문화』가 '한국 문화와 예술인류학'으로 발전한 데는 문화적 이유가 있다. 한국인은 자연의 심성을 그대로 유지하고 사는 특이한 민족이다. 한국인은 본능과 야생의 민족이다. 그것이 감각적으로 승화되기도 하지만, 논리를 구성하는 데 미숙하거나 논리를 구성할 줄 모르는 모습을 보이기도 한다. 한국인은 구성하는 것 자체를 잘 할 줄 모른다. 그래서 남이 만든 기존의 구성물을 모방하기를 즐긴다.

예술인류학이 구원의 인류학이 되는 것은 예술이야말로 원시인의 심성을 그대로 가지고 있기 때문이다. 과학과 종교는 그렇지 못하다. 종교는 예술과 본질적으로 같은 부분이 있지만 존재를 존재자로 만들려는 타성 때문에 예술만큼 구원이 되지 못한다. 예술은 본질적으로 원시인의 대칭 구조를 오늘에도 무의식의 깊은 곳에서 유지하고 있다.

예술인류학이 예술을 학문과 종교의 출구와 구원이라고 생각하는 것은 마치 니체가 음악으로부터 비극의 탄생을 통해 비극과 음악(예술)을 구원이라고 생각한 것과 같다. 과학과 종교는 둘 다 이성주의의 산물이며 예술이야말로, 한국 문화로 말하면 '굿'이야말로 인간의 구원이다. 예술인류학이 무교인류학이 되는 것은 이 때문이다.

예술인류학 혹은 무교인류학을 니체적 사고와 비교하면 다음과 같다. 한국 문화를 무교 문화로 볼 때 예술은 학문과 종교의 균형 잡기를 하는 것이고, 여기서 예술인류학이 탄생한다. 한국 문화는 기본적으로 '굿(상징·의례)' 문화이다. 이것을 니체 식으로 분류하면 학문(과학)은 소크라테스적 문화(알렉산드리아 문화)로서 서양의 이성 중심주의 및 자연과학주의로 발전하게 된다. 예술적인 문화로는 그리스적 문화가 대표적이다. 그리스 문화는 아폴론과 디오니소스적 음악의 균형을 잡는 것에 비할 수 있다. 종교는 그야말로 축제 혹은 광란비의적(狂亂祕儀的) 문화 혹은 제의(祭儀) 문화로서 '음악에서 비극의 탄생'에 속하는 것이다.

니체의 '음악으로부터의 비극의 탄생'은 한국 문화에 이르러 '춤(굿)으로부터의 해방(일탈)의 탄생'으로 진화하지 않으면 안 된다. 춤은 그 자체가 이미 디오니소스적이다. 그 이유는 몸의 총체적인 동원 때문이다. 춤은 아폴론적인 음악으로 춤을 추든 디오니소스적 음악으로 춤을 추든 디오니소스적 음악의 결과로 이끌어진다. 음악은 귀[耳]의 레벨

한국 문화: 무교 문화	天	理	학문(과학)	소크라테스적 문화 (알렉산드리아 문화) *서양의 자연과학주의로 발전
	人	理↔氣	예술(예술인류학) '굿'(상징-의례 문화)	예술적인 문화(그리스적 문화) *아폴론과 디오니소스적 음악 의 균형
	地	氣	종교 (기운생동으로서의 종 교)	비극적인 문화 *음악에서 비극의 탄생 (불교적 문화)

천(天)의 이(理)와 지(地)의 기(氣)는 서로 피드백 한다. 그래서 기(氣)는 도그마가 되기도 하고, 이(理)는 정령(精靈, 聖靈)을 부르기도 한다.

에서 세계의 총체성이지만 춤은 몸[身]의 레벨에서 그것이다.

음악은 신체적 접촉 없이 귀라는 청각 기관으로 가능하지만 춤은 신체적 접촉이 없이는 불가능하다. 음악은 청자의 몸을 충만한 악기로 만들지만, 춤은 처음부터 몸 전체를 음률로 들뜨게 하며 새처럼 만든다. 춤은 음악보다 훨씬 전면적이고 촉감적이다.

한국인은 무당을 지음(知音, 음악을 아는 사람) 혹은 지무(知舞, 춤을 아는 사람)라고 한다. 지음은 아폴론이냐 디오니소스냐를 따지지만, 지무는 처음부터 디오니소스와 혈연관계를 맺는다.

신체의 촉각은 바로 사물과 통한다. 촉각은 실은 사물에서 시작된 것이다. 춤은 물아일체(物我一體)가 되게 함으로써 사물로 환원되어 죽음에 대해 두려워할 것 없게 되는 경지이다. 춤을 추면 으레 그 자신이 신(神)이 되고 그 자신이 예술 작품이 된다. 이는 아폴론적 음악이 신들이 거니는 것을 보거나 관조하는 것과 다르다. 춤은 조형적인 형상이나 말이 아니라 신체의 모든 것을 통해 표현된다.

춤추는 자는 모든 상징의 전면적인 해방과 더불어 자신을 잃어버림으로써 신비스런 합일에 도달하게 된다. 자신을 의식하지 않고 타인도 의식하지 않을 때 온몸으로 리듬에 맞추어 춤을 추게 되는 것이다. 니체에게 디오니소스는 물론 춤추는 것을 포함하고 있긴 하지만, 그것이 음악보다는 춤추는 것이라는 인식이 부족했다.

니체와 하이데거를 싸잡아 말하면 꿈의 아폴론은 도취의 디오니소스를 은폐(隱閉, 은적)하고 있을 따름이다. 디오니소스는 아폴론을 형이상학적으로 현현하고 있다. 디오니소스는 '도취의 음악'이기도 하지만 무엇보다도 '도취의 춤'이다. 춤추는 자에게 사물은 처음부터 대상(도구)으로서의 사물이 아니었다. 사물(事物, 物)은 물활(物活)이지 물질(物質)이 아니다.

사물을 물질로 환원시킨 것은 인간의 정신이었다. 환원은 본래 정신의 특성이다. 정신을 사물에 투사한 것이 물질이다. 정신과 물질의 이원화를 수행한 것은 언어이다. 따라서 언어가 있는 한 사물은 항상 물질이 될 위험에 있게 된다. 말을 잃어버릴 때 사람들은 우주의 포일성(包一性), 원음(原音), '춤추는 우주'에 도달할 수 있다.

예술가에게는 시공간이 없다. 단지 자연의 영감에 차 있을 뿐이다. 세계는 그저 느낌의 세계이다. 예술가에게 세계는 느낌의 세계로 존재한다. 예술가야말로 존재의 세계에 사는 셈이다. 예술가의 이런 특혜를 종교에서는 영감과 영매에 연결되어 있을 때 느끼게 된다. 학문과 과학은 시공간의 세계이다. 이것은 존재자의 세계이다.

모든 존재는 소리를 잠재하고 있다. 소리는 마치 모든 존재의 본질과 같다. 소리에서는 무생물과 생물, 인간의 차이가 없다. 인간은 심장박동(맥박)이라는 기본적인 리듬과 호흡이라는 멜로디를 가진 동물이다.

그러나 이런 모든 것의 근본은 소리이다.

한국인이 가무에 탁월한 재능을 가진 것은 한국인이 가장 존재론적인 삶을 살았다는 증거이며 예술가적 삶을 살았다는 증거가 된다. 그래서 '한국 문화와 예술인류학'이라는 제목이 붙는 것이다. 예술인류학의 모델은 '역동적(易動的) 장(場)의 개폐(開閉)이론'(DSCO＝Dynamic Space Close & Open)과 '텍스트(Text)와 콘텍스트(Context)이론', 그리고 '다원다층의 음양학'으로 구성되어 있다.

이들 이론의 공통점은 시간(Time)과 텍스트(Text)를 해체하는 것이고, 나아가서 우주를 음과 양의 끝없는 운동으로 보는 것이다.

대칭과 대립

대칭이라는 것은 안에서도 있고 밖에서도 있다. 대칭이 밖에서 될 때를 대립이라고 한다. 역사는 대칭을 대립으로 만든다. 동양의 음양론과 서양의 변증법이 다른 것은 전자는 대칭을, 후자는 대립을 만들기 때문이다. 그러나 대립에는 그것을 대칭으로 삼는 그 무엇이 항상 있기 마련이다. 그래서 결국 대칭에 속한다.

동양의 천·지·인 삼재 사상과 서양의 변증법이 다른 것은 삼재 사상은 삼이라는 숫자를 편의상 존재와 존재자로 동시에 사용한다. 그러나 서양은 변증법의 삼을 존재자로 사용한다. 동양은 존재를 지향하기 때문에 존재와 존재자는 음양의 하나에 불과하다. 하나가 다른 음양을 지배하지 못한다. 그러나 존재자를 지향하는 서양은 하나가 다른 음양을 지배한다. 그래서 지배적인 혹은 초월적인 음양이 있기 마련이다. 서양은 초월적인 것을 가정해서 문화를 운영한다. 물론 동양도 역사적으로는 서양과 같을 수밖에 없다. 왜냐하면 역사 자체가 존재자를 지향하기 때문이다.

무엇과 무엇이 대립한다는 것은 둘 다 근본이 아님을 말한다. 또한 어떤 근본이 환원되어야 존재한다면 그것은 근본이 아니다. 근본은 '지금 있는' 것이다. 지금 있다는 것은 시공간의 개념, 즉 사이[間] 혹은 거리(距離)가 없다는 것을 의미한다.

시공간의 개념이 없다는 것은 주체도 없고 자아도 없다는 뜻이다. 시공간의 개념이 없다는 것은 시공간을 공간적으로 초월한다거나 시공간에 시간적으로 선재하다는 것이 아니라 시공간과 함께 있어도 전혀 존재에 지장이 없다는 것을 말한다. 시공간이 없다는 것은 전체성, 혹은 총체성, 혹은 무분별, 혹은 혼돈, 혹은 하나를 말한다. 이때의 하나는 셀 수 없는 하나이다. 이때의 하나는 지칭할 수 없는 하나이다.

자연의 부활

자연의 부활은 전체의 부활이다. 비록 한두 종이 멸종하더라도 전체의 부활이다. 전체의 부활은 차이의 부활이다. 그러나 이것을 개인적 인격 혹은 개별적 동일성의 부활로 살짝 바꾸어놓은 것이 기독교이다. 이것은 쉽게 말하면 사기이다. 기독교는 그러한 점에서 존재자의 종교이다. 이에 비하면 자연은 존재의 종교이다. 존재자적 부활은 존재의 부활을 훔친 것이다. 그래서 도(道)를 도(盜)라고 하는 것은 의미가 있다. 도(道)은 도(倒)이다.

남자의 도(道)는 도(盜)이고 여자의 도(盜)는 도(道)이다. 소유와 혈통과 원죄(罪)와 사탄은 남자가 만든 것이다. 남자의 혈통은 언젠가는 끊어지고 여자의 도는 어디에서도 끊어지지 않으므로 혈통이 없다. "천지가 시작할 때(뱃속에서는) 이름이 없지만 만물의 어머니에서(만물로 태어남에) 이름을 얻는다(無名天地之始, 有名萬物之母)." 여자가 아이를 낳는 것은 죄가 없다. 세상에는 죄가 있지만, 자연에는 죄가 없다.

부활은 자연의 본능이다. 본능은 개인이 가지고 있지만 실은 개체군, 즉 전체의 것이다. 도리어 본성은 전체를 속이는 것이다. 본성이란 지극히 개인적이고 인간적인 것이고 언어의 옷을 입은 것이다. 그렇게 보면 본성이란 이미 언어의 말장난의 굴레에 들어간 것이다. 본성은 말의 수사학이다. 말은 자연이라는 원본(原本)의 복제에 불과하다.

죽음을 삶으로 바꾸는 부활의 마술과 연금술은 인간을 현혹하기에 충분하다. 적어도 죽음을 면할 수 없는 인간을 잠시 동안이라도 편안하게 한다. 인간은 과연 자신의 부활이라는 장치가 없이 죽음에 안심입명할 수 없다는 말인가. 부활은 인간이 만든 것이 아니다. 자연은 본래 부활이다.

절대와 상대

중심은 중심이 없기 때문에 있는 것이고 또한 필요하다. 중심이 없는 것이 존재라면 중심이 있는 것은 존재자이다. 존재는 결코 대상화될 수 없다. 대상화되면 존재는 이미 존재자이다. 대상화된다는 것은 무엇에 대한 대상화이기 때문에 대상화의 주체가 있다. 결국 대상과 주체는 동시적인 것이고 반사적인 것이다. 실재계와 상상계도 그러한 관계에 있다. 그러나 대상의 주체는 진정한 주체가 아니다. 진정한 주체는 스스로 있는 '자기 자신'이다. '자기 자신'은 자아(自我, ego)가 없는 무아(無我)이다. 존재는 없는 것, 즉 무(無)에 대한 탐색이다. 존재론은 유무가 서로 대립되는 것이 아니라 무의 유, 유의 무 관계에 있음을 말하는 것이다.

상대적인 세계이기 때문에 절대가 있는 것이고 또한 절대가 필요하다. 상대적인 세계가 존재라면 절대적인 세계는 존재자이다. 절대는 아톰(atom), 즉 더 이상 끊을 수 없는 것과 관련이 있다. 절대는 상대를 끊은 것이면서 끊었기 때문에 더 이상 끊을 수 없는 것이다. 절대론(絶對論)이란 상대론(相對論)을 끊은[切, 絶, 截, 折, 節, 竊] 것이다.

모든 법칙은 절대적이고 모든 신앙은 절대적이다. 만약 절대적이지 않으면 법칙이 아니고 신앙이 아니다. 법칙과 신앙은 다른 법칙이나 신앙으로 대체될 때까지 절대적이다. 그러나 여기서 절대는 궁극적 절대는 아니다. 궁극적 절대는 궁극적 상대라는 말과 동의어이다. 그러한 점에서 절대는 상대를 전제로 한 절대이다. 마찬가지로 상대는 절대를 전제로 한 상대이다. 결국 절대리(絶對理)와 절대기(絶對氣)는 같은 것이다. 따라서 어떤 사람은 절대기를 두고 절대리라고 하고, 어떤 사람은 절대리를 두고 절대기라고 한다. 이것이 인간의 특성이다. 인간은 이(理)와 기(氣)가 상호 왕래하는 존재이다. 절대는 이에서 나올 수도 있고 기에서 나올 수도 있다. 절대야말로 인간의 특성이다.

세계는 상대이다. 그래서 절대가 필요하다. 만약 세계가 절대적이었으면 상대는 없었을 것이다. 세계의 절대는 인간에 의해 이루어졌다. 인간은 세계를 갈라놓고 보는 존재로 태어났다. 세계가 나누어진 것은 바로 인간의 뇌 때문이다. 뇌는 대칭적인 사고를 하지만 그것을 상대인 세계에 투사하는 것과 동시에 절대인 세계를 건져 올린다. 그것이 이성이다. 세계는 안이다. 그런데 그것을 바라보는 감각이 밖이라고 생각하게 한다.

세계에 밖을 표시하는 경계선은 없다. 세계는 끝없이 전개될 뿐이다. 그것을 밖이라고 생각하는 것은 감각과 형상의 잘못(오류)이다. 이러한 오류는 이성에게도 전염된다. 이성은 오로지 밖에서 전개되는 세계를 설명한다. 안의 세계를 모두 밖으로 드러낸다. 그래서 인간은 안과 밖을 구분하지만 결코 절대적인 경계선을 찾지 못한다. 세계는 안이기 때문에 밖이 필요하다. 이는 상대적이기 때문에 절대적이 필요한 것과 같다. 절대와 밖은 인간이 단지 이용하기 위한 전략이다. 신과 정신마저 이용하기 위한 것이다. 표현(express)하는 모든 것, 호흡하는(expire) 모든 것, 설명(explain)하는 모든 것은 밖(ex-)으로 나온 것이다.

그런데 밖으로 나오지 않는 것이 있다. 그것이 본질이다. 안에서는 상대적이다. 세계가 안이라는 것은 밖에 현혹된 것을 되찾기 위한 것이다. 하늘은 위에 있는 것이 아니다. 하늘에 올라가면 하늘은 위에 있는 것이 아니다. 하늘은 지구라는 땅과 마찬가지이다. 하늘도 하늘 어딘가에서 스스로 솟아난 것이다. 밖에서 누군가가 만든 것이 아니다. 인간도 누군가가 만든 것이 아니라 스스로 지상에서 솟아난 것이다. 하늘이 더 이상 하늘이 아닐 때 우주 시대가 되는 것이다. 하늘은 이제 지상의 땅과 같고 지상의 바다와 같다. 세계는 디자인된, 창조된 것이 아니다. 세계는 하늘과 땅에서 모두 솟아났을 뿐이다.

세계를 나무뿌리로 설명하는 것은 아직도 세계에 대한 이해가 부족하기 때문이다. 세계는 화산과 지진과 같다. 하늘의 화산과 지진이 빅뱅이고, 땅의 빅뱅이 화산과 지진이다. 세계에는 드러나지 않은 것과 드러난 것이 있을 따름이다. 드러난 것은 언젠가 드러나지 않은 곳으로 돌아간다. 하늘과 땅은 다른 것이 아니고, 모든 존재와 사물은 다른 것이 아니었다. 같은 뿌리와 근원을 가진 것이었다. 모든 존재는 그만큼 존재하고 있었고 존재자가 아니었다. 시간과 공간이라는 것도 실은 존재의 드러난 일면일 따름이었다.

인간이 이해하는 세계는 인간의 뇌를 통과한 세계이다. 세계 자체가 아니다. 신조차도 세계 자체가 아니다. 세계는 상대적이고 안이기 때문에 절대가 있고 밖이 있고 존재자가 있고 존재가 있다. 세계는 창조되지 않았고 저절로 존재하기 때문에 안에 있다. 안에는 양극이 있다. 안에 있는 양극은 대칭인데 이것은 밖에 내놓으면 대립이 된다. 인간 때문에 절대와 밖과 이성과 존재(존재자로서의)가 있다.

옛 조상들은 하늘과 땅과 사람을 서로 순환적으로 보았다. 그래서 하늘과 땅은 양극으로 갈라져 있는 것도 아니었고 인간도 그 사이에 살고 있는 인간(人間)이 아니었다. 인간은 땅에서 자연과 더불어 살면서 하늘과 항상 호흡을 같이하고 노래를 불렀다. 이것은 자연의 바람[風]과 함께 하는[流] 일이다. 그래서 인간은 주문(呪文)하는 인간이었고, 그러한 인간의 문화는 주술 문화였다.

주술 문화의 특징은 땅에서 기술을 가지고 문명의 이기를 만들더라도 항상 그 기술에는 하늘의 보이지 않는 정령(영혼)이 작용한다고 여기는 것이다. 그래서 인간의 행위에 의례가 따랐다. 의례나 퍼포먼스가 없는 삶은 삭막한 삶이었다. 그렇게 주문을 함으로써 인간은 주위의 사물들을 이용하면서도 그것을 단순한 대상이나 도구로 취급하는 것이 아니라 스스로 생명을 가진 사물로 대접했다. 세계는 애니미즘의 세계였다.

이러한 주술적 삶이 이성, 과학, 고등 종교의 등장으로 일순 바뀌어 버렸다. 하늘과 땅은 갈라져 거리가 생기고 사람도 그 사이에 존재하는 인간(人間)이 되었다. 하늘과 땅은 고정된 양극이 되었고 인간도 굳어져버렸다. 사람들은 더 이상 사물에 생명이 있다고 생각하지 않게 되었다. 사물은 이용하는 대상으로서 존재자가 되면 그만이었다. 결국 나이외의 다른 사람은 사물처럼 타인이 되고 서로 경쟁하는 타자가 되었다. 남을 타자로 만든다는 것은 실은 자신을 소외시키는 일이었다. 내가 남을 타자로 만드니까 나도 남으로부터 소외되는 것은 당연한 소치였다.

정신은 대상에서 철저히 신(神)을 배제하는 길을 갔다. 그래서 정신은 대상에서 철저히 물질을 본다. 결국 정신은 물질이 된다. 유심론은 필연적으로 유물론을 발생시키게 된다. 그렇기 때문에 유심론과 유물론은 서로 철저하게 원수처럼 상대를 규탄하지만 실은 같은 종족이다. 정신과 물질의 대립구조에서 이제 심물일원론, 물심일원론으로 나아가지 않으면 안 된다. 심물일원론과 물심일원론은 결국 물신(物神)일원론, 신물(神物)일원론으로 생태학적 철학, 에코필로소피(eco-philosophy)이다. 이는 노자의 무위자연(無爲自然) 철학으로 돌아가는 것을 의미한다.

칸트는 『순수이성비판』과 『실천이성비판』을 쓰고 제일 마지막에 『판단력비판』을 썼다. 이는 진선미(眞善美)를 차례로 쓴 것이다. 그런데 아름다움이 무엇인가에 대해 쓰는 칸트는 자연(自然)을 '무목적(無目的) 합목적적(合目的的)'인 것으로 규정했다. 목적은 없지만 이미 목적에 부합했다는 뜻이다. 이는 역설이다. 결국 칸트의 이성철학은 역설의 기초 위에 세운 사상누각에 지나지 않는다. 이는 역설을 숨긴 진리인 셈이다. 그렇다면 진리와 도덕은 자연에는 없는 것이다.

이에 비해 노자는 도(道)를 두고 도가도비상도(道可道非常道)라고 하였고, 명가명비상명(名可名非常名)이라고 하였다. 그런데 재미있는 것은 노자는 진선미 가운데 아름다움을 먼저 논하였다. 노자는 아름다움과 추함(美惡), 착함과 착하지 않음(善不善)을 논하면서 이들은 서로 상호적(相互的)인 것으로 말하였고, 있고 없음(有無)도 상호적인 것이라고 말하였다. 숫제 진리를 부정하였다.

칸트의 철학함과 노자의 도(道)를 추구함은 서로 정반대에서 출발하고 있다. 칸트의 '무목적의 합목적'은 노자의 '무위자연(無爲自然)'과 대조된다. 칸트의 '무목적'은 노자의 '무위'에 대조되고, '합목적'은

231

'자연'에 대조된다. 말하자면 칸트는 자연을 '목적론'으로 해석한 셈이다. 칸트가 자연과학의 철학적 아버지이고, 노자가 자연의 철학적 어머니라는 것을 알 수 있다.

서양의 철학과 미학은 가부장적이고 인위적이다. 이에 비해 동양의 철학과 미학은 모성적이고 무위적이다. 서양의 이성중심주의와 자연과학주의는 동양의 천지인사상과 무위자연주의로 대체되지 않으면 안 된다. 그러기 위해서는 진선미(眞善美)는 미선진(美善眞)이 되어야 하고, 동양의 기운생동의 미학이 서양의 숭고미(崇高美)를 압도해야 한다.

칸트는 역사적이고, 노자는 비역사적이라는 것을 알 수 있다. 예술가에게 자연은 물질(物質)이 아니라 물(物)일 뿐이고, 정신(精神)은 정신이 아니라 신(神)일 뿐이다.

철학과 과학에서 보편성이라고 하는 것은 인간과 사물로부터 주술성(呪術性)과 신비감을 빼앗아가는 일에 다름 아니었다. 인간과 사물은 우리가 모르는 어떤 신비스러운 기운[氣運, 氣運生動]에 둘러싸여 있는 것이 아니었다. 보편성이란 다름 아닌 모든 사물에 대한 혹은 다른 사람에 대한 이성적 지배 혹은 도구적 지배를 위한 이름이었다. 보편성은 집단성에 의한 추상이면서도 마치 개별성을 벗어난 초월과 같이 느껴졌다. 그래서 보편성은 일반성을 잡아먹어버렸다.

바로 여기에 이성과 보편성의 문제가 있다. 보편적이면 으레 일반적인 것처럼 취급했다. 인간은 자연의 근본인 일반성을 잊어버렸다. 그런 점에서 존재론은 일반성으로 발전하지 않으면 안 된다. 하이데거의 존재론은 자연의 일반성에 이르기까지 더 진화해야 한다. 일반성의 철학은 '인간이 세상에 던져져 있다'고 보지도 않고 '죽음을 한계 상황이나 절망'이라고 보지 않는다.

인간은 자연(어머니)의 자궁에서 솟아난 생명(존재)이고, 죽음은 생명의 다른 이면일 뿐이다. 존재는 잡을 수 있는 것이 아니다. 따라서 존재가 흘러가는 것, 나타났다가 사라지는 것은 존재의 이중성에서 비롯되는 것일 뿐이다. 과학은 관찰하고 실험하지만 관음하고 기도하지 않는다. 어쩌면 존재론은 주술적(종교적, 절대 종교가 아닌) 삶에 대한 철학적 탐색이며 합리화일지도 모른다. 존재론은 상대론의 세계로 우리가 끊임없이 철학적으로 여행하게 한다.

보편성과 특수성, 개별성과 일반성

보편성은 인간과 자연을 지배하기 위한 매우 정치적인 개념이다. 더 정확하게는 가부장제의 산물이고 제국주의의 개념이다. 보편성이라는 개념 때문에 자연과 인간의 자연성은 황폐화되었다. 보편성이라는 개념은 초월성이나 초자연, 영혼, 신 등에 이성의 재단사가 새롭게 디자인한 옷을 입힌 것에 지나지 않는다.

인간은 왜 그러한 수직적인·계층적인 세계에 대한 관념을 버리지 못하는가. 지금에 와서 보면 보편성이라는 것은 가부장제의 남성성이 초월적 기표를 생산한 것에 지나지 않는다. 다시 말하면 관념적 페니스를 과장해 지배의 도구로 사용한 것이라는 혐의가 짙다. 이는 여성성의 비하와 더불어 시작된 것이다. 보편성은 여성성의 일반성, 예컨대 원천적인 인간의 생명력, 인간을 생산하는 자궁의 생산성을 무시하는 것에 지나지 않는다.

보편성은 매우 전인류적이고 전자연적이며 합목적적인 것처럼 보이지만 실은 남을 수단화하는 일부의 자기 목적성에 지나지 않는다. 보편성은 때로는 목적인 양 주장되고, 때로는 냉엄한 수단이 되어 보편성을 가지지 않은 집단을 지배한다. 그것은 자연이 오래전부터 일반적으로 구비한 일반성을 자기의 머릿속에 숨겨버린다. 보편성은 집단적 지배 전략이다.

하늘은 지구에서 보면 수직적으로 머리 위에 있는 것 같지만 하늘과 우주에 올라가 보면 수평적으로 넓게 퍼져 있다. 하나의 거대한 수평의 그릇과 같다. 인간은 머리를 중시하고 머리 위를 숭배하는 관념에 지배당해왔다. 머리는 내 몸과 한 번도 떨어진 적이 없는 몸의 일부일 뿐이다. 일부가 전체를 좌지우지하는 것이 보편성이라는 것이다. 우주는 거대한 몸이고 소통체이고 함께 움직이는 기운생동체이다. 우주는 머리의 보편성이 아니라 몸의 일반성이다. 가부장제는 머리를 중시하면서 몸을 무시하고, 몸으로서의 자연을 지배하기 위한 전략의 하나였다.

자연은 인간 앞에 있는 대상으로서의 물질이 아니라 스스로 움직이고 생멸하는 생명체이다. 한 인간이 걸어 다니고 지배하라고 눈앞에 있는 보편성이 아니다. 움직이기 전에 이미 갖추어져 있는 스스로 생멸하는 일반성이다. 자연은 여성성에 가깝다. 보편성을 추구하는 문명이 아무리 제 자랑을 하고 페니스를 자랑하는 남성의 과대망상증에 빠져 있다고 해도 자연은 겸손하고 검소한 비어 있는 자궁이다. 문명이라는 것은 보편성이 만들어낸 허구의 역사이다.

철학과 문화의 특수성(집단성, 집합성)도 일반성의 부분 집합이다. 철학에서 문화적 변수를 고려하고 종래의 보편성을 찾지 않고 일반성의 원리를 찾는 것은 마치 과학에서 일반 상대성 원리를 찾는 것이나 마찬가지이다. 서양의 시각-이성 중심주의 철학은 마치 중력이 가속계의 부분 집합인 것과 같다. 이제 철학도 과학의 일반 상대성 원리에 필적하는 철학을 탄생시켜야 한다. 이것이 바로 일반성의 철학이고 소리철학이다. 서양 철학, 다시 말하면 과학을 낳은 서양 철학이 하이데거의 존재론을 비롯해 지원군으로서 '데리다의 해체론'과 '들뢰즈의 해체론'을 들고 나온 것은 일반성의 철학을 탄생시키기 위한 도정이었다.

데리다의 해체론은 문법의 해체였고, 들뢰즈의 해체는 헤겔과 마르크스 변증법의 해체였다. 데리다의 그라마톨로지는 역설적으로 구문과 문법을 해체했고, 들뢰즈의 도약(생성)→질서→탈주→도약은 변증법의 정·반·합에 도약(생성)을 추가한 것이다. 데리다와 들뢰즈는 둘다 생성론(生成論)의 입장에 있는 셈이다. 이는 창조론의 서양 문화권에서 보면 큰 사건이다. 그러나 동양 문화권에서 생성론은 삼척동자도 알고 있는, 식은 죽 먹기와 같은 것이다. 그런데 서양 문화에 훈습된 학자들은 괜히 저들이 사주한 방식으로 그것을 이해하기 위해 어려운 길을 가고 있는 것이다.

생성론의 입장은 동양 문화의 오래된 전통이 아닌가. 동양 문화권에서 우주가 화생만물(化生萬物)하는 것은 상식이 아닌가. 서양의 해체 철학자와 후기 철학자들은 자신이 처한 입장과 관점에서 저마다 외로운 고성(高聲)과 절규를 지르고 매우 복잡다단한 수사학을 거치지만 실은 동양인에게는 아무것도 아니다. 저들은 이성 중심주의가 쌓아놓은 철학의 에베레스트 산 혹은 우랄 산맥을 넘어 동양으로 넘어오기 위해 안간힘을 쓰는 것이다.

철학의 보편성도 일반성의 부분 집합이다. 우주의 집합은 끝없이 열려 있다. 전체는 알 수 없다. 전체는 알 수 없을 뿐만 아니라 알 필요도 없다. 아는 것은 이미 부분이기 때문이다. 전체는 부분으로밖에 알 수 없다. 그런데 부분은 이미 전체이다. 부분을 부분으로 알기 때문에 전체가 되지 못한다. 부분을 전체로 알면 이미 전체이다. 그래서 무엇을 모른다고 염려할 필요는 없다. 우주는 입자가 아니라 파동·소리이기 때문이다. 소리는 동시에 울린다. 소리는 물질이 아니다. 소리는 비물질이면서 대상도 아니다. 소리철학, 포노로지는 물질과 대상에서 철학을 벗어나게 한다. 소리철학은 우주를 한 몸으로 있게 한다.

존재의 개별성은 물론 개체성이지만 집단화되면서 추상화되고 추상화되면서 보편성으로 군림한다. 그러나 개별성은 일반성 위에 구축되어 있기 때문에 해체될 수 있다. 그런데 보편성의 해체와 개별성의 해체는 다르다. 보편성의 해체는 다른 보편성으로 대체되지만, 개별성의 해체는 죽음이다. 개별성은 생멸과 관계되는 자연의 일반성을 기반으로 하기 때문이다.

죽음은 다른 것으로 옮겨 타는 것이 아니고 본래의 자리로 돌아가는 것이다. 그런데 보편성과 개별성의 혼란(혹은 유착)으로 영혼과 영원 회귀가 같은 것처럼 오해받게 되었다. 영혼이란 보편성의 것이고, 영원 회귀는 개별성의 것이다. 영혼이란 그 사람의 이름을 아는 자만 아는 지극히 개체적이지만 보편성과 관련을 맺는다. 그래서 영혼은 개체성이고 보편성이지만, 영원 회귀는 개별성이고 일반성이다. 그래서 개별성과 개체성은 같으면서도 다르고 다르면서도 같다.

개별성과 집단성은 일반성과 보편성을 이어주는 교량 역할을 한다. 만약 인간이 집단 생활을 하지 않았으면 보편성은 탄생하지 않았을 것이다. 동시에 인간이 개체성(개별성)을 갖지 않았으면(자아를 갖지 않았으면) 영혼이라는 말도 없었을 것이다.

일반성은 보편성과 같은데 방향이 정반대이다. 보편성이 '그림 그리는 일'이라면 일반성은 '사진 찍은 일'이다. '그림 그리는 일'은 햇빛 속에서 그릴 것을 취사선택하는 과정이다. 그러나 '사진 찍은 일'은 포커스를 일단 맞추면 취사선택하지 않는다. 아니 취사선택할 수가 없다.

자신(自身, 自信, 自新, 自神)

일(一)은 이(二)를 낳고 이는 삼(三)을 낳고 삼은 만물을 낳는다. 그러나 만물은 다시 일이 된다. 태초의 일은 이를 낳으면서도 '자신'을 잃은 적이 없고 삼을 낳으면서도 자신을 잃은 적이 없으니, 역시 일이다. 이와 삼은 인간의 일[事]이다.

그렇기 때문에 태극 음양과 음양오행과 사상 혹은 사위기대(四位基臺)는 모두 '자신'의 아래에 있다. 인간은 시대에 따라 새로운 것을 원한다. 그래서 자신(自身, 自信, 自新, 自神)이다. 내 몸에서 출발해 내 믿음을 낳고 내 믿음에서 새로운 믿음을 찾다가 드디어 스스로 자신의 믿음의 대상이 되는, 주체와 대상이 하나가 되는 경지에 이른다.

정반합(正反合)과 정분합(正分合)은 얼핏 생각하면 다른 것 같다. 정반합은 역사적(시간적)인 것이고, 정분합은 공간적(구조적)인 것 같다. 그러나 어떤 것을 나눈다는 점에서 같다. 정(正)을 말할 때 이미 세계는 분열되었다.

태극과 음양은 역동적인 하나이지만, 이것을 양기(陽氣), 음기(陰氣), 충기(沖氣)로 나누면 이미 분열된 하나이다. 그래서 3이 만물을 낳는다고 한다. 0, 1, 2는 역동적이고 이중적이다. 그러나 3부터는 역동적이면서도 정적인 것이 시작되고 분별적이 된다. 충(沖)은 빔, 가운데 혹은 중간의 뜻이 있다. 빔은 공(空)이나 무(無), 허(虛)와 같은 뜻이지만, 비어 있지 않을 때는 가운데 혹은 중간이 된다.

중(中)에 다른 글자가 붙으면, 예컨대 중도(中道)나 중용(中庸)이나 중화(中和)나 중성(中性)이나 중간(中間)은 이미 본질이 아니다. 그래서 '중(中)' 자체를 연구하는 '중학(中學)'이 필요하다. 중학은 서학(西學)도 아니고 동학(東學)도 아니다. '중(中)'에는 '선후상하좌우내외심물(先後上下左右內外心物)'의 차이가 없다. '중'은 어느 곳에 치우친 편견이 없는 셈이다. 시간적 선후, 공간적 상하, 방향적 좌우, 경계적 내외, 존재적 심물이 없다. 이들은 모두 하나이다. 흔히 내심외물(內心外物)이라고 한다. 그러나 내심외물은 동시에 있으면서 동시에 없다. '중'은 공(空)과 무(無)와 통한다.

신선은 아기와 동물과 여성과 가까워

　신선은 아기와 동물과 여성에 가깝다. 네발짐승은 대체로 선골(仙骨)과 미골(尾骨)이 떨어져 있는데 인간에 이르러 수직 보행의 압박 때문에 하나가 되었다. 이를 다시 떨어뜨리는 것이 신선도에서는 중요하다. 그래서 신선이 되는 골이라고 해서 선골이라고 한다. 하나 된 선골과 미골을 여러 개로 쪼개는 과정이 신선도이다.

　여자가 엉덩이를 좌우로 흔들면서 걸어가면 꼬리를 친다고 한다. 이는 미골에 대한 흔적이 남아 있는 말이다. 이는 기운이 남아 있다는 증거이다. 여자는 임신과 출산의 생산 과정을 통해 골반이 열리는 경험의 고통을 겪었기 때문에 선도에 유리하다.

　선골과 미골이 떨어지면 천기가 그곳으로 들어온다. 신선은 상상이 아니라 동물에서 진화한 인간이 다시 동물로 돌아가면서 역진화하는 편안함, 평정(平靜)이다. 그렇다고 동물로 후퇴나 후진하는 것이 아니다. 말로 깨닫는 것이 아니라 몸으로 깨닫는 것이다.

　여자는 몸으로 깨달음에 도달하는 것에서 남자보다 유리하다. 그러나 몸은 동시에 깨달음을 방해하는 것이기도 하다. 남자가 깨달음을 지나치게 과장하는 것은 여자를 억누르는 것이다. 여자여! 그냥 자연이여! 가부장 사회, 국가 사회에 지친 인간은 앞으로 여성적 삶을 닮아야한다. 그래야 행복하다.

지덕체(智德體)에서 체덕지(體德智)로

한국인의 오랜 교육 목표는 지덕체(智德體)였다. 글자의 순서대로 보면 지식이나 지혜가 가장 중요하고, 그다음으로 덕을 얻어야 하고, 맨 마지막에 몸의 건강을 유지해야 한다. 그러나 이 글 속에 사대주의가 숨어 있다고 하면 과장된 말일까.

큰 나라에서 선진 문화를 수입하다보니 항상 지식이나 지혜는 밖에서 들어와야 선진한 것이고 대단한 것이라고 생각한다. 몸을 돌보는 체육은 항상 뒷전이다. 아마도 선진국에서는 체덕지(體德智)일 것이다. 몸이 건강해야 덕이 구비될 수 있고, 덕이 구비되어야 지혜에 도달할 수 있기 때문이다.

선진국은 자신의 문화 속에서 문화의 발달 과정을 경험했기 때문에 문화의 발생학적 과정을 잘 안다. 그래서 체덕지이다. 그러나 항상 문화를 수입한 나라에서는 문화의 발생 공정을 잘 모르기 때문에 마지막 열매만 먹으려고 한다. 그래서 지덕체이다.

지덕체의 반대급부는 항상 사대하지 않으면 안 되는 습성일 것이다. 나라 밖에서 오지 않으면 선진한 것이 아니라는 생각이 은연중에 우리의 뇌리를 점령하고 있다. 한국도 이제 문화를 수출하는 나라가 되어야 할 차례이다.

만약 인간이 자신의 몸을 모르면 아무것도 모른다고 말할 수 있다. 무식하다는 소리를 들어도 싸다. 몸에 도달하지 못하는 철학은 철학이 아니다. 우주 삼라만상은 하나의 몸이다. 여기, 즉 몸(몸 안)에서 거리를 논하는 것은 인간이 사물을 수단화하기 위해 개발한 머리(지능) 덕분이다. 머리의 생각과 기억 덕분이다. 몸은 마음이다.

여자와 무당

여자는 문자가 있어 아는 것이 아니고 예감으로 알고 문자로 확인한다. 예감이란 기감(氣感)이고 기통(氣通)이다. 기통이란 문자를 사용하지 않는 몸의 육감(六感, 肉感)을 말한다. 그래서 모든 여자는 살아 있는 무당이다. 남자는 박수무당에 지나지 않는다. 박수무당이 왕이 되면서 세계는 문자를 사용하지 않고는 소통할 수 없게 되었다. 세계는 언어의 세계가 되었다. 그 이전에는 비언어의 세계였다.

여자는 본질적으로 무당이다. 여자가 무당이 되지 않는 것은 무당이 될 현실적 필요가 없기 때문이다. 남자의 보호 아래에서 무당의 능력이 퇴화된 때문이다. 그러나 여자는 위기가 닥치면 자신도 모르게 무당이 된다. 몸의 육감을 통해 온몸으로 사물을 느낀다. 자신의 몸을 열어놓고 몸 밖의 사물들과 대화를 한다.

몸으로 연결되는 진화선상에서 여자는 그 중심에 있다. 남자는 그 주변이고 곁다리이다. 그런데 인간은 그것을 거꾸로 바꾸어 가부장 사회를 만들었다. 동물의 진화 과정에서 외형적으로 가장 두드러진 것은 먹이를 사냥하고 먹는 입[口]과 스스로를 생식하는 여성의 생식 구멍[口]이다. 생식기가 생식으로부터 자유로워지고 특히 쾌락의 도구가 된 것은 영장류 일부와 인간에서 일어난 일이다. 입에는 소리를 내는 발성기관이 있고, 여성의 생식기에는 성감대가 있다. 인간에 이르러 성감대와 목청은 함께 발달한다.

목구멍의 목청과 생식기의 성감대가 어떤 관계인지도 모른다. 목구멍에서 말과 노래가 나오고 생식기에서의 쾌락은 목소리로 연결되어 나온다. 여성은 성행위 과정에서 무엇보다도 소리를 참지 못한다. 어떤 점에서는 고조되어가는 자신의 소리를 들으면서 오르가즘에 오르는지도 모른다. 비어 있는 곳[口, 宮, 空]에서 파동이 잘 전달되는 것은 당연하다. 여성은 촉감과 소리의 동물이다. 촉각과 청각은 파동으로 전달된다는 공통점이 있음에 주목된다. 아무튼 목과 여성의 성기는 닮은 점이 많다. 성적 쾌락과 말과 노래는 어떤 관련이 있는 것 같다. 성적 쾌락이 몸 전체로 퍼지는 것과 음악이 귀를 통해 몸 전체로 퍼지는 것은 같은 것인지도 모른다.

이와 관련해 떠오르는 단어가 성령(聖靈)이라는 의미의 그리스어 파라클리토스(parakletos)이다. 이것은 변호자, 수호자, 중재자라는 뜻을 가진다. 최후의 만찬 중에 예수는 '협조자'라는 이름으로 성령을 불렀다. 예수는 성령을 '다른 협조자'로 말하면서 첫 번째 협조자는 자신임을 전했고 성령의 활동은 그와 유사하며 자신과 함께 계속되는 것이라고 했다. 성령은 제자들 안에 현존하면서 그들을 예수의 진리에 충실하도록 하고 예수 안에서 변화하도록 하는 역할을 한다. 제자들과 그리스도인들이 힘과 용기를 갖고 세상에 나가 복음을 증거할 때 특별히 성령은 그들의 변호자이다.

그런데 파라(para)는 동형 혹은 변형을 뜻하고, 클리토스는 클리토리스와 같은 뜻이다. 즉, 성령은 여성의 음핵에서 변형된 말이다. 음핵은 여성에게 섹스의 절정을 느끼게(매개) 해주는 기관이고, 성령은 하나님의 말을 듣게 하는 매개물이다. 둘 사이에 어떤 공통점이 있는 것 같다.

성령은 말로서 통하고 형이상학적이며, 음핵은 형이하학적이지만 동형이다. 형이상학이 형이하학에서 발생했다면, 참으로 둘의 소통이 가능할 것이다.

인간이 동물에서 인간으로 진화하는 과정에서 손의 여유는 문명을 이루는 데 결정적인 역할을 한 것 같다. 인간이 두 발로 서서 직립 보행을 하게 되자 손은 다른 일을 할 수 있었다. 손은 사물을 도구화할 수 있는 길을 열어주었다. 또한 손은 성적으로 자위행위를 할 수 있게 하는 등 종합적으로 인간이 자위(自爲)와 작위(作爲)와 인위(人爲)와 독립(獨立)을 할 수 있는 길을 열어주었다.

자위는 인위로, 인위는 자유로 발전했을지도 모른다. 손의 파악(把握) 행위는 대뇌의 생각과 연결되고 과학을 일으키는 출발이 되었겠지만, 쾌락이라는 측면에서도 애무를 할 수 있게 해주었고 도락의 측면에서도 음악을 연주할 수 있게 해주었다. 도구, 자위, 연주는 인간의 삶의 영역을 확대 재생산해준 결정적인 것이다. 돌이켜보면 성적 쾌락과 손의 여유, 그리고 대뇌의 발달은 서로 피드백 하면서 오늘의 인류 문명을 이룬 것 같다.

여자는 자신의 몸을 비우고 자연과 몸의 소리를 듣는다. 여자는 존재와 존재자를 오간다. 무당은 여자의 본질이다. 제도에 순치된 여자들은 여자의 일부이고 표면이고 제도적 여자이다. 제도적 여자는 존재자이다. 그러나 자연적 여자는 존재이다. 여자는 존재자를 통해 존재를 느끼고 남자는 존재를 통해 존재자를 느낀다. 그래서 인간은 존재와 존재자를 왕래한다.

젊은 처녀들을 보라. 그 춘기는 늙은 세계를 젊게 하는 원동력이다.

봄바람이 불면 여자들은 세계를 젊게 하기 위해서 발동한다. 이들은 영원한 여신이다. 종교의 원천은 여기에 있다. 여신들은 경전 없이도 세계를 새롭게 하지만, 남신들은 경전이 없으면 세계를 새롭게 할 힘이 없다. 그래서 원리와 원죄를 들먹인다. 이런 것이 모두 여성과 여성이 낳은 자식을 다스리기 위한 남성의 전략이다.

여성은 인류 진화의 중심이다. 여성은 본질이고 자연이다. 모든 여성은 무당이다.

신화, 철학, 종교, 과학, 예술

신화와 철학과 종교와 과학과 예술은 결국 하나이다. 이들은 피드백, 순환 관계에 있다. 신화는 철학을 낳고, 철학은 종교를 낳고, 종교는 과학을 낳았다. 예술은 삶과 더불어 항상 있었다. 이 말은 삶 자체가 예술이라는 뜻도 된다. 문화의 이러한 과정 자체가 바로 인류사의 예술이기도 하다.

이를 철학적으로 말하면 철학이 신화 중심으로 구성되다가 종교 중심, 과학 중심으로 변천되었음을 뜻한다. 오늘날 철학은 예술 중심으로 구성될 것을 요구받고 있다. 예술이 철학의 하위 분야인 미학, 혹은 예술 철학에 속하는 것이 아니라 철학의 중심이 됨을 의미한다. 이는 철학이 삶과 놀이에 접근함을 의미한다. '놀이의 철학'이야말로 철학의 미래 과제이다. 놀이의 철학은 소리철학의 구체적 형상화이고 전개이기도 한다.

이를 역으로 말하면 예술에 이르는 신화가 있고, 철학이 있고, 종교가 있고, 과학이 있다는 말이다. 물론 문화의 여러 장르들은 서로 가역 관계에 있다. 가역 관계에 있다는 것은 반대 방향으로 갈 수도 있다는 뜻이다. 더욱이 이들 사이에는 선후, 상하, 좌우, 안팎이 없다. 이 말은 동시에 그렇게 볼 수도 있다는 말이다. 세계는 대칭으로 볼 수도 있고 비대칭으로 볼 수도 있다는 말이다. 세계는 논리로 볼 수도 있고 복논리 (bi-logic)로 볼 수도 있다는 말이다.

복논리(bi-logic) 철학인류학	
논리(logic)/(언어)소통의 철학	비논리(non-logic)/(신체)교감의 철학
비대칭의 세계	대칭의 세계
이성 중심 철학(인과의 세계)	감성 중심철학(순환의 세계)
과학, 도덕의 세계	신화, 예술의 세계(예술인류학)
존재자의 세계(언어결정론)	존재의 세계(상징적 상호작용)
시공간	시공 초월

종교는 본질적으로 모계의 연장선상에 있고, 과학은 부계의 연장선상에 있으며, 예술은 남녀의 연장선상에 있다. 예술이야말로 가장 음양적, 암수 자웅적 세계관을 자연 그대로 유지하고 있는 것이다. 세계는 본질적으로 '놀이의 세계'이다.

예술인류학은 인간이 이룩한 문화의 논리와 장르들이 서로 대칭(대립)하고 교차하고, 결국 하나로 돌아간다고 말한다. 이것은 예로부터 내려오는 천·지·인의 논리, 음양론의 논리, 주역의 논리, 그리고 가장 최근에 발견된 교차(交差, 交叉, 較差)의 논리로 보면 풀리지 않을 것이 없게 된다.

예술인류학은 철학인류학에서 완성되었다. 인간은 본질적으로 복논리적 존재이다.

종교의 신, 과학의 법칙

종교적 신이나 과학적 법칙은 모두 영원한 불변의 것을 찾기 위한 인간이 노력한 산물이다. 그것은 존재자이다. 그러나 변하지 않는 것은 없다. 모든 존재는 변한다. 존재는 또한 모든 것이다.

인간이 지상에 등장하기 전에 수많은 동식물이 등장했다. 그럼에도 불구하고 『성경』은 하느님이 아담과 이브를 먼저 만들었고, 그다음에 다른 동식물을 만들었다고 한다. 이는 시간의 소급이다. 『성경』이 시간을 소급하고 과학이 법칙을 발견하려는 것은 모두 다스리기 위함이다. 『성경』은 인간을 다스리기 위함이고(특히 여자를 다스리기 위함이고), 과학은 사물을 다스리기 위함이다. 다스린다는 것은 절대성을 추구하는 것이다. 이것이 이치(理致)라는 것이다.

다스린다는 것은 사물을 대상화하는 것이다. 남자와 여자는 대상을 추구하는 데서도 다르다. 남자는 이성적으로 원리를 추구하고, 여자는 감성적으로 몸을 가진 인격적 신을 원한다. 그래서 여자는 모든 종교의 주(主)신앙자이다(기독교는 여자를 원죄로 다스린다). 남자는 마음의 존재, 여자는 몸의 존재이다. 남자는 철학으로 깨닫고, 여자는 신앙으로 깨닫는다.

신앙의 주체이든 신앙의 대상이든 존재자이다. 인간은 시간의 흐름 속에서 변하지 않는 것을 발견하고자 한다. 존재자는 지칭하기 때문에 발생한다. 존재자는 존재하지 않는다. 존재자는 허상일 뿐이다.

자연은 존재한다. 존재하는 모든 존재는 생멸한다. 생하는 것에 이미 멸하는 이치가 있다. 멸하기 때문에 생한다. 내가 멸하기 때문에 남(다른 것)이 생한다. 인간도 예외일 수 없다. 존재에는 생멸이 쌍둥이처럼 붙어 있다. 따라서 거리나 사이가 있는 것은 존재가 아니다. 우주라고 인간이 지칭한 것은 이미 존재가 아니다. 따라서 아무리 지구로부터 먼 거리의 우주를 탐사한다고 해도 존재를 벗어날 수 없다. 우주는 이미 존재자이다.

지구상에 인간이 존재하지 않았던 적도 있었다. 없었던 곳에서 있음이 일어났던 것이다. 그래서 없음이 더 바탕이다. 우리는 흔히 생멸, 유무라고 말한다. 이들은 대칭이지만 생을 먼저 말하고 멸을 뒤에 말한다. 또 유를 먼저 말하고 무를 뒤에 말한다. 근본을 따지면 무가 유보다 먼저이다. 그런데 대칭에서 비대칭이 생겼다. 음양의 대칭은 대칭이지만 비대칭이다. 음이 더 근본이지만 세상에 나타나는 이치로 인해 양이 우선한다. 양이 우선하면서 비대칭이 되었다.

태초에는 『성경』도 불경도 없었다. 태초에 책은 없었다. 모든 책은 자연 이후에 발생한 것이다. 바탕이 있은 후에 그림을 그리는 것이다. 『성경』도 불경도 바탕이 있은 후에 그린 그림에 불과하다. 다른 모든 책들도 태초 이후의 것이다. 항상 존재에는 존재 이전이 있다. 그것은 근거 아닌 근거인 셈이다. 존재는 무한(無限)한 것이 아니라 무궁(無窮)하며 무진장(無盡藏)한 것이다.

종교란 자연의 일부로 태어난 인간이 그러한 사실을 잊어버리고 자연의 힘에 두려움을 느낀 나머지 만들어낸 초자연적인 허상이다. 초자연적인 허상이라는 것은 자연 자체(물신론, 범신론)일 수도 있고 자연을 창조한 신(절대신, 유일신)일 수도 있다. 종교란 신앙이 체계화된 것이다. 종교는 있지만 신앙이 없는 경우가 많다. 신앙은 근본적으로 빙의적이다. 신앙은 종교의 철학이나 신학을 이해하는 것이 아니라 신앙하는 대상을 믿는 것이기 때문이다. 믿는다는 것은 몸으로 신앙하는 대상과 일체가 되는 감동에 빠지는 상태이다. 그러한 점에서 신앙은 우주 교감의 예술이다.

학문이나 과학도 연구 대상을 가졌다는 점에서 대상에 빙의가 되어야 한다. 그런데 학문이나 과학은 그 대상의 빙의에서 빠져나와서 새로운 법칙을 도출해야 한다. 예컨대 남이 만들어놓은 기존의 법칙에 만족한다면 이는 과학적 빙의에서 빠져나오지 못한 것이 된다. 만약 학문이나 과학이 기존의 법칙을 확인하거나 증명하는 것에 머문다면 그러한 것은 종교 행위와 같다. 이를 두고 학문적 도그마라고 한다. 종교는 과학과 학문의 입장에서 보면 본래적인 도그마이다. 그런 점에서 종교가 도그마에 빠지는 것은 당연하다. 오히려 종교란 도그마에 빠지는 기술이라고 말할 수 있다. 그러나 학문이 도그마에 빠지면 이는 학문이 아니다. 학문은 끝없이 보편성을 찾아야 한다.

보편성이라는 것 자체가 세계를 환원시키는 인간의 특성이다. 이러한 환원은 인간의 대뇌에 의해 이루어진다. 대뇌는 자연을 환원시키는 연구실이자 공장이자 창고이다. 과학은 종교의 '신'의 자리에 '법칙(원리)'을 대입시킨 것이다. 보편성이라는 것 자체가 인간의 허위이다. 그러나 인간은 허상을 만들어냄으로써 자연의 한시적 정복자가 되었다. 그러나 과학은 자연의 연속성(계속성)에 비하면 매우 한시적이다. 종교와 과학은 대상을 전제함으로써 비롯되는 것이다.

그렇다면 대상에서 출발하지 않는 것은 무엇일까? 예술이다. 예술은 원천적으로 상상력의 공간에서 이루어진다. 예술은 대상과의 관련성 속에 있긴 하지만 궁극적으로 세계를 주체로서 바라본다. 이때의 주체는 대상의 반대로서의 주체가 아니다. 스스로 존재하는 주체, 자연으로서의 주체이다. 대상에서 출발하지 않는 것은 예술이다. 따라서 종교와 과학은 예술에서 통합되지 않으면 안 된다. 예술이야말로 가장 자연에 가까운 문화이다.

보통 사람들은 종교를 통해 학문과 예술을 한다. 다시 말하면 종교를 통해 학문적 욕구와 예술적 욕구를 푼다. 그래서 종교를 믿는 사람들이 많다. 종교야말로 대중적이지 않으면 안 된다. 종교를 통해 사람들은 기도를 하고 자신과 대화의 기회를 가짐으로써 과거를 반성하고 미래에 희망을 갖는다. 또 사람들은 종교를 통해 사물에 대한 새로운 인식을 갖게 되고 사물의 새로움을 느끼게 된다.

보통 사람들은 종교를 통해 시간과 공간에 대처하고 자기 스스로에 대한 새로움을 불러일으킨다. 날마다의 새로움은 임종 시에는 세계 그 자체가 된 자신을 느끼게 됨으로써 세계에로 돌아간다. 세계에로 돌아간다는 것은 세계에로 다시 숨는 것을 의미한다. 우주는 드러나고 숨는 것의 연속이다.

학문과 과학의 목적은 객관적으로 우주를 설명하고 이용하기 위한 것이다. 종교의 목적은 자신이 결코 대상이 될 수 없는 우주라는 사실을 느끼게 하는 것이다. 예술은 우주가 순진무구한 놀이의 세계라는 것을 느끼게 하는 것이다. 학문과 종교와 예술의 목적은 우주가 스스로 존재하는 존재라는 사실을 깨우치는 것이다.

인간이 이(理)의 존재이면서 기(氣)의 존재이기 때문에 신도 '이의 신'이 있고, '기의 신'이 있을 수밖에 없다. 따라서 진정한 신은 이와 기의 교차 혹은 이기지묘(理氣之妙)에서 이루어질 수밖에 없다. '이기지묘'야말로 예술이 아닐까.

　인간의 문명에는 기를 두고 이라고 전제해서 나아가는 문명이 있고, 반대로 이를 두고 기라고 전제해서 나아가는 문명이 있다. 전자를 흔히 문명국이라고 하고, 후자를 야만국이라고 말한다. 전자는 이성을 중심으로 살아가고, 후자는 야성[氣運生動]을 중심으로 살아간다. 그래서 기는 이에 도달함으로써 그 의무를 다하고, 이는 기에 도달함으로써 그 의무를 다한다. 인간의 문화는 '이기지묘'의 예술이다.

실재와 재현, 가상 실재와 메시아

예수가 죽은 이유는 초월적인 존재는 일상(역사)에 출현해서 안 되기 때문이다. 초월적인 것은 영원한 이상(理想)으로서 이상의 재생산에 기여해야 한다. 그러기 위해서는 메시아는 현실로 나타나서는 안 된다. 항상 불합리와 모순으로 가득 찬 현실에서 살아가는 인간을 위로하고, 다시 삶의 힘을 얻게 하기 위해서 그 존재는 영원히 연기(延期)되어야 한다. 오히려 연기됨으로써 더욱더 사람들로 하여금 믿음에 충실하게 하는 한편 고통을 극복할 수 있게 해야 한다. 인간에게 신은 고난을 극복하기 위한 스스로의 장치인 셈이다.

그런데 예수는 사람들의 마음도 모르고 내가 '왕 중 왕', '메시아'라고 했다. 유대인의 입장에서는 영원히 마음속에 존재하면서 스스로를 다스릴 수 있게 하는 메시아를 잃어버린 셈이다. 그런데 오늘날에는 예수가 역사적 인물이었기 때문에 그를 섬긴다. 기독교 신자들은 예수가 역사적으로 부활했기 때문에, 역사적으로 증명된 인물이기 때문에 섬긴다고 한다. 그 속내를 보면 예수는 지금 현실적 인물이 아니기(과거에 역사적 인물이었기) 때문에 신앙인이 마음속에서 스스로를 다스리는 데 도움을 준다.

이것은 신앙의 신비가 아니라 신앙의 모순이다. 신앙이란 처음부터 모순을 기대하고 그것을 해결하려고 인간이 만든 역설의 제도인지 모른다. 예수가 부활했는지 알 수 없지만, 사람들은 예수가 부활했다고 믿고 싶어 한다. 왜냐하면 예수가 부활해야 자신도 부활할 수 있기 때문이다. 그러한 점에서 예수는 영원히 살고 싶은 인간의 욕망을 채워주는 희생양이며 상징(기호)이다. 인간은 죽음과 삶의 이중성을 가진 상징을 통해 죽음을 극복하고 삶을 영위할 수 있는 힘을 얻는다.

예수는 죽음과 삶, 신화와 역사의 가역 반응, 교차를 실현하게 하는 상징이다. 예수에 대한 믿음은 예수의 역사적 행적에 있는 것이 아니라 인간 내면의 욕망에 있다. 따라서 인간의 욕망이 있는 한 예수 신앙은 계속될 것이다. 기독교는 '상징의 방식'으로 교리 체계가 구성되어 있다.

부처도 마찬가지이다. 불교의 부처는 기독교와는 달리 최대한 논리적으로 모든 인간이 부처가 될 수 있고 만물에 불성이 있다고 설파하면서 인간을 깨달음에 도달하도록 한다. 기독교의 예수는 종교적으로 보편성에 도달하는 방법이지만, 불교의 부처는 종교적으로 일반성에 도달하는 방법이다. '하느님=보편성', '만물=불성'이기 때문이다. 만물이 불성을 가지고 있다는 것은 자연이 곧 불성이라는 것이고, 자연에서 일어나고 있는 모든 삶과 죽음, 즉 생멸하는 것의 존재 자체를 인정하지 않으면 안 된다.

그래서 불교는 자아의 부활을 주장하는 것이 아니라 자아 혹은 무아(無我)의 윤회를 주장한다. 기독교의 부활은 신앙하는 자신에게 직접적이고 직선적이고, 불교의 윤회는 남을 통한 간접적이고 순환적이다. 그러나 불교도 윤회라는 간접적인 방법을 사용하지만 영원과 극락을 약속하고 있다. 궁극적으로는 불교의 미륵 부처는 재림 예수와 다를 바가 없는 것이다. 제도로서의 종교는 결국 같아질 수밖에 없다. 이것이 역사적 종교이다.

불교는 '존재의 방식'으로 교리 체계가 구성되어 있다. 영원과 불멸은 시간적(역사적)으로 연기되어야 자신의 완전성을 증명하지 않아도 된다. 신앙의 알리바이는 결코 증명하지 않아도 되는 알리바이이다. 기독교와 불교는 다 같이 여성을 죄의 한복판에 둔다. 물론 여성의 죄는 남성과 필연적으로 관련을 맺기 때문에 남성도 죄에서 자유로울 수 없지만, 죄의 원인을 여성 편에 둠으로써 가부장 사회의 정치적(역사적) 완성에 따른 종교적(제의적) 완성에 기여한다.

기독교는 가부장 사회가 더 진전된 역사적 시점에서 혹은 그것이 더 강화된 서양 문명권에서 태동했기 때문에 여성에게 원죄를 바로 뒤집어씌우는 점에서만 다르다. 여성의 상징인 이브에게 가해진 원죄는 모계 사회를 부계 사회의 관점에서 질서 잡기 위한 저당이고 담보인 셈이다. 부계 사회의 친족 체계는 권력의 원형이고, 다른 권력은 그 원형의 변형이다. 부계 사회는 여성을 남자가 독점하고 소유하는 존재로, 상하·주종 관계로 붙들어 맸다. 사탄이란 하나님이 짝 지워준 아담이라는 남편 이외의 남자인 셈이다.

그럼에도 불구하고 가부장 사회에서 남자의 성은 아내에게 독점당하지 않았다. 남자에게만 자연의 이치(자신의 유전자를 후대에 전하기 위한 장치)를 적용하고, 여성에게만 족쇄를 채운 셈이다. 정조대는 그것의 증거물이다. 여성이 자유이던 모계 사회를 뒤집어놓은 것이 부계 사회이다. 그런 점에서 보면 영원을 약속하는 종교도, 철학이라는 형이상학도 가족 제도에 기인하는 것이라는 환원적인 생각이 든다. 모계 사회가 부계 사회로 전환한 것도 농업 혁명에 따른 갑작스런 인구 증가와 이에 따른 인간 집단 간의 각축(전쟁) 때문에 전사(사냥꾼)로서의 남자이 지닌 가치가 상승한 때문이다.

기독교의 원죄는 과학의 원리(이성)와 다를 바가 없다(종교의 원죄＝과학의 원리). 이것은 자연의 욕망을 극복하기 위한(혹은 다스리기 위한) 인간 스스로의 장치(대안)이라고 해도 과언이 아니다. 종교는 자연의 투사, 모방 혹은 차이의 모방 혹은 시뮬라크르(복제의 복제, 실재하지 않는 것)에 불과하다. 종교는 실재의 재현이면서 가장 재현에 충실한 실재이다. 그런 점에서 시뮬라시옹의 대표적인 것이다. 이데아와 시뮬라크르의 입장이 역전된 셈이다.

정치와 종교는 서로 모순되는 것을 요구하는 인간이 양쪽을 왕래하면서 모순을 달래게 함으로써 기존의 체제 유지에 도움을 준다. 물론 기존의 정치 체제가 스스로의 모순에 빠져 붕괴기에 도달하면 체제에 도전하는 힘으로 작용할 수도 있다. 이때 종교는 메시아나 미륵 신앙을 새로운 정치 체제에 전염시키면서 역사에 합류한다.

인간은 상징이나 존재의 이중성과 양면성, 가역성을 활용하면서 살아가는 존재이다. 그러한 것을 가장 대규모로 실천하는 것이 정치와 종교이다. 현실의 정치와 이상(시간을 초월)의 종교는 서로 맞장구를 치면서 인간으로 하여금 살아가게 한다. 그러한 점에서 모든 종교는 사이비 종교이다. 그러한 종교를 믿고 있는 인간은 사이비 인간이다. 결국 사이비성은 인간의 내부에 있다.

자연에 속하면서 자연을 다스리고 자연을 이용하면서 생존을 유지해야 하는 지적 인간 호모사피엔스사피엔스는 가부장 사회와 사이비 종교를 만들어냈다. 이것은 남자가 여자에게 군림하는 제도이다. 남자들은 현실 정치에서 권력을 누리고(피나는 권력 투쟁과 전쟁을 하고), 여자들은 가정에서 아이를 낳고 살림살이를 하면서 주말이나 틈틈이 교회에서 남신(남자 부처)을 섬기면서 살아가는 존재가 되었다.

이것을 자연의 입장에서 보면 사이비 자연이다. 문명의 입장에서 보면 자연을 원시라고 하지만, 자연의 입장에서 보면 문명은 재현이다. 재현은 필연적으로 재현에 가장 충실한 실재를 향해 나아가기 마련이다. 이것이 시뮬라시옹이라면 이성도 신도 시뮬라시옹이다. 인간은 항상 자신이 손에 잡은 재현을 실재라고 하면서 살아가는 존재이다. 이는 마치 달아나는 신과 달아나는 이상과 달아나는 이상향과 같다. 실재(존재)는 끝없이 달아난다. 존재는 잡을 수 없다. 인간은 스스로를 잡을 수 없듯이 신도 잡을 수 없다. 그래서 존재는 상징과 같이 이중성과 양면성으로 무장하고 있다.

존재와 상징은 그렇기 때문에 이중성을 가역하게(왕래하게) 하는 특권을 인간에게 부여했다. 이것이 너무나 인간적인, 인간적인 것의 비밀이다. 진리를 추구하는 자들은 이를 모순이라고 한다. 그런 점에서 모순은 이미 진리의 모순인 셈이다.

가상 실재와 메시아도 실은 시간의 산물이고, 변형이다. 메시아는 우주와 존재와 본질의 시간적 현현이다. 그래서 미래에만 둘 수 없다. 메시아는 내재성의 초월적 출현이다.

가상 실재와 메시아도 실은 시간의 산물이고 변형이다. 메시아는 우주와 존재와 본질의 시간적 현현이다. 그래서 미래에만 둘 수 없다. 메시아는 내재성의 초월적 출현이다.

시각과 청각

소리나 색이나 둘 다 비물질이다. 파장의 길고 짧음에 따라 소리의 높낮이가 결정되고, 진폭의 크고 작음에 따라 소리의 크고 작음이 결정된다. 색은 밝고 어둠에 따라 명도(높음과 낮음)가 결정되고, 맑고 흐림에 따라 채도(짙음과 옅음)가 결정된다. 소리의 크고 작음은 색의 밝고 어둠과 유사하고, 소리의 높고 낮음은 색의 맑고 흐림과 유사하다. 소리나 색은 모두 파동(파장)을 가지고 있다. 빨강(파장이 길다)에서 보라(파장이 짧다)에 이르기까지 색의 파장은 서로 다르다.

소리와 색의 결정적 차이는 색에는 삼원색(三原色)이 있는 반면에 소리에는 그러한 것(예컨대 三原音)이 없다는 점이다. 또 소리는 시각과 연계되어 있고, 소리는 청각과 연계되어 있다는 점이다. 시각과 연계된 색은 삼원색을 가지고 있음으로써 색깔을 가진다. 색은 비록 소리와 같이 물질은 아니지만, 삼원색은 색의 원소(원재료)와 같은 효과를 가진다. 모든 색은 삼원색으로 환원할 수 있기 때문이다. 그러나 소리에는 색깔이 없다. 특정 소리는 내는 물질의 소리에 소리맵시가 있을 뿐이다. 소리는 각 옥타브의 소리가 서로 공명하지만, 색은 혼합하면 자신의 색을 잃어버리고 다른 색으로 변한다.

색은 삼원색으로 환원된다. 소리는 환원될 것이 없다. 색은 물질이 아니지만 시각과의 관련성 때문에 그리고 삼원색을 가지고 있기 때문에 인간으로 하여금 물질과 관련되는 매개 역할을 한다. 다시 말하면 인간은 시각(색)과 언어 때문에 '물질'이라는 개념을 만들어낸다. 이에 비해 소리는 물질을 두드리면 (물질에서) 스스로 드러난다. 소리(청각)는 파동에 불과하기 때문이다. 소리에서 '물질'이라는 개념을 만들어낼 수 없다. 소리는 처음부터 단지 은유일 뿐이다. 미술은 물질(구체성)을 사용하지 않으면 안 되고, 음악은 관념(추상성)과 관련된다. 음악이 미술에 비해 철학적인 이유는 이 때문이다.

색은 물질의 환유이고, 소리는 물질의 은유이다. 환유는 이분법(이원 대립)과 관련되고, 은유는 자체 내의 대칭(음양 대칭)과 관련된다. 불교가 물질을 색(色)으로 표현하고 그 물질의 대립으로 공(空)을 세운 것은 소리에 대한 이해 때문이다. 색(色: 물질)은 색(色)이다.

시각과 의미의 만남(접촉, 연합, 융합, 종합, 통합)은 인류에게 문명을 선물했다. 북두칠성의 각 별들은 북두칠성이 되기 위해 빛나지 않는다. 북두칠성은 아무런 생각도 없이 그냥 각자가 서로 떨어져서 각자의 생멸(운명) 법칙에 따라 빛나고 있다. 그런데 인간은 그들에게 북두칠성이라는 관계를 만들고, 또 그 관계는 다른 상관관계를 만들고, 상관관계는 또 다른 법칙을 만들었다. 만약 시각과 의미를 만들어내는 능력만 없다면 인간의 문명은 없었을 것이다.

문명이란 시각과 의미가 만나서 만들어내는 편견(편차)이다. 문명이라는 것을 지우려고 할 때 우선순위를 따져보면, 기호는 의미를 담는 그릇이다. 기호가 없다면 문명이란 없다. 그다음 의미를 만들어내는 대뇌와 신체 감각 사이의 메커니즘이 없다면 문명이란 없다. 그렇다면 시각의 고정하려는 능력과 의미 발생의 능력을 줄이는 방향으로 나아가면 문명의 비밀을 알 수 있다.

다시 말해서 '인간은 무엇으로 사는가'라는 질문에 이렇게 답할 수 있다. 우선, 시각 대신에 청각과 의미 발생의 연합을 가정해보면 문명에 대한 보다 진전된 의미 규정을 할 수 있을 것이다. 청각은 시각에 비해 자연으로부터 들어오는 것(감각되는 것)을 기준으로 보면 보다 직접적이다. 청각은 간접적인 어떤 틀을 만들려고 하지 않는다. 물론 여러 음악은 소리에 어떤 틀, 형식을 부여한 것이지만 말이다. 소리를 기준으로 보면 문명은 소리의 집중이고 소리의 조형성이다. 그러나 소리는 분산된다. 그렇다면 문명도 언젠가는 분산된다.

인간의 감각을 이용하는 예술이라는 것도 실은 형식(조형성)으로 일정한 모양을 드러내고 형성하는 것이다. 예술은 일정한 형식으로 배열한 것이다. 청각의 재료는 소리이다. 소리는 기의(의미)가 스며들 여지가 가장 적은 감각 재료이다. 감각은 환원할 수 없는 차이를 가지고 있다. 그런데 시각과 의미의 만남에 의해 생긴 관념(觀念)은 이들의 고정시키려는 능력으로 인해 다른 여러 감각을 환원시키려고 한다.

서양 철학은 '시각과 언어의 합작품'이다. 동양 철학은 '청각과 상징의 합작품'이다. 언어는 확실성과 개념을 지향하지만, 상징은 불확실성과 이중성을 지향한다. 세계에는 확실성의 것만 있는 것이 아니고 불확실성의 것도 있다. 이 말은 과학적으로 보면 과학적인 세계만 보게 되고, 상징적으로 세계를 보면 상징적인 세계가 있다는 뜻이다.

서양의 물리학은 과학 세계를 대표하고, 동양의 주역은 상징의 세계를 대표한다. 상징의 세계는 '일즉이(一卽二) 이즉일(二卽一)', '일이이(一而二) 이이일(二而一)'의 세계이다. 사물을 끊을 수 있다고 생각하거나 끊는 것 때문에 독립과 입자와 동일성(同一性, 部分性, 存在者)과 법칙과 절대가 생긴다. 만약 사물을 끊을 수 없다고 생각하거나 끊지 못한다면 세계는 의존과 파동과 전체성(全體性, 相互性, 存在)과 순환과 상대만 있을 뿐이다. 시각은 본래부터 사물을 끊어진 채로 보는 것이고, 청각은 본래부터 사물을 끊어지지 않은 채로 듣는 것이다. 사물이 소리는 내는 것이 아니라 소리가 사물의 본질이다. 시각은 대상을 낳고 소리는 은유를 낳는다.

존재와 존재자, 모자 관계와 부자 관계

존재와 존재자의 차이를 비유하기란 쉽지 않다. 그러나 존재와 존재자의 관계를 모자 관계에 비유하면 가장 적절한 것 같다. 존재는 어머니이고 존재자는 자식이다. 자식은 어머니의 몸(자궁)에서 태어난다. 어머니는 자식을 낳기 때문에 자식의 근본이다. 자식은 어머니와 떨어지래야 떨어질 수 없다. 그러나 자식은 어머니와 별도의 존재인 양 자아(개체, 주체)를 행세하면서 살아간다. 어머니의 몸은 자연이다. 모든 인간은 죽음에 이르러 자연으로 돌아간다. 바로 어머니의 몸과 같은 것이 자연이다.

하이데거에 이르러 우리가 존재라고 생각한 것이 존재자였음을 알게 됐다. 말하자면 우리는 존재를 잃어버리고 존재자와 존재자의 관계 속에서 살아온 셈이다. 존재자와 존재자의 관계는 부자 관계에 비유할 수 있다. 아버지와 아들은 어머니가 다르다. 말하자면 아들을 기준으로 보면 아버지의 어머니는 할머니이고, 자신의 어머니는 바로 어머니이다. 부자 관계는 어머니가 다르기 때문에 근본이 다르다고 할 수 있다. 그래서 부자 관계는 어딘가 서로 경쟁 관계가 된다.

가족은 부부와 부모자식의 관계로 이루어진다. 그러한 점에서 남자(수컷)의 역할을 자연과 동떨어진, 자연의 근본이 아니라고 할 수는 없다. 남자 속에 어머니의 인자가 있고 여자 속에 아버지의 인자가 있기 때문이다. 가족은 자연 속에서 이루어진 사건이다. 그러나 그것을 설명 혹은 해석하면서 어느 관계를 중시하느냐에 따라 철학이 달라질 수 있다.

과학에 이른 이성 중심의 철학을 아버지의 철학, 남자의 철학이라고 한다면 존재의 철학은 어머니의 철학, 여자의 철학이라고 말할 수 있다. 이성 중심의 철학은 시각 중심의 철학, 다시 말하면 눈에 보이는 것을 중심으로 사물을 정리한다. 반대로 존재의 철학은 보이지 않는 것, 다시 말하면 숨어 있는(잊어버리고 있는) 것을 환기시킨다. 이것은 청각 중심의 철학이다. 청각은 소리를 재료로 하는데 소리는 자연을 은유하는 것이다. 과학이 환인 것은 존재(존재자)를 환기(喚起, 換氣)시키고 교환하는 것을 암시한다.

부자 관계는 이상하게도 존재를 잃어버리고 스스로 태어난 존재인 것처럼 서로 경쟁하고 정복하려 한다. 부자 관계는 서로 소유하려고 경쟁하는 대상이 제삼자로 밖에 있는 것처럼 느끼게 한다. 그 제삼자는 여자이다. 부자 관계에서 어머니(자연으로서의)는 없다. 어머니가 다르기 때문이다. 부자 관계에는 무언가 인위(人爲)하고 강제하는 그 무엇이 있다. 그것은 문명이고 권력이다.

하이데거가 존재에서 존재자(언어)로 나아가 존재자와 존재를 드러냈다고 한다면, 데리다는 존재자(언어)에서 존재의 결핍으로 나아갔다고 볼 수 있다. 하이데거는 소리(목소리)의 은유를 이해했기 때문에 존재와 존재자를 자유롭게 왕래하면서 불교의 마음[佛心]과 법성(法性)에 도달했지만, 데리다는 서양의 '말소리 중심주의' 콤플렉스로 인해 존재자(언어)에서 문자 언어(음성 언어의 음성을 간과한)로 피신했다. 문자 에로의 피신은 존재에로 완전한 피안(彼岸)이 아니다.

비록 데리다는 문자를 '공백의 문자'라고 주장하지만, 그것은 아직 문자에 얽매인 것이다. 철학적 대상화의 원인이 문자에 있기 때문이다. 문자를 사용하면서 문자에서 벗어나려는 것은 마치 화두를 잡고 있으면서 화두를 벗어나지 못하는 선사와 같다. 데리다의 단계는 언어의 개념화에서 이중적 의미의 수준에 귀환한 것에 지나지 않는다. 그러나 이중적 의미는 그것을 발생하는 근본인 존재에 이르지 못하고 있다. 문자에 얽매이면 결코 존재자를 존재에 귀소(歸巢)시키지 못한다. 데리다는 존재자에서 존재(존재의 구멍, 틈, 흔적)를 엿봤을 뿐이었다.

부모는 자식을 남이라고 생각하지 않는다. 자식도 부모를 남이라고 생각하지는 않지만 그래도 부모가 자식을 생각하는 것에 비하면 남이다. 존재와 존재자의 관계나 차이는 부모와 자식의 경우와 같다. 더 정확하게는 모자 관계와 같다. 존재는 어머니이고, 존재자는 자식이다. 부부 관계나 부자 관계는 존재자에 가깝고, 모자 관계만이 존재에 가깝다. 부자 관계는 모자 관계의 표층이고, 모자 관계는 부자 관계의 심층이다. 부부 관계는 모자 관계의 표층이고, 모자 관계는 부부 관계의 표층이다.

'현존재'와 '부재'의 자아

하이데거의 현존(présence)은 부재(absent)의 반대 개념이다. 현존은 현재라는 시간을 생각하지 않고는 성립되지 않는다. 그러나 역설적으로 현존의 시간이 현재만 있는 시간이라면 그것은 시간이 아니고 하나의 흐름일 뿐이다. 시간(時間)이란 시(時)의 간격(間隔)이기 때문에 간격이 없는, 현재만 있다면 현재는 이미 시간이 아니다. 현재만 있는 현재는 시간의 무한대의 끊어짐이다.

인간의 모든 문제는 기억과 예상에서 비롯된다. 기억은 과거가 아니고 예상은 미래가 아니다. 기억은 현재의 기억이고, 예상은 현재의 예상이다. 현재 또한 현재·과거·미래를 연결하는 시간으로서의 현재가 아니다. 현재가 시간으로서의 현재가 되면 과거 및 미래와 어디서 구분해야 하는지 알 수 없게 된다. 시간은 겹쳐 있는 것이고 이중성의 것이다. 그래서 하이데거는 시간을 '현재완료의 시간'으로 대체했다. 현재완료는 시간 완료의 의미가 된다. 현재(시간)가 완료되면 이미 그 시간은 시간이 아니다. 현재완료는 단지 시간 자체를 말하기 위한 시간이다.

여기서 현재완료와 현재진행의 차이를 살펴볼 필요가 있다. 현재완료이든 현재진행이든 현재라는 말을 사용하지만 현재라는 시간을 극복하고 싶은 저의가 있다. 그런데 현재진행은 이상과 목적을 전제하더라도 가능한 말이다. 다시 말하면 이상과 목적을 향해 가고 있는 현재진행일 수도 있다. 그런데 현재완료는 그런 이상과 목적을 전제하지 않는다. 그런 점에서 '현존'은 현재진행이 아니라 현재완료에 결부되는 것이다.

현재진행과 관련해 화이트헤드의 '과정 철학(philosophy of process)'을 생각해볼 수 있다. 과정 철학은 주체와 객체를 유지하면서(종래 철학의 주체와 객체를 전도시키면서) 혹은 창조적 이성을 견지하는 입장에서 동양의 불교 철학에 접근한 철학이다. 서양 철학은 하이데거의 현재완료 철학과 화이트헤드의 현재진행 철학으로 동양의 불교 철학에 접근했다고 볼 수 있다. 그들에게서 불교를 동양으로 넘어오는 교량으로 사용하고 있음을 볼 수 있다.

그런데 불교는 순수한 동양, 즉 동아시아의 음양론이 아니고 인도유럽어의 문법 체계를 가진 철학이라는 점에서 완전한 동양은 아니다. 불교와 기독교는 둘 다 인도유럽어의 산물이다. 이것이 동양의 음양론 혹은 천·지·인 사상으로 넘어오려면 동양의 음양 상징주의에 대한 이해가 필요하다. 음양 상징주의는 본능(무의식)에서 존재, 의식, 존재자를 관통할 수 있는 철학이다.

하이데거의 '존재와 시간'에서 존재는 왜 존재 가능성인가를 묻는 것이고 시간은 어떻게 존재의 의미가 되는가를 묻는 것이다. 바로 '현존재(인간)=존재+시간'(하이데거의 전기)을 말하기 위함이다. 이것은 다분히 공시적(共時的)이다. 여기서 공시적이라는 말은 시간이 관계되기는 하지만 특정의 시간이 아니고 인간이 공유하는 시간이라는 뜻이다. 현존재는 존재와 존재자를 왕래하는 특성을 가진 인간을 말하는 용어이다.

하이데거는 현존재를 '다자인(Dasein = there sein = 거기에 있다)'이라 표현했다. 다자인은 본질에 대해 개별적인 것, 현존재를 추구한다. 하이데거는 인간을 현존재라고 함으로써 한편에서는 사물과 인간의 구별을 없애면서(인간이라는 말을 쓰기보다는 '존재'라는 말을 씀으로써) 다른 한편 사물과 인간의 구별을 짓는다(인간은 사물처럼 존재자이면서도 다른 특성을 가진 '현'존재이기 때문이다).

하이데거의 전기는 '존재와 시간'으로 요약되는데, 이때의 존재는 현존재인 인간이 깨달은 존재의 근거로서의 존재를 말하고 시간은 존재의 흐름 자체를 말한다. 결국 존재자를 보지만 그것을 '존재의 존재자'로 바라보는 것이다. 하이데거의 후기는 '시간과 존재'로 요약되는데, 이때의 시간은 역사적인 시간을 말하고 존재를 말하지만 '존재자의 존재'를 말하는 것이다. 이것을 음양 사상으로 말하면 전기는 요철요(凹凸凹)이고, 후기는 철요철(凸凹凸)이다.

하이데거의 철학적 용어를 시간과 공간에서 재음미하면 다음과 같다. 인간이 어느 공간에 있는 존재를 공간이라는 말을 쓰지 않고 말한 것이 '다자인'이고, 이것은 공간의 대안이다. 인간이 어느 시간에 있는 존재라는 것을 시간이라는 말을 쓰지 않고 말한 것이 탈자성(脫自性)이다. 이것은 시간의 대안이다. 이것은 공간 아닌 공간이고, 시간 아닌 시간이다. 자신이 만든 시공간 속에서 살아온 인간은 그것을 벗어나기 위해 그와 유사한 다른 용어를 만든 셈이다.

현존재는 '세상에 존재함(das In-der-Welt-sein)'이고, 나아가서 함께 거주하는 '공동 현존재(das Mitdasein)'이다. 이것은 역사적인 존재가 아니다. 인간은 시간적인 존재이긴 하지만 시간에 예속되지 않는다. 이에 비해 '시간+존재=존재자'(하이데거 후기)의 시간은 통시적(通時的)이다. 통시적이라는 말은 특정의 시간으로서 역사를 말한다. 여기서 인간은 역사적 존재이다. 존재는 시간이 배제된 까닭으로 현존재도 아니고 존재자도 아니다. 존재는 시간(공간)으로 규정될 수 없는 것이다.

소리는 존재이고, 목소리는 현존이다. 하이데거는 소리에서 출발했기 때문에 목소리의 현존에 귀 기울일 수 있었고 소리의 존재(존재성)에 이를 수 있었다. 물론 하이데거의 존재성은 사물의 '물활성(物活性)', '소리를 낼 수 있는 잠재성(가능성)'에 도달하지 못하는 한계를 드러냈지만 말이다. 하이데거는 현존을 현상학적 환원으로 보지 않고 존재의 드러남으로 보았다.

'목소리의 현존'을 환원으로 보는 데리다의 관점은 목소리를 낸 사람의 동일성(자아)을 전제한다. 이는 유대-기독교적 관점의 투사에 다름 아니다. 데리다의 '말-소리 중심주의'로부터의 피난은 제대로 된 피난이 아니다. 데리다는 프랑스 철학의 전통에 따라 문자에서 출발했기 때문에 문자가 내포하고 있는 에크리튀르의 부재를 향할 수밖에 없었다. 데리다의 문자학은 에크리튀르 해놓고는 에크리튀르 한 바탕의 교차배어(交叉配語, chiasmus) 혹은 교직성(交織性)을 상기시키는 일종의 반전이고, 역설이다.

데리다의 문자학은 문자학으로 문자를 지우는 것에 불과하다. 이는 음성(소리)을 절대로 보는 서양의 '말-소리중심주의'에서 벗어나기 위한 철학적 탈출이지만, 이러한 탈출은 자기(인간)가 규정한 것에서 탈출해야 하는 철학적 순환론에 불과하다. '음성'이라는 말 속에 이미 '자연으로서의 소리'가 아닌 '인간의 말로서의 소리'가 개입되어 의미(개념)

269

가 발생한 것을 모르고 있는 소치이다.

데리다는 알파벳 표음문자의 '말-소리 중심주의'에서 탈출하기는 하는데 그 피난처로 표의문자의 에크리튀르를 택한 셈이다. 그러나 이 것은 진정한 피난처가 되지 못한다. 한자는 상형문자로 자연의 모습에 가장 가까운 것 같지만 실은 자연으로부터 벗어나는 시초이다. 이에 비해 소리는 보이지 않기 때문에 쉽게 로고스(절대성)로 둔갑(투사 혹은 삽입)할 수도 있지만 '보이지 않는 것'은 로고스가 될 수 없다.

하이데거의 존재자와 데리다의 부재에는 아직도 자아가 남아 있다. 하이데거는 사물을 존재자로 말함으로써 자아가 투사되어 있고, 데리다의 부재는 부재의 당사자를 투사함으로써 자아를 극복하지 못하고 있다. 하이데거는 시간을 떨치지 못하고 있고, 데리다는 공간에 매달려 있다.

소리를 로고스로 규정한 것은 서양 알파벳 문명권의 특성(착각)일 뿐이다. 데리다가 말한 에크리튀르의 부재는 인간 중심주의(자아 중심주의)를 벗어나는 불교적 '공(空)의 세계'가 아니라 '글을 쓴 자'(인간)의 부재이다. '글을 쓴 자'의 부재는 인간에서 벗어나는 것이 아니라 도리어 그것에 매달리는 방식이다. 그래서 그것(무엇)을 이상(理想)하게 된다. 그래서 불교의 공즉시색(空即是色)의 경지에 도달하는 것이 아니라 에크리튀르한 공간(空間)에 매달리는 것이다.

서양의 '말-소리 중심주의'는 소리(음성)를 절대적으로 규정해놓고, 그것에서 탈출한다고 북새통을 떠는 자작극에 불과하다. 소리(음성)가 왜 절대적이 되는지 모르겠다! 서양 문명권이 아닌 동아시아 한자문명권에 속해 있는, 그중에서도 한글(훈민정음)의 나라에 속한 나로서는!

소리야말로 상대적인 파동의 세계이고, '무의미의 세계'이고, '열린 기호의 세계'이다. 문자는 '의미의 세계'이고, '닫힌 기호의 세계'이다.

문자학으로 문자를 지우는 것은 서양 문명의 자작극이다. 문자(기호)는 설사 바로 개념에 봉사하지 않는다고 하더라도 언젠가는 개념에 참여함으로써 자연에 대한 '절대와 소유의 구조'를 담고 있다. 그런데 문자학으로 '절대와 소유'를 벗어나고자 하는 것은 자기 기만에 불과하다. 인간의 생각과 의미가 들어가 있는 '음성(말)'이 아니라 자연의 '소리' 자체로 돌아가지 않으면 결코 존재의 본질에 도달할 수 없다.

데리다는 문자의 기록(기억)에 의해 과학이 이루어지는 것을 간과했다. 데리다는 문자(기록성을 간과)에 걸리고, 하이데거는 언어(도구성으로 인해 존재자의 원인됨을 간과)에 걸려서 필자의 소리철학이나 일반성의 철학에 완전히 도달하지는 못했다.

데리다는 표음문자의 표음에서 바로 표의문자의 문자로 건너갔다. 그럼으로써 그는 문자 이전의 음성 언어의 음성과 존재, 소리의 일반적 존재에 도달하지 못했다. 음성은 현존재(인간, 자아)의 존재성이라면 소리는 존재 일반의 존재성이다. 음성을 특수 상대성 이론에 비한다면 소리는 일반 상대성 이론에 비할 수 있다.

불안, 양심, 자유도 자연의 그림자

인간이 존재를 느끼는 것은 죽음에 대한 '불안'과 '양심'의 소리 때문이다. 그런데 가만히 들여다보면 죽음은 개체적 생명의 멸함에 대한 불안이고, 양심이란 종(집단)의 연속과 관련 있는 것 같다. 결국 존재는 자연의 한 생물종으로서 가지는 바탕을 본능적(본성적)으로 느끼는 것이다. 불안과 양심의 공통적 기반이 자연으로부터의 상속이라는 것을 알 수 있다. 이것은 자연의 그림자이다.

인간의 생각과 그것을 바탕으로 하는 철학은 그 바탕인 자연을 돌아보게 한다. 그런 점에서 생각은 이미 재생각(再生覺, 再考)이다. 존재는 자연에 대한 철학적 재해석이다. 그렇다면 '자유'란 무엇인가. 인간이 자연에 내놓은 종합적인 대안이다. 그러나 자유조차 자연의 그림자이다.

자연은 '닫힌 존재'(사물, 존재자)가 아니고 '열린 존재'이다. 인간이야말로 닫힌 존재이다. 그런데도 인간은 자연이 닫힌 존재이고, 자신이 열린 존재인 줄 안다. 자연은 인간이 말하는 사물이 아니다. 인간은 사물(자연)을 무엇인가 스스로 일으키지 못하는 존재인 줄 안다. 그러나 그렇지 않다. 사물은 끊임없이 무엇을 일으키고 있다. 인간도 역시 사물의 상속자로서 무엇을 일으키고 있는 것이다. 그런데 무언가 일으키는 사물들이 정지해 있는 것이 제도이다.

인간은 정지된 제도(존재자)를 기준이라고 한다. 그래서 인간은 기존의 제도를 새롭게 일으키는 것에 관심이 많다. 제도는 매우 한시적인 존재자이다. 인간은 항상 새로운 제도와 기술을 만들지 않으면 안 되는 운명이다. 인간이 만든 가장 근본적인 제도가 시간과 공간이다. 그래서 인간을 벗어나려면 시간과 공간을 벗어나야 한다.

자유, 불안, 양심은 프랑스 혁명의 사상이며 근대적 사고의 원형이 된 자유, 평등, 박애와 대칭시킬 수 있을 것이다. 자유, 평등, 박애는 인간이 자연에 적응하면서 건축한 문명의 세 기둥과 같다. 자유는 시간(역사)에 저항하는 것이고, 평등은 공간(사회)에 저항하는 것이며, 박애는 시공간(몸)에 저항하는 것이다. 이들 사상을 기하학적으로 보면 자유는 수직, 평등은 수평, 박애는 원에 해당한다. 이를 천·지·인 사상으로 보면 자유는 천, 평등은 지, 박애는 인에 해당한다. 인간은 사랑을 택할 수밖에 없다. 그리고 천지는 자연의 사랑이라고 할 수 있는 플러스마이너스의 기(氣)로 가득 차 있다. 전기는 기의 이용 가능한 형태이다. 자연은 시간과 공간이 아니라 전기, 기로 충만해 있다.

서구 기독교와 칸트 철학의 공모는 바로 '자유'에 있다. 기독교는 천지 창조를 하나님이 했지만 인간의 타락의 여부는 인간의 자유와 선택에 달려 있다고 말한다. 칸트는 실천이성 비판과 판단력 비판에서 인간을 '자유의지'의 존재로 규정해놓았다. 결국 '자유'라는 것은 모든 논의가 돌아오게 하는 순환론의 원점이다. 말하자면 자유는 모든 사건에 대한 원인이요 원죄이다.

'자유'라는 말은 글자 그대로 '자기로부터 말미암는' 것이고, 선택은 '양자택일'이다. 인간은 '자기로부터 말미암은 존재'이고 '양자택일의 존재'가 된다. 이것은 세계를 설명하기 위한 하나의 틀, 말장난(말의

273

자연	천(天)/기(氣)	자유(자유)	시간(역사)	수직
	인(人)/신(神)	박애(양심)	시공간(몸)	원
	지(地)/정(精)	평등(불안)	공간(사회)	수평

합리화, 말의 알리바이)에 지나지 않는다. 그렇다면 '자유로부터 비롯되는' 자유는 어디에서 비롯되는가. 아마도 자유는 자연에서 비롯되는 것이고, 자유는 자연을 모방한, 자연을 카피한 인위의 출발이다. 기독교 신학의 구성과 철학의 구성은 같은 것이다. 모든 설명은 본질이 아니고 인위이다.

자유와 자연은 같은 것이면서도 다른 것이고, 다른 것이면서도 같은 것이다. 자유는 의식적인 것이고 자연은 무의식적인 것이다. 의식적인 것은 인위적인 것이고, 무의식적인 것은 자연적인 것이다. 세계는 의지나 의식이 아니고 '의기(意氣)'이다. 의기는 의미(意味)와 기(氣)의 결합이다. 기는 움직이는 원천적인 힘이다.

그러나 기를 의미의 차원에서 보면 무의미이다. 의기는 의미와 무의미의 결합이다. 세계는 의미이기도 하고 무의미이기도 하다. 인간이 세계를 의미의 세계로 만들었다. 『성경』과 철학은 '세계의 의미(의미화)를 위한' 말장난(말의 합리화)이다.

인간의 모든 행위는 자연으로부터 비롯된 자연의 그림자와 같은 것이다. 인간은 단지 자연을 그렇게 설명하는 존재이다. 그러나 자연은 인간의 설명대로 존재하는 것이 아니다. 자연은 '것'(불완전이름씨)이 아니다.

인간의 과학은 세계를 물질(무기물)로 만들어버렸다. 그래서 인간의 정신은 새로운 신을 만들지 않으면 스스로 물질이 될 위험에 처해 있다.

신은 인간종이 무기물화되는 멸종의 시간을 지연시키기 위한 장치이고 피난처인 공간을 확장하기 위한 장치이다.

까마귀 오(烏)자의 비밀: 어둠과 빛의 이중성

까마귀 오(烏)자에는 비밀이 있다. 까마귀는 고구려에서 태양을 상징하는 새였다. 그런데 까마귀는 동시에 검은 것을 상징하는 새이다. 왜 태양을 상징하는 새가 검은 새인가. 여기에 검은색과 태양의 밝은 색의 이중성이 함축되어 있다. 이것은 우주의 이중성을 드러낸다. 참으로 인간의 지혜가 그 옛날부터 열려 있었음을 알 수 있다. 그런데 왜 태양을 상징하는 까마귀는 다리가 세 개인 삼족오(三足烏)인가. 조류인 까마귀는 다리가 두 개다.

삼(三)은 우주의 역동성을 상징한다. 삼은 홀수로 우주가 본래 하나이면서 역동적으로 움직이는 것은 상징한다. 홀수는 항상 일(一)을 상징하고 있다. 이에 비해 짝수는 항상 이(二)를 상징하고 있다. 짝수는 우주의 대칭성을 상징한다. 동양의 태극 음양 사상에서 태극은 정지된 하나가 아니라 음양을 품고 있는 역동적 하나이다. 이는 서양의 최초 원인(first cause), 일점(一點)의 원인으로서의 하나와 다르다. 서양에서 삼은 정·반·합의 변증법에서처럼 정체성을 가진 합으로 사용될 수도 있다. 동서양 문명이 하나[一]를 두고도 서로 다르게 사용하고 있음을 볼 수 있다.

고대사에서 한국과 일본의 관계를 보여주는 신화가 있다. '연오랑과 세오녀' 신화이다. 『삼국유사』에 나오는 이 이야기의 내용은 이렇다. 신라 제8대 아달라왕(阿達羅王, 재위 154~183)이 즉위한 지 4년째인 정유년에 동해 바닷가에 연오랑(延烏郎)과 세오녀(細烏女) 부부가 살고 있었다. 하루는 연오랑이 바다에 나가 해조를 뜯고 있는데 갑자기 바위가 하나 나타나더니 그를 태우고는 일본으로 갔다. 세오녀도 바위를 타고 일본으로 뒤따라갔다. 두 사람은 일본에서 왕과 왕비가 되었다. 이때 신라에서는 해와 달이 빛을 잃었다. 일관(천문관)이 왕에게 아뢰었다. "해와 달의 정기가 우리나라에 내렸다가 이제 일본으로 가버렸기 때문에 이런 변괴가 생긴 것입니다." 왕은 사신을 보내 두 사람에게 돌아오기를 청했으나 거절당하고 세오녀가 짜준 비단을 가지고 와서 제사를 지내니 해와 달이 예전처럼 빛을 되찾았다.

연오랑과 세오녀의 이름에 모두 까마귀 '오'가 들어 있다. 까마귀는 태양을 상징한다. 태양을 상징하는 부부이다. 그런데 그 이름이 상징하는 것이 재미있다. 연오랑의 연(延)은 태양(권력)을 연장하는 의미가 있고, 세오녀의 세(細)는 베를 짜는 것과 관련 있다. 오늘날 일본의 국기가 태양을 상징하는 일장기(日章旗)이다. 까마귀 '오'자는 우주 발생의 신비와 권력의 발생, 그리고 권력의 이동을 상징한다.

메시아는 인간 각자의 실존적 과제

메시아와 미륵 사상은 시간의 미래에 대한 종교적 답이다. 그렇다면 하나님과 부처님은 시간의 과거에 대한 종교적 답이다. 시간의 현재는 기독교에서는 예수님이고 불교에서는 석가모니이다. 현재는 항상 메시아와 미륵을 기다린다. 메시아와 미륵 사상은 구원자나 해결자(해방자)를 기다리는 신앙이다. 이들은 모두 시간에 대응한 종교적 신앙의 대상이다.

시간(과거, 현재, 미래)을 만들어낸 인간은 그것에 대응하는 존재로서 신앙의 대상을 만들어내지 않을 수 없었다. 메시아와 미륵 사상도 이런 시간의 산물이다. 메시아는 현실적으로 다분히 죽게 되어 있는 운명이다. 왜냐하면 메시아가 현실에서 실현되면 더 이상 이상과 희망이 필요 없어지게 되고, 이는 희망이나 기다림에 대한 배반이기 때문이다. 인간은 메시아를 기다리면서도 메시아를 죽이는 '이중성(모순)을 가진 존재'이다.

인간은 현재의 불행과 고통보다 이상과 희망이 없어지는 것을 더 견디지 못한다. 따라서 메시아는 인간의 합리화를 위한 합목적성의 표상이다. 사람들은 차라리 메시아를 영원히 기다리고자 할지 모른다. 그래서 현실로 나타난 메시아는 불행할 뿐만 아니라 각종 비난과 몰이해와 저주와 고통에 직면하게 된다.

설사 진정한 메시아가 현실에 나타났다고 할지라도 필연적으로 실패하게 되어 있다. 역사와 시간 속에서 한 때(한 장소)의 메시아적 이상이 유지된다는 보장이 없기 때문이다. 그렇기 때문에 미래가 계속되듯이 메시아도 다른 메시아로 계속되어야 한다.

메시아는 메시아가 되기 전에 죽거나 메시아가 된 후에 다른 메시아에 의해 죽게 된다. 누구누구의 후신(後身)이라는 것은 합리화의 기술에 지나지 않는다. 왜 자유를 주고 벌을 주고 구원을 하고 죽은 뒤에 부활을 기다리게 하는가. 이것은 모두 자연을 모방한 인간의 합리화와 역사의 알리바이이다.

메시아·미륵 현상(再臨, 如來, 彌勒)은 '먼데서 온 손님'과 같아서 자신이 태어난 곳에서 성공하기 어렵다. 외래 종교가 자생 종교보다 더 부흥하는 이유가 여기에 있다. 천국이나 극락에 가는 것은 낯선 곳으로 가는 것과 같은 것이기 때문에 낯선 곳에서 온 자가 더 그것을 실현할 수 있을 것으로 보이는, 신비주의나 착시 현상과 관련이 있다. 인간은 3차원의 존재이다. 그래서 시간 자체의 변수(시공을 초월하는 변수)로 4차원을 생각하지만 여전히 4차원을 3차원으로 해석하게 된다.

인간 사회가 존재하는 한 역사적 메시아는 계속 존재할 것이다. 인간은 그렇게 스스로를 속이면서, 스스로에 속으면서, 오류와 진리를 반복하면서 살아가고 위로받는 존재이기 때문이다. 이러한 속임수는 사회적 사기와는 다르다. 인간이 생존하기 위해서 본능적으로 개발한 자문자답의 프로그램이기 때문이다. 만약 시간이 없다면, 메시아와 미륵은 현재(시간 자체)에 시시각각 있어야(출현하여야) 하고, 인간 각자가 스스로 되어야(성취하여야) 하는 실존이다.

신앙은 대상이 있는 존재론

신앙은 믿음의 대상이 있다. 이때의 대상은 과학의 대상과는 다르다. 신앙의 대상은 그것이 처음이자 마지막이다. 그러나 과학의 대상은 관찰과 실험의 대상이자 재료이다. 설사 대상을 마야(Māyā. 환상)라고 규정하는 불교에서조차 종교적인 믿음의 대상을 두지 않을 수 없다. 불교의 부처와 보살이 그러한 것이다. 그러한 점에서 불교는 반종교의 종교이다.

존재론의 철학은 대상을 두지 않는 철학의 종교이다. 존재론은 철학적 종교이다. 종교는 철학자가 아닌 보통의 일반인(생활인)이 존재에 이르는 가장 간편한 길인지도 모른다. 그렇기 때문에 개인의 신앙에 대해 가부나 귀천으로 따지거나 나무랄 수 없다. 신앙의 자유는 인간이 이룩한 가장 귀중한 성과인지도 모른다.

가장 존재론의 철학에 근접하는 불교 철학은 존재론의 철학이라고 할 수 있다. 특히 노장 철학은 그것을 종교화하지 않았다는 점에서 존재론의 철학 그 자체라고 할 수 있다. 노장 철학은 도교와는 다르다. 도교는 종교화된 노장 철학이라고 할 수 있다.

인간은 왜 믿음의 대상을 만들고 그 대상을 통해 간접적으로 우주의 진리와 안심입명에 도달하려 하는가. 특정 성인의 경전을 통해 우주와 인간에 대한 나름대로의 세계관을 갖게 되는 경우도 많다. 우주는 매우 상황적(contextual)이다. 그러한 상황에서 솟아오른 텍스트를 가지고 인간은 삶의 지표나 표준으로 삼는다. 그러다가 그 텍스트의 시효가 끝나면 다시 다른 텍스트를 준비하게 된다. 모든 텍스트에는 시효가 있다. 자연을 제외하고 말이다.

인간은 따로 갈 곳이 없다. 어디로 간다고 구원이 되는 것도 아니고, 이상이나 이상향이 실현되는 것도 아니다. 구원이나 이상, 이상향은 인간이 만들어낸 환상에 불과하다. 죽음이 문제가 아니라 죽음에 대한 인식과 의식이 문제이다. 죽음이라는 한계 상황은 피할 수도 없고, 모든 존재는 그것을 기꺼이 맞이한다. 그런데 인간만 죽지 않고 영원히 살 것과 살 곳을 찾는다. 만물은 죽음이 부활이라는 것을 안다. 자신이 죽으면 다른 존재가 되어 태어난다. 그런데 인간만 자신의 정체성(영혼)을 가진 채로 다시 태어나기를 기대한다. 이는 모두 언어의 훈습과 환상 때문이다.

인간은 제자리에서 태어나고 제자리에서 죽을 수밖에 없다. 다시 말하면 태어난 곳이 제자리요, 죽을 곳이 제자리이다. 이것을 알면 따로 신앙이 필요하지 않다. 자연이야말로 최고의 종교이다. '스스로 그러한' 자연(自然) 말이다. 여기서 자연은 명사가 아니다. 자연의 전체는 볼 수 없기에 부분을 가지고 전체를 짜 맞출 수밖에 없다. 이것이 인간의 인식과 의식의 한계이다. 따라서 전체는 전체로, 모르는 것으로, 알 수 없는 것으로, 한꺼번에 볼 수 없는 것으로 말할 수밖에 없다.

우주 전체를 대상으로 할 때 남자와 여자의 접근 방식이 다르다. 남자는 '이성적으로 원리'를 추구하고, 여자는 감성적으로 '몸을 가진 인격적 신'을 원한다. 그래서 여자에게는 원리 대신에 원죄가 부여되었다. 남자는 마음의 존재, 여자는 몸의 존재이다. 남자는 철학으로 깨닫고,

여자는 신앙으로 깨닫는다.

인간은 인식의 존재이자 자아의 존재이지만, 굳이 말한다면 남자는 자아의 존재이고, 여자는 무아의 존재이다. 여자가 무아의 존재라는 것은 인식의 입장에서 보면 열등한 것 같지만, 자연의 계승자의 측면에서 보면 우월한 존재이다. 상반된 것들은 항상 함께 있다. 상반된 것들을 설정하는 것 자체가 이미 인간 존재자의 삶의 특징이다.

남자들의 정복과 전쟁이라는 것도 인간 존재를 더 멀리 퍼져가게 하는 기술이고 본능이다. 평화와 화평이라는 것도 보다 멀리 퍼져간 인간이 자신의 종족을 유지하기 위한 기술이고 본능이다. 물론 정복과 전쟁, 평화와 화평 사이에도 인간의 혼인과 종족번식은 일어난다.

흔히 적들은 혼인 관계에 있는 당사자들이다. 가부장 사회, 국가 사회가 되면서 혼인의 기호가 된 여자들은 그래서 종종 이중적(친정과 시집의) 신분으로 인해 난처한 입장에 빠진다. 여자가 이해득실의 발생에서 시집의 편에 서게 되는 것은 자식이 이미 시집의 성씨를 가졌고, 시집에 볼모로 잡혀 있기 때문이다.

에콜로지와 포노로지

에콜로지(ecology)야말로 모든 학문의 끝이고 철학의 끝이다. 철학은 본능을 감춘 언어의 유희이다. 인간은 본능으로 살아오면서 본능이 아닌 것처럼 위장해왔다. 위장과 위선의 역사가 인간의 역사이다. 그 위장과 위선에 군림한 자가 권력이다. 철학은 이제 권력과 비권력의 경계에 있다. 철학은 문명과 자연의 경계에 있다. 자연의 본능을 문명의 권력의지로 대체한 것이 바로 문명과 철학의 역사이다.

인간은 자연에 대해 더 겸손해질 수밖에 없다. 철학이 본능을 재발견한 것은 도리어 다행이다. 인간이 자연의 존재라는 것을 발견하는 일은 무위자연에 도달하는 첩경이다. 인간은 자연에 아무 한 일이 없다. 일이란 그냥 자연에서 태어났다가 자연으로 돌아가는 일뿐이다. 자연은 결코 인간에게 소유를 허용하지 않는다. 인간이 한시적으로 소유했다고 착각할 뿐이다.

자연은 결코 존재가 아닌 적이 없다. 자연의 이면도 자연의 표면도 모두 존재이다. 존재(본질)는 현상이다. 이사무애(理事無碍), 이사무분별(理事無分別)이다.

현실계, 상상계, 상징계

현실계와 상상계는 정반대인 것처럼 생각하지만 사물을 대상화한 다는 점에서 공통적이다. 현실계는 대상화하는 데 제한적이고, 상상계 는 대상화하는 데 무제한적이라는 점이 다르다. 그러나 인간이 사물을 대상화하는 데에서 상상계의 영향이 현실계보다 훨씬 크다. 도리어 상 상계는 대상화하는 데 주도적이다.

현실계와 상상계는 영향을 미치다가 서로의 경계를 지워버릴 수도 있다. 이 둘은 서로 상호작용하면서 사물의 대상화를 이끌어왔다. 예컨 대 천국과 극락은 현실계와 상상계가 상호작용한 산물이다. 천국과 극 락은 인간이 이루어야 하는 목표로서 대상화의 꽃이며 금자탑이라 할 수 있다. 현실계와 상상계는 이중적이며 공동 거주하고 차연의 관계에 있다.

욕망을 극도로 확대하는 것은 욕망의 산물이지만, 욕망을 극도로 축 소하는 것도 욕망의 산물이다. 욕망은 자연에 대한 새로운 용어이다. 자연은 욕망하고 있다. 그러나 인간에 이르러 욕망은 두 갈래의 길이 되 어버렸다. 그 두 갈래의 길이 서로 균형을 이루면 이상적이고 행복해지 지만 그렇지 못하면 경쟁적이고 불행해진다.

현실계와 상상계는 중간에 거울이 있는 것처럼 반사적이다. 예컨대 현실의 꿈과 꿈의 현실이 있다. 그런데 이 둘이 이중적으로 겹치면 가상 (假想)의 가상이 된다. 세계는 환영이다. 그런데 만약 두 세계의 중간에 거울이 있는 것이 아니라(거울과 같이 면이 평평한 것이 아니라) 파동과 같이 흔들리는 것이 있다면(음악과 같이 리드미컬한 것이 있다면) 세계에는 환영이 있을 수 없게 된다.

세계는 무엇이 무엇을 비추는(반사하는) 것이 아니라 혼돈처럼 파동칠(소리칠) 것이다. 거울은 입자의 세계이다. 파동은 소리의 세계이다. 입자는 질서를 향해 가고, 파동은 혼돈으로 간이다. 그런데 문제는 항상 이들이 함께 있다는 점이다. 이 점이 세계를 이중적이고 모호하게 한다. 세계에는 존재와 존재의 관계가 있고, 존재와 존재자의 관계가 있고, 존재자와 존재자의 관계가 있다.

언어의 세계인 상징계는 현실계와 상상계를 언어화하기(잡기) 위해 부단히 애를 쓴다. 그러나 언어가 이들 세계를 결코 모두 잡지는 못할 것이다. 언어는 자신이 잡은 만큼의 세계를 바라본다. 언어가 있은 뒤에 세계가 있는 것은 아니라 세계가 있은 뒤에 언어가 있다. 언어는 호모사피엔스사피엔스의 등장을 기다렸다고 결과론적(진화론적)으로 말할 수 있다.

그러나 상징계는 라캉의 경우에서처럼, 엄정하고 결정적인 의미를 가진 언어가 아니라 이중적이고 모호하고 희뿌연 의미의 세계로 가정할 필요가 있다. 상징이 가지고 있는 정반대의 이중적 의미는 의미가 에너지의 이동이라는 것을 말해준다. 그래서 상징은 기(氣)와 왕래한다.

상징의 가장 대표적인 사례가 동양의 음양론이다. 음양론은 개념이나 정체가 있는 것이 아니라 대칭되는 것들의 다원다층의 운동, 이중 나선 구조 운동의 세계이다. 여기서 DNA(4염기)와 주역(64괘)이 만난다. 원인과 결과, 창조와 종말은 상징의 한 묶음이다. 이것을 이원 대립항으로 만든 것이 인간의 인식이고 과학의 세계이다.

세계의 원인은 명확한 것이 아니다. 세계의 모든 것은 결과되어졌다. 인간은 그 가운데 출현해 '결과되어진' 것에서 원인을 찾는 그런 족속이다. 인과론은 원인론이다. 그러나 그 원인을 알 수는 없다. 저마다 원인을 소리칠 뿐이다. 아는 것은 세계의 부분뿐이다. 부분이기 때문에 안다고 할 수 있다. 이것이 지식이다. 전체 혹은 실재는 알 수 없다. 세상에 태어난 인간은 지식에서 전체에 있어 본 적이 없다. 전체를 볼 수 없기 때문이다. 전체는 가상일 뿐이다.

그러나 지식의 문제가 아니라 삶의 문제로 세계를 바라보면 인간은 항상 전체에 있었다. 인간은 결과적으로 전체에 산다. 인간은 원인적으로 전체를 알 수 없지만 결과적으로 전체에 산다. 이것이 앎, 지식과 삶, 지혜의 차이다. 지혜자는 죽음에 순명한다. 개체의 죽음은 그 전체로 돌아가는 것이다. 세계는 결과적 존재이다. 그 속에서 인간은 원인적 존재자가 되어 있다. 원인은 부분(부분론)이고, 결과는 전체(전체론)이다. 그러나 원인은 항상 전체인 척한다.

남자를 중심한 세계론(우주론)은 원인론이고, 여자를 중심한 세계론은 결과론이다. 그런데 역사는 전자의 편이다. 자연은 결과론이다. 역사는 인과론이다. 인과론을 대표하는 것이 창조론이다. 자연은 결과론이다. 결과론을 대표하는 것이 진화론이다. 인간은 창조론과 진화론의 사이에 있다. 창조론은 진화론의 일부이다. 창조론은 절대론이자 이(理)의 세계이고, 진화론은 상대론이자, 기(氣)의 세계이다.

존재는 이름이 없다

존재는 자기 몸 자체에 대한 믿음이다. 자기 몸 자체에 대한 믿음은 사물 자체에 대한 믿음이고 긍정이다. 믿음은 몸 자체와 분리되지 않는다. 언어가 인간으로 하여금 스스로를 자연과 분리시키고 인간 내부에 수많은 자기 분열을 초래함에도 불구하고 믿음을 자기를 잃지 않는다. 존재는 '자기 몸'을 통해 '세계의 자기'에 도달한다.

존재는 하나(전체성)의 가능성이며 잠재성이다. 존재는 하나(부분성)의 결정성이 아니다. 그런데 존재는 하나의 가능성이기 때문에 하나의 결정성을 수용하지 않을 수 없다. 과학은 바로 그런 경우이다. 그런데 만약 과학이 자신을 하나의 전체성으로 착각한다면 인간은 언젠가 멸망할 것이다. 왜냐하면 하나의 전체성인 자연은 멸망할 수 없기 때문이다. 자연(존재)이 부서지는 것이 아니라 인간(존재자)이 부서진다. 이것을 인종의 멸망이라고 말할 수 있을 것이다.

인간에게 가장 무용(無用)한 것은 인종의 멸망에 대해 알려는 것이다. 실제로 멸망한다면 아무런 소용이 없기 때문이다. 그런데 만약 인종의 멸망을 막을 수 있는 방법이 있다면 그것만큼 최대치(극대치)의 이용가치를 지닌 것도 없을 것이다. 그래서 극과 극은 통한다. 무용의 극대치 바로 옆에 이용의 극대치가 있다.

존재는 스스로를 모른다. 스스로를 알면 이미 존재가 아니다. 존재는 결코 잡히지 않는다. 잡힌 것은 이미 존재자이다. 존재는 잡기 전에 지나가기 때문에 이름을 붙일 수 없다. 존재는 이름을 붙이지 않는다. 존재는 스스로 고정된 이름이 아닌 소리를 통해 교감한다. 존재에 가장 가까운 것은 소리이다. 이 점을 인식한 인간은 존재를 절대적으로 만들어버리는 우를 범했다. 그것이 바로 서양 문명이고 존재 신학과 자연과학의 문명이다.

존재는 절대적인 소리가 아니라 상대적인 소리이다. 절대적인 세계라는 것은 상대적인 세계의 어느 부분(전체나 총체의 끊은 부분)을 절대적인 양 규정한 것일 뿐이다. 절대신, 절대음, 절대운명 등 '절대'라는 글자가 붙은 모든 것은 그렇다. 존재는 절대가 아니다. 존재는 상대이다. 절대는 상대의 어느 하나를 절대화시킨 것일 뿐이다. 존재는 자연이고, 이름은 문명이다. 이름은 자연과 문명의 문지방(경계선)이다.

무엇을 두고 없다고 말하는 것은 그 무엇이라고 규정한 것이 없는 것이지, 본래 없는 것이 아니다. 인간은 자신이 규정해놓고 그것을 두고 다시 갑론을박한다. 인간은 왜 그렇게 갑론을박하는가. 인간이 언어(이름, 지칭)를 사용하는 존재이기 때문이다. 만약 어떤 사물에 이름을 붙이지 않으면 논박할 것이 없다. 예컨대 하늘이라는 것도 본래 하늘이 아니다. 말하는 자의 하늘일 뿐이다.

본래적(本來的)인 것은 말할 수 없다. 그래서 석가모니는 석가 여래(如來)라고 말했을 것이다. 물론 여래가 있다면 여거(如去)가 있어야 할 것은 뻔하다. 여거를 굳이 말하지 않을 따름이다. 존재는 오는[來] 것이 아니라 오는 것 같고[如來], 가는[去] 것이 아니라 가는 것 같다[如去].

야구와 축구, 남성성과 여성성

야구는 남성성이 과장된 게임이고, 축구는 여성성이 확장된 게임이다. 야구의 방망이는 남성의 페니스에 해당하고, 축구의 골문은 여성의 자궁에 해당한다. 야구는 피처에 의해 시작되고, 수많은 피처의 투구와 이에 맞서는 타자의 타격에 의해 진행된다. 이는 공격 대 공격이다. 야구의 홈런은 장외라는 것을 설정해 게임을 역전시킬 수 있다.

축구는 수많은 패스에 의해 이어지면서 골을 골문 안으로 집어넣고 그물을 갈라야 득점을 한다. 축구는 공이 그라운드 밖으로 나가면 상대에게 공이 넘어간다. 야구는 회전의 경기이다. 경기 시간과는 상관이 없다. 축구는 시간의 경기이다. 정해진 시간이 지나면 게임이 끝난다.

야구는 공간의 경기이다. 홈런은 아무리 멀리 가더라도 상관이 없다. 축구는 시간의 경기이다. 정해진 시간 안에 골을 넣어야 한다. 야구는 연장전이 있지만 점수를 얻어야 끝난다. 축구는 승부차기로 마지막 승패를 가른다. 야구는 공격 위주의 경기이고, 축구는 수비 위주의 경기이다. 야구는 창이고 축구는 방패이다. 야구는 매 순간 개인 대 개인의 승부의 경기이고, 축구는 정해진 시간 동안 패스에 의한 네트워크의 경기이다.

야구는 직선(안타)의 공격으로 시작해 홈으로 돌아오면(홈인) 점수를 얻는 경기이고, 축구는 수많은 패스의 곡선(원) 운동 끝에 골을 가르는 슈팅(직선)으로 점수를 얻는 경기이다.

철학에도 야구 식의 철학이 있고 축구 식의 철학이 있다. 야구 식의 철학은 남성적·가부장적·시각적 철학이고, 축구 식의 철학은 여성적·모계적·청각적 철학이다. 야구 식의 철학을 보편성의 철학이라고 하고, 축구 식의 철학을 일반성의 철학이라고 한다. 야구 식의 철학은 눈과 손을 중시하고, 축구 식의 철학은 발과 몸을 중시한다. 야구 식의 철학은 이성 중심 철학이고, 축구 식의 철학은 감성 중심 철학이다. 야구 식의 철학은 존재자의 철학이고, 축구 식의 철학은 존재론의 철학이다.

축구는 골키퍼에게 중심이 있고, 야구는 피처에게 중심이 있다. 축구에서 이기려면 좋은 골키퍼를 가져야 하고, 야구에서 이기려면 좋은 피처를 가져야 한다. 축구는 큰 골문을 가지고 있고, 야구는 좁은 스트라이크 존을 가지고 있다. 축구는 여자의 벌브와 같고, 야구는 남자의 페니스와 같다. 축구공은 여자의 엉덩이처럼 크고, 야구공은 남자의 페니스처럼 작다.

영화와 창녀, 그리고 여신

영화는 본능적으로 창녀를 통해 여신을 찾아가는 무의식의 예술이다. 따라서 영화는 창녀의 예술이면서 동시에 여신의 예술이다. 영화에서 여주인공은 여신을 의미하며 아카데미 여우주연상이야말로 영화의 꽃이고 관심이다. 관심은 관능이 그 뿌리임을 증명한다. 영화는 인간을 본능으로 돌려놓고 개념을 이미지로 돌려놓음으로써 사물 본래에 다가가도록 한다. 사물은 결코 인간의 대상이 되기 위해 존재하는 것이 아니다.

영화는 사람이 몸의 존재임을 회복하는 예술이다. 영화는 인간으로 하여금 모계 사회를 회상하게 하고 그것으로 돌아가게 하는 예술이다. 영화는 역사를 지우고 시간과 공간을 지우는, 그래서 결국 허무로 돌아가게 하는 예술이다. 영화만큼 인간을 존재에로 귀환하게 하는 예술은 없다.

필름은 사물을 화소로 환원시킬 수 있음을 보여주면서 화소의 연결이 곧 이미지임을 확인시켜준다. 인간의 지각 이미지는 필름 화소의 연결과 같은 것이며 본질이 없음을 깨닫게 해준다. 영화는 빛의 예술이면서 빛을 배반하는 예술이다. 영화는 어둠 속의 미묘한 밝음 혹은 밝음 속의 미묘한 어둠을 찍는 최상의 기술로서 우주적 현묘(玄妙)를 달성하는 예술이다. 영화는 무엇보다도 어둠(어두운 극장) 속에서 보게 함으로써 존재를 느끼게 하는 '존재의 예술'이다.

영화가 무성영화에서 유성영화로 넘어가면서 소리를 합류시키는 것은 '필름에서 시작한 영화적 역설'이면서 영화적 완성이다. 영화가 빛과 소리를 동시에 움켜쥐는 쾌거이기 때문이다. 영화는 빛(무성영화)과 소리(유성영화)와 자막(문자)을 통합함으로써 가장 먼저 멀티미디어를 달성했다. 모든 영화 작품은 또 하나의 우주이다.

영화는 평등의 예술이다. 영화는 모든 인간적인 것들과 자연적인 것들을 존재적인 모습 그대로 보여준다. 그래서 영화는 창녀와 깡패와 폭군과 도둑, 그리고 그 어떤 비도덕적인 것들일지라도 내용으로 담을 수 있는 특권을 누리고 있다. 영화는 존재의 예술이다.

영화는 기본적으로 제3의 눈(감독과 관람자)을 인정하고 있다. 따라서 섹스나 에로티시즘에서 매우 도발적이고 외설적이다. 더구나 영화배우나 감독은 현실보다 더 현실적인 화면을 통해 제3의 눈을 속일 줄 아는 존재이다.

영화가 자연주의나 자연과 본능의 회복에 끼친 영향은 막대하다. 영화는 기본적으로 페미니즘적이다. 활자와 달리 눈으로 보는 매체이면서 동시에 귀로 듣는 매체이기 때문이다. 사진은 기본적으로 네거티브이다. 빛을 감광하니까 그렇다. 그래서 여성적이다. 필름을 현상하고 인화해야 포지티브가 된다. 영화는 어둠 속에서 보기 때문에 인화할 필요가 없다. 영화관에서 영화를 보는 것은 어둠 속에서 천체를 보는 것과 같다. 이것은 또한 어둠의 미지를 탐색한다는 점에서 과학과도 같고 섹스와도 같다. 영화, 천문학, 과학, 섹스는 같은 것이다.

사진이라는 문명의 매체는 빛과 어둠으로 우주를 환원하는 장치이다. 음양론을 가장 확실하게 보여주는 것이다. 그래서 잡다한 분류를 지워버리는 새로운 인류의 선악 모델이다. 사진·영화학은 그런 점에서 새로운 종교이다. 사진은 선을 악으로, 악을 선으로 무화시키고 바꿔치는 힘을 가지고 있다. 사진은 어느 것을 선 또는 악으로 규정하지 않는다. 규정하지 않는 매력이 참으로 위대하다. 영화는 사진의 딸이다. 그래서 영화의 여주인공은 영화의 전부이다. 영화는 여성 운동의 최전선에 있다.

사진과 영화의 등장으로 문자의 가부장 사회는 자신의 음모를 만천하에 공개하고 모계 사회에 자리를 내주지 않으면 안 되게 되었다. 이는 문자와 기록의 역사가 가부장 사회를 만든 것과 정반대의 위치이다. 사진은 가부장 사회를 모계 사회로 바꾸는 결정적 매체이다. 영화의 등장으로 여성은 점점 더 권리를 증진하게 되고 여성의 가치를 드높이게 되었다.

문자와 글씨와 그림은 자신이 그리고자 하는 것을 선택해 바탕에 그리지만(옮기지만), 사진은 자신이 앵글을 정한 뒤에 필름에 담기는 이미지(영상)를 선택할 수는 없다. 필름은 전부 다 받아들인다. 전자는 펜과 페니스를 닮았고, 후자는 그릇과 버자이너를 닮았다. 전자는 포지티브이지만, 후자는 네거티브이다.

영화가 비록 어둠의 공간인 극장에서라고 하지만 만천하에 섹스를 드러냄으로써 마치 밝음의 공간에서 죽음을 드러내는 것 이상으로 평등 사회를 구가하는 데 공헌한다. 인간이 빛의 일상의 공간에서 극장이라는 어둠의 공간을 만들어 그곳에서 사진이라는 빛의 예술을 공연하는 것 자체가 우주의 중층적 공간을 증명하는 것이 되었다.

영화의 등장은 우주가 상상의 공간임을 물질적으로 증명하는 것은 물론이고 우주 여행을 가능하게 했다. 그런데 재미있는 것은 우주물리학이 영화와 만나서 피드백 하면서 새로운 문명을 만들고 있다는 사실이다. 이는 소설의 등장과 뉴턴 물리학의 등장 시기가 같은 것과 무관하지 않다.

영화의 공간은 내 마음 속의 공간이다. 그러한 점에서 영화는 새로운 종교이다. 그 종교에서는 날마다 새로운 여신 혹은 창녀를 만들어낸다. 영화에 이르러 그곳에 빠짐없이 등장하는 창녀와 폭력배들로 인해 종교와 폭력의 모양이 비슷하다는 것이 드러났으며 섹스가 종교의 모양과 비슷하다는 것이 드러났다.

사이비 교주들, 사이비 여신들이 득실대는 것이 바로 영화이다. 영화는 주색잡기의, 주색잡기에 의한, 주색잡기를 위한, 주색잡기를 성화(聖化)하기 위한 매체이다. 이 움직이지 않는 스틸의 집합이 적당한 속도로 돌아가면서 시공을 초월하는 세계를 만들어내고 사람들을 열광하게 하고, 움직이는 세계를 잡고 마음대로 요리하다. 이것은 현대의 새로운 마술이다.

영화를 말하는 스크린(screen)이라는 단어는 영화 이외의 여러 뜻이 있다. 그 가운데서도 칸막이, 차폐물, '숨기다'라는 뜻이 있는 것에 주목하지 않을 수 없다. 영화가 화면을 통해 무엇을 보여주는데 왜 '숨기다'의 뜻이 있는가. 아마도 햇빛 속에 많은 사물과 사건이 있는데 그 중에서 특정한 것을 특정한 앵글로 잡아서 어둠의 극장에서 보여주는 것이 마치 다른 것들을 보여주지 않는 것이라는 의미도 있는 것 같다. 이는 스크린에 '포지티브'와 '네거티브'이 의미가 동시에 있음을 말한다. 스크린에는 '보여주는'과 '은폐하는'의 이중성이 도사리고 있다.

바로 이것이 영화의 마술이다.

영화는 어둠과 욕망의 극장이면서 시장이고 교회이고 학교이다. 혹시 미래 사회에서 종교가 가부장 사회의 창녀촌과 같은 기능을 할지도 모른다. 가부장 사회에서 여신은 창녀가 되어 남자의 욕구를 해소해주는 역할을 했지만, 미래의 모계 사회에서 종교는 신의 계시와 성결을 기대하는 청교도들의 욕구를 해소할지도 모르기 때문이다. 창녀는 오염의 기능(혹은 오염을 해소하는 기능)을 했고, 종교는 순결의 기능(혹은 순결을 해소하는 기능)을 하지만, 그 사회의 약점(내홍)을 보완하는 기능을 하는 점에서는 같다.

시, 철학, 과학, 폭력

시인들은 흔히 이유도 아닌 것을 가지고 '왜냐하면'이라고 설명한다. 이때의 '왜냐하면'은 이유를 설명하기 위한 것이 아니다. 존재의 상징과 존재의 상호 관련성을 은유하기 위한 표현이다. 이성적이고 과학적인 사고의 유행은 삶을 온통 이유로 채우려고 한다. 그러나 사람이 사는 이유에 대해 확실히 말할 수는 없다. 삶에 대한 이유는 차라리 '살기 때문에 산다', '사니까 산다'라고 하는 편이 옳다. 삶은 이유가 없다. 이 세상에 정작 근본적이고 위대한 것은 이유가 없다. 존재의 이유는 없는 것이다. 이유가 있는 것은 모두 근본 그다음의 것이다.

시와 철학은 대칭적이다. 대칭적인 것은 대립적이 되기도 하지만 그보다는 이중적이고 동거 관계에 있다. 삶을 영탄하거나 비관하는 시인은 철학자를 싫어한다. 철학자는 이유를 찾고 따지기 때문이다. 플라톤은 시인을 싫어했다. 그러나 플라톤은 위대한 시인이었기 때문에 그럴 수 있었다. 위대한 철학자의 반은 시인이다. 철학은 깨달음의 시이기 때문이다.

세상에는 시인의 삶과 과학자의 삶이 있다. 시인의 삶은 존재의 삶이다. 과학자의 삶은 존재자의 삶이다. 시인은 자기 생명의 근거를 찾고, 과학자는 사물의 인과를 찾는다. 시인은 감사하는 사람이고, 과학자는 생각하는 사람이다. 감사하는 것과 생각하는 것은 어디에선가 만난다. 감사와 생각의 사이에 사유가 있다.

시인은 사물을 대상에서 구출하는 사람이다. 시인은 사물을 스스로에게 돌려주는 사람이다. 과학자는 사물을 대상으로 보는 사람이다. 과학자는 사물에서 스스로를 제외하는 사람이다. 과학자는 사물에서 스스로를 제외하는 사람이면서 스스로에게서 사물을 제외하는 사람이다. 이는 세계에서 스스로를 소외시키는 것이 된다. 소외는 어떤 의미에서든 폭력과 관계된다.

철학을 폭력의 관점에서 볼 수도 있다. 그런 점에서 이성과 폭력은 동거하고 있는 셈이다. 선과 악은 동거하고 있다. 철학은 사물에 대한 언어의 폭력이다. 그런데 그 폭력을 인간은 이성이라고 부른다. 철학적(과학적) 언어들은 사물의 가장 내밀한 부분을 철저하게 해부할수록 훌륭한 철학이 된다. 이는 제사상에 좋은 고기가 오르면 좋은 제사라고 하는 것과 다를 바 없다.

철학이 아무리 부드러운 말로, 부드러운 손길로 사물의 옷을 벗긴다고 해도 사물이라는 처녀에게는 폭력일 수 있다. 철학의 잘못된 부분(비도덕적인 부분)을 형이상학적 폭력이라고 하는데 실은 철학이야말로 폭력과 죽음을 좋아한다. 단지 철학은 언어에 의한 폭력이고 죽음이기 때문에 그것을 관념이라는 가면으로 가려서 드러나지 않을 따름이다.

철학도 주기적으로 폭력적인 우상과 신을 필요로 하고 제사를 통해 신선한 고기를 올리지 못하면 새롭게 되지 못한다. 철학에도 사육제(謝肉祭)가 필요하다.

인간은 자기 최면의 존재

인간은 '자기 최면'의 존재이면서 동시에 '대상 최면'의 존재이다. 자기 최면의 존재라는 특성에서 종교와 주체가 발생한다. 여기서 인간과 신은 끊임없는 자기 왕래의 과정을 거친다. 대상 최면의 존재라는 특성에서 과학과 대상이 나온다. 여기서 인간은 끊임없이 법칙을 발견하게 된다.

그런데 자기 최면의 존재와 대상 최면의 존재는 서로 교차한다. 자기 최면의 존재에서 인간과 신은 주체와 대상의 끊임없는 왕래를 경험하게 되고, 대상 최면의 존재에서 천지 창조의 신과 빅뱅을 설정하게 된다. 샤머니즘이 입장에서 보면 인간은 최면의 존재이다. 여자가 샤머니즘이라는 원시 종교에서 무당(사제)이 되는 것은 자기 최면에 능숙하기 때문이다.

여자는(기록보다는) 자연과의 감각적 소통을 통해 종교가 사회 운영의 중심이 된 시기(대체로 부족 국가 시대 이전의 제정일치 시대)에 무당이었다. 그러나 가부장 사회가 되고 고등 종교와 국가 시대에 이르면 경전이나 법전(기록에 의해)에 의해 남자가 사제-왕(priest-king)이 되었다. 이때부터 남자가 왕과 사제가 되었다.

남자는 신체나 뇌의 특성상 기록하려는 경향을 가지고 있다. 기록하려는 것은 실은 기록되는(당하는) 것에 대한 소유욕을 내포하고 있다. 여자가 자연을 내포한 자기 최면의 존재라면 남자는 여자와 자연을 대상화하는 대상 최면의 존재이다. 대상 최면은 과학에 이른다.

여자의 육감은 자기 최면의 유전자이다. 모든 여자는 아직도 무당이 될 수 있는 자질을 가지고 있다. 이에 비해 모든 남자는 기록하려 하고 소유하려고 한다. 그래서 고등 종교의 사제가 되고 왕이 되고 과학자가 된다.

생각의 산물은 환원주의다

　인간의 생각은 사물을 대상화하는 것이다. 인간의 생각이 과학에서 상대성 이론이나 불확정성 이론에 이르렀다고 하더라도 생각은 상대적인 것이나 불확정한 것을 대상화한다. 철학은 사물을 대상화하는 것에서 벗어나야 한다. 인간의 기억과 생각은 대상화의 노예이다. 주관적 대상이든 객관적 대상이든 대상은 대상이다. 생각을 이끌어가는 언어는 물론이고 상상조차도 대상화의 노예이다.

　사물이 대상으로 있는 것이 아니라 인간이 그렇게(사물을 대상으로) 바라볼 뿐이다. 그런 점에서 대상의 세계야말로 인간의 환상이다. 이데아, 이성이야말로 환상이다. 아마도 동식물은 그렇지 않을 것이다. 존재는 그냥 지나가는 것이다. 그것을 잡는 그 어떤 것도 본질이 아니다.

　생각은 결국 절대주의와 환원주의에 빠진다. 보편주의도 실은 절대주의의 하나이고, 과학과 원리를 추구하는 모든 것은 절대주의이다. 물리학의 상대성 이론, 문화 상대주의도 실은 상대주의 속의 절대주의의 한 양상이다. 절대주의와 상대주의는 끝까지 싸운다. 그러나 절대주의와 상대주의조차 서로 공동 거주하고 있다. 이는 생각의 세계에서 음양, 즉 남자와 여자, 아버지와 어머니가 있는 것과 같다.

　보편주의와 절대주의는 모두 환원주의이고, 시간과 공간이라는 개념은 이를 위한 생각의 장치이다. 철학은 이제 환원주의와 진화주의의 경쟁이다. 여기서 진화주의란 발전을 한다는 개념이 아니라 그냥 나아가면서(운동하면서) 변화한다(화생만물한다)는 뜻이다.

철학에서 흔히 '보편적이고 일반적인'이라는 말을 사용하는데 이는 물리학의 특수 상대성 이론에 해당하는 말이다. 물리학이 특수 상대성 이론에서 일반 상대성 이론으로 넘어갔듯이 철학도 이제 '보편성의 철학'에서 일반성의 철학으로 넘어가야 한다.

철학에서 일반 상대성 이론은 '일반적이고 보편적인'이라는 말을 사용해야 한다. 철학에서 일반 상대성 이론은 존재론이고 존재론은 '일반성의 철학'의 한 양상이다. 그러나 존재론은 그것이 명사가 되거나 명사를 만들어내는 한 존재자로 전락한다. 그래서 존재와 존재자가 공동 거주하게 된다. 존재와 존재자는 이중적이 되고 모호하게 된다.

아인슈타인이 일반 상대성 이론을 확립하기 이전에 특수 상대성 이론을 거친 것은 바로 절대 상대에서 일반 상대로 넘어온 과정이다. 특수 상대성 이론은 일반 상대성 이론의 특이점이다. 절대는 상대의 특이점이며 특수성이다. 특수 상대성 이론을 요약하면 다음과 같다. ①모든 운동은 상대적이며, 모든 등속 운동계는 같은 조건에서 물리 법칙을 적용할 수 있다. ②빠른 속도로 달리는 운동계에서는 외부에 비해 시간이 느리게 흐른다. ③빠른 속도로 달리는 물체는 진행 방향으로 길이가 줄어든다. ④빠른 속도로 달리는 물체는 질량이 늘어난다. ⑤어떠한 질량을 가진 물질도 빛의 속도에 도달할 수 없다. ⑥질량과 에너지는 등가이다. 일반 상대성 이론을 요약하면 이렇다. ①중력과 가속도는 구분할 수 없다. ②중력이 시공간을 왜곡시킨다.

에너지를 기(氣)로 보면 기는 인간에 이르러 이(理)가 되었다. 절대기는 절대리이다. 절대는 이이고 기는 상대이기 때문이다. 결국 이기론

(理氣論)은 절대상대론에 이르게 된다. 절대상대론은 태극 음양과 같다.

절대상대론은 내재성(상대론)과 초월성(절대론)의 결합이다. 이성중심주의 철학은 절대론을 우위에 두지만 해체주의 철학은 상대론을 우선한다. 미래 철학은 내재성에서 초월성으로 이동하는(융합하는) 철학이 될 것이다. 이것이 '일반성의 철학'이다.

생각이 명사를 만들어내면 세계는 정지한다. 정지하면 절대주의·환원주의가 된다. 그래서 세계는 그냥 내버려두어야 한다. 내버려두면 세계는 정지하지 않는다. 생각하는 동물인 인간의 특성은 그래서 불행이면서 동시에 너무나 인간적인 것이다. 생각은 집착이고, 모든 기억과 기록은 그것이 어떠한 것일지라도 사물을 대상화하고 정지하게 한다. 움직이는 사물은 주인이 없다. 그러나 사물을 대상화하면 대상화하는 즉시 주인이 생긴다.

인간이 사물을 대상화하지 않는 길은 집착을 버리는 일이다. 그러나 집착을 버린다고 해서 경천동지할 어떤 것, 다른 무엇이 생기는 것은 아니다. 예컨대 깨달음이라는 것도 실은 아무것도 아니다. 움직이는 것(사물)에 대한 정지한 것(인간, 자아)의 반응이다. 대상이 되면 바로 집착이 된다.

서양의 언어-과학, 동양의 상징-의례

데리다의 문자학은 에크리튀르와 텍스트를 '공백(空白)의 텍스트'라고 규정했고, 하이데거의 존재론은 '사물을 존재자'라고 규정했다. 바로 여기에 두 철학자의 맹점이 있다. 데리다가 '텍스트는 공백의 텍스트다'라고 텍스트와 바탕으로 뒤집은 것은 일종의 철학적 사기이다. 하이데거가 사물을 존재자라고 한 것은 여전히 서양 철학의 매개인 언어라는 심복에게 속은 것이다.

존재자는 언어를 말하는 것이다. 언어가 들어가면(개입하면) 존재는 존재자가 된다. 예컨대 '나는 나'('야훼'라는 이름의 뜻도 '나는 나이다')인데 이름을 불러 박정진이라고 하면 이미 존재자이다. 기독교의 십계명에서 "나 이외의 다른 신을 섬기지 말라"고 한 것은 나를 절대자로 만든 것이지만 나를 섬김의 대상으로 만들기 위한 수작이다. 섬김의 대상이되는 순간 야훼는 존재자가 되었다. 절대자나 존재자는 동의어이다. 존재는 절대자가 될 수 없다. 존재는 운동할 뿐이다. 존재는 파동할 뿐이다.

철학자 김형효는 동양의 고전들(불경, 『도덕경』, 주자학)을 가지고 일련의 서양 후기 근대 철학서들을 해석하고 일부 번역해왔는데 너무 관대했다. 여기서 관대했다는 말은 과대평가했다는 뜻이다. 데리다나 하이데거는 그들의 이해의 지평보다는 김형효의 번역과 해석에 의해 더욱 동양적으로 유인되었다. 서양 철학은 여전히 시공간을 벗어나지 못한 변증법의 라인에 있다.

시공간 안에 운동이 있는 것이 아니라 운동 안에 시공이 있다. 시공은 시공간에서 간(間)을 없앤 것이다. '간'을 없애면 시공이 된다. 이를 역으로 말하며 시공간이라는 것은 시각에 의해 '간'을 주면서 사물(존재)을 바라보기 때문에 '간'이 생긴 것이다. '간'이 생기는 순간, 과거·현재·미래가 생기고 상·중·하가 생겼다. 시간적·공간적 등급이 생겼다.

존재는 '간'이 없다. '간'이 있으면 존재자이다. 이렇게 시공간＝존재자, 시공＝존재가 된다. 흔히 운동 안의 시공은 시공간으로 해석된다. 이것은 인간의 언어의 규정성에 의해서이다. 규정성은 일시적 정지(停止)이고 정지는 정체성(正體性)이다. 역동(力動)과 역동(逆動)은 시공간의 것이고, 역동(易動)은 시공의 것이다. 서양의 물리학은 시공간이지만, 동양의 주역은 시공이다. 말하자면 주역은 시공으로 시공간을 잡는 것이다. 이는 상징으로 시공간을 잡는 것이다.

서양의 언어-과학 철학과 달리 동양의 상징-의례 철학은 사방이 막힌 서양 철학계에 새로운 창문과 길을 열어놓을 확률이 높다. 동양의 음양오행이나 주역은 서양의 언어로서의 상징과 달리 시적 상징으로서 언제나 존재의 총체성(전체성)과 연결된다.

동양의 음양은 상징 기호적 속성을 가지고 있다. 언어는 총체적 본질이 아니라 드러냄과 은폐의 상호작용에 불과하며, 언어는 상호 차이 속에서 본질을 다 드러내지 못하는 차연의 보충대리적 은유라고 할 수 있다. 언어의 표면과 이면에는 차이와 굴곡의 강이 흐르고 있다. 여기에서 다원다층의 의미가 발생한다. 그러나 언어는 존재의 부분 소통밖에 달성하지 못한다.

인간의 상징적 사고			
과학적 기호	기호	상징 기호	상징[氣]
사물	언어	상징	기(氣)
개념적 기호	시니피앙/시니피에	음양 상징	실재(본질)
실체적 기호	비실체적/실체적 기호	기호의 시적 활용	의미의 이중성/다의성
메타니미적 기호	메타니미/메타포	메타포적 상징	존재적 상징=주역

언어의 한계를 넘어서는 총체적 소통 도구는 없을까. 여기에 상징 기호에 대한 새로운 접근이 요구된다. 주역의 64괘는 총체성을 지니는 상징 기호라고 할 수 있다. 주역의 상징 기호는 인간의 언어가 결코 다 드러내지 못하는 존재의 상징 복합체이며, 그러한 점에서 그러한 상징 복합체를 존재라고 말할 수 있을 것이다.

그동안 실재(본질)에 대해서는 결코 다가설 수 없는 것처럼 생각해왔으나 도리어 상징[氣]으로서 가상 실재나 파생 실재에 다가설 수 있는 길이 열린 셈이다. 잡을 수 없는 존재는 처음부터 그물 아닌 그물로서 잡을 수밖에 없다. 그 그물이 바로 '상징의 그물'이다. 상징 가운데서도 상호 연관 관계에 있는 상징 복합체의 그물이 바로 그것이다.

존재는 잡을 수 없다. 느낄 따름이다. 존재는 동사이다. 그것을 잡은 것은 기억이고 기록이다. 생각도 기억이고 기록이다. 그래서 존재를 느끼려면 기억하고 기록하지 말아야 한다. 이것을 불가에서는 무억(無憶), 무념(無念), 막망(莫妄)이라고 한다. 그런데 상징은 그것 자체가 존재를 잡고 소유하려고 하지 않기 때문에 존재를 드러낸다. 상징은 존재의 스스로 드러냄이다. 기호가 아닌 순수한 상징은 기(氣)이다.

인간의 상징(기호)은 선험이고 초월이고 실재이고 실체이다. 실체는 인간의 완성이다. 실체적인 것에 도달해야 인간의 상징적 사고가 완성된다. 이것은 우주 자체로 돌아감이고 돌아옴이다. 이 경지에 이르면 가는 것과 오는 것이 다름이 아니다. 여래(如來)는 여거(如去)이다. 부처를 기다리면 여래가 되고, 부처가 되면 여거가 된다.

천지무간

천·지·인은 본래 가역하고 순환한다. 이는 천지무간(天地無間) 혹은 천인무간(天人無間)을 뜻한다. 천지무간이나 천인무간은 결국 천·지·인이 하나라는 뜻이다. 간(間)은 시간과 공간을 나타내고, 동시에 인간(人間)을 나타낸다. 이는 인간은 시간과 공간에 의해서 살아가는 존재라는 것을 말한다.

천·지·인 사상의 활용에는 크게 두 종류가 있다. 하나는 천이 지를 억압해서 지를 종속적 위치에 두는 '천지 종속형'이고, 다른 하나는 지가 도리어 주체적 입장에 있는 '천지인 순환형'이다. 정신과 육체(물질)는 전자이고, 천·지·인의 순환은 후자이다. 전자에서 천지는 대립적이고 후자에서 천지는 대칭적이다.

천지 종속형은 남성적 생산형의 철학이고, 천지인 순환형은 여성적 재생산형의 철학이다. 남성적 생산형은 자연과는 단절된 형태로 자연을 모방해 세계를 재구성하는 것이고, 여성적 재생산형은 자연의 연장으로서 재생산을 하는 것을 말한다. 전자는 천지가 기차 레일과 같이 평행선을 긋는 것이고, 후자는 천지가 젓가락질하는 것처럼 왕래하면서 교차하는 것이다.

기독교와 불교는 같다

　기독교와 불교는 여러 가지 측면에서 반대의 입장에 서는 것이 일반
적이다. 그러나 불교가 유대 문명권에 전파되면서 예수라는 특출한 인
물에 의해 토착화된 것이 기독교라는 보는 견해가 늘어나고 있다. 말하
자면 불교의 법화경적 세계관이 유대 문명권의 안목으로 번안된 것이
기독교라는 것이다. 물론 유대에서 출발한 기독교는 로마에 입성함으
로써 오늘날의 세계적인 종교가 되었다.

　불교나 기독교나 모두 어계(語系)로 보면 인도-유럽어 문명권에 속한
다. 불교는 공(空)을 바탕으로 기독교는 색(色)을 바탕으로 세계관을 전
개하고 있다. 그런데 공과 색은 반야 사상이나 화엄 사상에서 보면 하나
이다. 둘은 인도 유럽어(문화권)의 상징적 상호 관계에 있다.

　인류 문명사에서 가장 큰 문명 교류사적 사건은 인도의 불교가 히말
라야 산맥을 넘어(우회하여) 중국의 한자로 번역된 사건이다. 이는 언어
나 사고방식 체계가 전혀 다른 문명권 사이에서 일어난 문화 융합의 가
장 성공적이고 찬란한 사례이다. 이는 이원 체계를 일원 체계로 번안한
사건이다. 인도-유럽의 '공(空)-색(色) 이원론'이 동아시아의 '태극-음
양의 역동적 일원론'으로 번안된 것이다. 이는 '눈-빛의 문명 체계'를 '귀-
소리'의 문명 체계로 번안한 대역사였다. 이러한 번안이 가능하게 된
바탕은 인간에게 내재한 복논리(bi-logic)의 능력이다.

　기독교에서 말하는 무소부재(無所不在)라는 것, '있지 않는 곳이 없

다(없는 곳이 없다, 모든 것에 있다)'는 서양 문명의 시각 언어적 입장에서 보면 '없다(無)'이다. 그렇다면 기독교가 말하는 '무소부재'는 불교가 말하는 무(無)나 공(空)을 유(有)와 실(實)의 관점에서 표현한 것이라고 볼 수 있다. 그렇다면 역으로 불교의 공즉시색(空卽是色) 색즉시공(色卽是空), '공이 색이고 색이 공이다'라는 것도 공(空)이나 무(無)의 입장에서 색(色)과 실(實)을 본 것이라고 할 수 있다. 불교의 일즉일체(一卽一切) 일체즉일(一切卽一), '하나가 전체이고 전체가 하나이다'라는 말도 미분과 적분을 말하는 것이다.

그러한 점에서 기독교와 불교는 같은 뿌리를 가지고 있다. 단지 문화권의 차이에 의해 같은 것을 다르게 표현할 따름이다. 불교와 기독교의 만남은 고대와 중세에 동서양의 만남이라고 할 수 있다.

동양의 이기론(理氣論)은 어떤가. 이(理)라는 것은 성질상 절대리(絕對理)를 추구하게 된다. 절대리는 상대기(相對氣)를 전제하지(도달하지) 않을 수 없다. 이것은 서양의 과학 문명과 같은 레벨, 예컨대 뉴턴역학과 상대성 원리의 발상을 하고 있다. 단지 서양은 그것을 수식화하는 데 반해 동양은 그것을 수식화하는 것이 아니라 상대적 상징 개념으로 쓰고 있다는 점이 다를 뿐이다. 동양의 이기론은 수학을 동원하지 않고 있기 때문에 근대 물리학에 도달하지 못했고 음양오행을 따지는 한의학을 발달시켰다. 물리학은 법칙(法則)인데 반해 상징론은 시(詩)이다.

서양의 물리학은 시공간(시공간의 개념)을 바탕으로 하고 있고, 한의학은 음양론을 바탕으로 하고 있다. 시공간론과 음양론은 정반대의 양극에 있지만 그것을 벗어나면 실은 같은 것을 말하는 것이다. 이것은 동

인도-유럽 언어 문명권과 동아시아 음양 문명권의 차이

음양 상징		
인도 유럽 언어 문명권		동아시아 음양 상징 문명권
인도	유럽	동아시아
空(一)	色(一切)	음양(리듬)
空卽是色, 色卽是空/一卽一切, 一切卽一		태극-음양 오행
눈/빛(입자, 電氣)		귀/소리(파동, 氣)
좌뇌		우뇌
복논리(bi-logic)		

양의 태극 음양론과도 통한다. 음양론은 처음부터 시공간론이 아니라 상징적 우주론이었다. 상징적 우주론은 시각 언어 문화권(보이는 세계를 중심하는 문화권)의 입장이 아니라 청각 상징 문화권(보이지 않는 세계를 인정하는 문화권)의 우주론이다. 그런데 둘은 만나게 되었다.

기독교와 불교는 세계를 고통으로 본다는 점에서도 같다. 기독교의 원죄는 근본적으로 세상을 고통스럽게 보는 때문에 그 원인은 원죄로 보는 개념이다. 불교의 사성제는 고집멸도(苦集滅道)이다. 고통을 가장 앞에 두고 있다. 그러한 점에서 기독교는 매우 불교적이다. 다만 그 고통을 어떻게 극복하느냐에 따라 두 종교의 처방이 달라진다. 기독교는 천국을 설정했고 불교는 극락을 설정했다. 천국과 극락은 현세의 고통에서 그곳으로 피신하는 공통점이 있다. 그러나 기독교는 세계를 하나님과 자신의 관계로 보는 반면 불교는 세계를 스스로의 문제로 보는 경향이 있다.

무엇과 무엇의 양자 관계로 보는 것과 스스로의 문제로 보는 것은 겉으로는 매우 다르지만 결국 같은 것이다. 하나님과의 양자 관계는 항상

'스스로의 고백(告白)'이고, 스스로의 문제라는 것은 '자기와의 대화(對話)'이기 때문이다. 자기 혹은 스스로가 신이고 부처인 셈이다. 기독교 안에 불교가 있고, 불교 안에 기독교가 있다. 신이나 부처가 자기 혹은 스스로인 것은 마치 대상(타자)인 양 설정했기 때문이다. 인간에게는 자기를 타자화하거나 타자를 자기화하는 속성이 있다. 이것이 존재의 비밀이다.

인간의 생활에서 종교가 중요한 까닭은 신의 진위(眞僞)나 가부(可否)를 알려주기 때문이 아니라 신을 설정함으로써 결과적으로 인간의 문화 총량에서 행복지수를 높이는 데 유리하기 때문이다. 신의 유무나 생사가 중요한 것이 아니다. 신은 인간을 위해서 존재한다. 심하게 말하면 신은 인간이다. 그러나 이때의 인간은 인간 중심주의의 인간이 아니다. 도리어 신 중심의 인간이다. 신이 없으면 인간은 스스로를 다스릴 확률이 줄어든다. 인간은 신을 설정함으로써 스스로를 다스릴 확률을 높인다.

종교는 과학과 달리 '진리의 문제[眞]'라기보다는 '삶의 문제[善]'에서 출발하고 있다. 물론 과학도 삶의 필요성과 관련이 없는 것은 아니지만, 그 내용에서 과학은 순수한 진리를 추구하지만 종교는 삶의 문제를 해결하거나 삶의 문제에서 진리를 추구한다. 이는 실천의 문제이다. 이 점은 칸트가 순수이성 비판과 실천이성 비판에서 지적한 바이다.

인간은 왜 삶의 특수한 것들을 보편적인 것으로 승화시키지 않으면 안 되는가. 이것은 판단력의 영역이고 미(美)의 문제이다. 칸트의 판단력 비판은 가장 나중에 서술되었지만 가장 근본적인 것이다. 자연을 합목적적인 것으로 규정했으며, 그것은 순수이성과 실천이성이 존재하는 바탕인 셈이다. 그러한 점에서 판단력의 미는 어머니와 같다.

미는 소유나 권력을 추구하지 않고 그냥 표현되고 드러나는 데 만족한다. '미'는 본질적으로 존재적이다. 시는 본질적으로 존재적이다. 예술의 조화는 경쟁이라기보다는 둘이 하나가 됨으로써 동시에 존재하는 공동 존재적 성격을 갖는다. 조화의 하나는 제1원인이나 동일성의 하나와는 다르다. 도리어 다르기 때문에 하나가 되는 것이다. 서로 다른 것에 대한 포용이 숨어 있는 것이 미이다. 그러나 진이나 선은 자기 것을 강요한다.

동서양 문화재 중 대종을 이루는 것이 기독교 미술과 불교 미술인 것은 우연이 아니다. 미는 강요하지 않는, 그냥 표현되고 드러나는 데 만족하기 때문이다. 그리고 유형의 물질로 남은 것은 미술이기 때문이다. 동서양의 기독교 및 불교 미술에는 동서양의 진선미가 다 들어 있다. 겉으로는 서로 다른 것 같지만 깊숙이 들여다보면 같다. 그 속에는 인간 신과 인간 부처가 있다.

뇌 용량과 대상화 능력

인간은 사물이든 신이든 그 무엇이든 대상화함으로써 그것을 이용할 수 있게 된다. 주체라는 것도 실은 대상화를 통해 반사적으로 설정된 주체이다. 따라서 진정한 주체는 아니다. 진정한 주체는 스스로를 알 수가 없다. 내가 나를 볼 수 없는(대상화할 수 없는) 것은 당연하다. 나를 볼 수 있는 것은 오직 남이지 내가 아니다. 결국 내가 볼 수 있는 것은 타자일 뿐이다.

인간의 삶은 자기를 대상화하는 것의 연속이다. 죽음이란 그 대상화하는 것의 종결로서 '세계로서의 자기 자신', '본래적인 자기 자신', 즉 '자연'으로 돌아가는 것이다. 그런데 죽음은 마지막에 맞이하는 어떤 미지의 것이 아니라 삶 자체가 죽음이다. 세계는 인간이 나누어놓은 삶과 죽음의 이분법을 한시라도 받아들인 적이 없다. 삶과 죽음은 동시에 동거하고 있는 것이다.

인간의 뇌 용량 증대는 사물을 대상화하는 능력의 증대에 불과하다. 사물을 대상화해 그곳으로(공간) 아무리 빨리 달려도(시간) 사물 자체에는 이를 수 없다. 빛보다 빠를 수 없기 때문이다. 이는 마치 자기 그림자보다 앞서 가려고 달리는 것과 같다. 자기 때문에 생긴 그림자를 앞서 가려면 자신을 없애는 길밖에 없다.

'정오(正午)의 인간'이라고 하더라도 잠시 그림자가 없을 뿐, 진정으로 자신이 없는 것은 아니다. 정오에 그림자가 없는 것은 머리 바로[正]

위에서 비추는 빛의 현상(수직적 착각)에 불과하다. 혹시 깨달음이라는 것도 이런 착각이 아닌지 모르겠다. 자신이 있는 한 자신을 벗어날 수 없다. 아무리 빨리 달려도 인간이 이르는 곳은 자신이 설정한 사물의 대상에 불과하다.

만약 자신이 설정한 대상에 도달한다고 하더라도 그 나머지는 무엇인가. 또 다른 대상을 찾아나서는 길밖에 없다. 인간이 아무리 광대한 우주를 탐사한다(유토피아를 찾아 떠난다)고 하더라도 죽음을 면할 길은 없다. 죽음은 내 몸에 있기 때문이다. 죽음은 대상이 아니라 자기 자신이다. 마치 삶이 자기 자신인 것과 마찬가지로. 그래서 사물은 대상이 아니라 사물 그 자체이다. 어떤 사물을 다른 무엇을 위해 대상화(수단화 또는 목적화)하면 스스로가 대상화된다. 대상이 되면 그것을 추월하거나 벗어나기 위해 끊임없이 달려야 한다.

인간은 자기 자신을 대상화시켜서, 자기 자신의 삶과 죽음을 대상화시켜서 그 대상에 매여서(쫓겨서) 살다가 어느 날 죽음에 맞닥뜨리는 존재이다. 모든 존재는 존재 자체이다. 모든 사물은 사물 자체이다. 세계는 '자기 자신으로서의 세계'이다. 대상화는 삶의 필요에 의한 것이다. 그러나 인간은 필요 이상으로 대상화시키는 데 스스로의 삶을 낭비하는 존재이다. 인간은 자기 자신에게 걸린 존재, 대상에 걸린 존재이다.

치마와 바지

여자의 치마는 모계 사회의 가장 큰 흔적이다. 치마는 여자의 정조가 아니라 여자의 자유를 말한다. 치마는 거미의 여왕을 상징한다. 그러나 치마에는 그 후에 가부장 사회의 족쇄가 채워졌다. 치마는 여자가 여신과 창녀 사이의 이중성의 존재였음을 말한다.

남자의 바지는 남자의 무사적 위치를 상징한다. 남자는 전쟁을 위한 존재이다. 가부장 사회가 강화되면서 남자는 더욱더 무사가 되는데 그후 남자의 모든 행위는 전쟁과 권력에 적응하는 모습의 변형들이다. 남자는 예나 지금이나 전쟁과 권력 사이의 이중성의 존재이다.

여자의 바지나 남자의 치마는 남성과 여성의 교차를 의미한다. 집 안에서는 치마보다 편리한 것이 없고 집 밖에서는 바지보다 편한 것이 없다. 여자가 더욱더 여자가 되고 싶을 때는 치마를 입는다. 치마는 여자가 머리를 기르는 것과 같다.

시간을 따라가는 법, 공간을 따라가는 법

세계를 바라보는 방법에는 시간을 따라가는 방법과 공간을 따라가는 방법이 있다. 시간을 따라가는 방법에 혈통주의와 역사주의 혹은 통시주의(通時主義)가 있고, 공간을 따라가는 방법에 환경주의(環境主義, 屬地主義)와 인류학주의 혹은 공시주의(共時主義)가 있다.

본래 시간이라고 말하면 공간이 따르기 마련이다. 시간이 있으면 공간이 있고, 공간이 있으면 시간이 있다. 시간과 공간은 대립되는 것처럼 생각하지만 실은 시간이 곧 공간이고 공간이 곧 시간이다. 여기서 공간이라고 하는 것은 시간이 없는 공간이 아니라 시간 속에서 변하지 않는 그 무엇이 있다는 뜻이다. 그것을 흔히 구조나 상징이라고 말한다. 물론 구조에는 실체적인 것도 있고 실체가 없는 관념적인 것도 있다.

시간을 따라가는 연구는 시간을 소급하게 되는데 결국 최초(태초)의 시간에 이른다. 그러나 그것을 달리 표현할 길이 없다. 그래서 태초라고 말한다. 정작 태초를 말하는 것은 역사가 아니고 신화이고, 신화는 구조와 상징을 그 내용으로 하고 있다. 공간을 따라가는 연구는 그것을 설명하기 위해 공간 자체를 말하는 것이 아니라 공간에 흩어져 있는 사실의 구조와 상징, 그리고 시간에 따른 변형을 말한다. 따라서 시간을 따르든 공간을 따르든 구조와 상징을 말하는 것이 된다.

역사학에도 시간을 따라가는 방법과 공간을 따라가는 방법이 있다. 인간의 정체성이나 주체성을 만들어가는 데도 시간과 공간이라는 좌표의 두 축이 필요하기 때문이다. 모든 축적이나 집약이나 기록은 시간과 공간에 대항(저항)한 인간의 결과이다. 만물에는 정체성과 주체성이 없다. 그런데 인간은 그것을 만들어가야 한다. 정체성이나 주체성을 만들어가는 일은 매우 인간적인 것이다. 이것이 권력이다. 권력은 언어이다. 이는 정체성이나 주체성이 언어의 산물임을 말해준다.

공간에는 나의 공간이 있고 너의 공간이 있다. 나의 공간은 너의 공간이기도 하다. 그래서 '나-너'의 공간이 있고 '나-너'가 아닌 공간이 있다. '나-너'가 아닌 공간은 '우리'의 공간이다. 공간은 나로부터 시작하여 우리로 끝난다. 나가 없으면 우리도 없다. 그래서 공간은 시간이다. 시간과 공간은 언어이다. 세계는 이중성의 세계이다.

철학은 언어에 매인 명교주의(名敎主義)자들의 모임이다. 명교주의자들이 모여서 실재(본질, 존재)를 논하는 향연이다. 그 향연은 화려할 때도 있고 초라할 때도 있다.

권력, 수컷이 암컷을 장악하는 방법

권력 체계란 하나의 수컷이 다른 모든 암컷을 장악하는 방식이다. 고등 종교는 하나의 수컷을 위해 다른 모든 수컷을 거세하는 방식이며, 이를 교묘히 은폐하고 있다. 고등 종교에서 성인의 제자 가운데 여자들이 없는 것은 그것의 결정적인 증거이다. 고등 종교의 사제가 남자인 것도 마찬가지이다. 고등 종교의 신자 대부분(교단을 실질적으로 움직이는 세력)이 여자인 이유도 또 다른 증거이다. 이는 기독교와 불교에서 공통된 현상이다. 물론 고등 종교일수록 직접적이고 신체적이고 성적인 지배가 아니라 간접적이고 정신적이고 상징적인 지배 전략을 가지고 있다. 상징적인 지배의 결정적 도구가 경전이다.

『성경』은 평화를 추구할 뿐만 아니라 평화를 위장하고 있다. 평화에 대한 위장은 수컷에 의해 비롯된 자연의 치열한(증대된) 생존 경쟁 방식을 종(집단) 내부적 순화(완화)를 위해 상징적인 체계로 대체한 것이다. 상징 활동은 언어에 의해 수행되며, 이는 대뇌 작용의 증가(신체의 크기에 비한 뇌 용량의 증가)와 관련이 있다. 대뇌의 상징 활동은 기본적으로 인간과 사물의 접촉에서 그것의 간접성과 도구성과 상징성(의미성)을 구현한다.

종교의 상징 활동이 가장 확대된 것이 우주론(천지 창조론, 천지 개벽론)이다. 인간의 상징 활동은 신화와 종교와 정치와 과학의 탄생을 가져왔는데, 이는 수컷의 등장에 따른 연쇄 반응적 성격을 내재하고 있다. 왜

'남성'에서 연유된 명사(Man)가 인간을 대표할까. 이것은 일견 부당한 것 같다. 여기엔 수컷의 등장과 인식 발전의 상관관계에 대한 모종의 비밀이 숨어 있는 것 같다. 남성은 자연으로부터 분열된(독립된) 존재이다. 남성은 분열하면서 표류하는 존재이다.

세계에 대한 인식은 세계에 대한 분열이다. 그래서 인식은 반드시 통합을 요구한다. 그러나 통합이 되는 순간 새로운 분열(인식)이 동시에 일어난다. 세계에 대한 새로운 인식은 세계에 대한 새로운 분열이고 새로운 통합을 요구한다. 인식은 고통을 불러온다. 인간의 인식은 무엇보다도 대뇌의 작용이다.

인간이 어머니의 뱃속에서 태어나면서 울음을 터뜨리는 것은 대뇌적 존재이기 때문이다. 그러나 대뇌적 인식은 세계(자연) 그 자체는 아니다. 인식은 세계에 대한 재구성이다. 인간은 자연을 재구성하는 동물이다. 그러한 점에서 인간에 이르러 자연은 세계(세상)가 되었다. 인간이 존재자를 존재로 착각하게 된 것은 바로 인식의 재구성(착각) 때문이다. 이러한 인식의 재구성은 인간의 본성(본능)이라고 할 수 있다.

인식은 자아이고 존재는 무아이다. 무아지경은 존재 그 자체를 맛보는 것이고, 무아의 경지에 도달하는 것을 '인식하는 존재의 깨달음'이라고 할 수 있다. 자아를 형성하는 과정은 고통이지만, 무아지경은 쾌락이고 무아의 경지는 기쁨이다.

인간에 이르러 삶이 인식에 이르게 된 것은 만물의 영장임을 나타내는 것이라고 말할 수도 있지만, 자연으로부터의 이탈(자아 독립)이며 생물 종으로서의 삶의 방식(형태)이 변형될 것이라고 할 수 있다. 인류의 고등 종교들이 외치는 평화도 실은 인간 종의 영속과 번영을 위한 종 자

체의 전략일 뿐이다. 그러한 점에서 창조와 진화는 존재의 다른 면일 뿐
이다. 이성과 창조는 인간에 이르러 발생한 자연과 진화의 다른 면일 뿐
이다.

종교와 정치에서 남성과 여성의 교차

아마도 가장 진화된 형태의 고등 종교는 가장 여성적이고 모성적인 상징을 가장 남성적이고 부성적인 상징으로 바꾼(교차한) 종교일 것이다. 이는 여성적이고 모성적인 입장에서 세계를 바라보고, 그것을 남성적이고 부성적인 세계로 뒤집은 것이다. 이것은 인구 증가에 따른 삶의 고통과 전쟁에 대비하는 것이 죽음의 위로보다 앞섰던 까닭에 발생했다. 인류가 벌이는 전쟁은 남성을 제물로 하는 제사 또는 사육제이다.

모계 사회에서는 여성이 제물이었고 신이었다. 모계 사회에서는 신이 되려면 제물이 되어야 했고, 제물이 되어야 신이 될 수 있었다. 이것이 제사-종교의 정체이다. 그런데 부계 사회에서는 왕이 되려면 제물이 되면 안 되었고 제물이 되지 않아야 왕이 될 수 있었다. 이게 신과 왕의 차이이다.

제사-종교는 암컷의 신이고, 정치-권력은 수컷의 왕이다. 오늘날 종교는 근본적으로 정치권력에 비해 여성적인 것이고 피지배적인 것을 지배적인 것으로 전환(역전)시키는 상징 활동이다. 종교의 요체는 전쟁을 평화로 바꾸는 상징 활동이다. 그것의 기능과 역할은 생존 경쟁에서 오는 고통과 가난과 기아와 죽음을 위로하는 일이다. 종교의 이름(겉으로 표방하는 이름)은 남자이지만 그 내용(이름에 내재한 내용)은 여자이다. 고등 종교에 여성적 상징인 마리아와 관세음보살이 있는 이유가 여기에 있다. 이들은 모계 사회 여신의 흔적이다.

남자가 인간의 대표를 '맨(Man. man의 m을 대문자로 함)'으로 하고, 여자(woman=wo+man)에게 원죄를 뒤집어씌운 것은 역사를 위해서이다. 역사는 여성에게 우호적이지 않다. 역사적이라는 말은 남성적이라는 말과 같다. 그렇기 때문에 역사에서 선(善)나 정의라는 것을 절대적으로 생각하는 것은 위험하다.

암컷은 하나의 훌륭한 수컷을 원한다. 훌륭한 수컷 하나면 수많은 암컷이 잉태할 수 있기 때문이다. 이에 비해 수컷은 여러 암컷을 원한다. 수컷은 저마다 자신이 한 마리의 수컷이라고 생각한다. 여기에 창과 방패의 모순이 있는 것이다. 생식과 결혼에 따르는 모든 문제는 여기에 있다. 그래서 모순이야말로 진리의 근본이다.

기와 소리는 비물질

　기(氣)와 소리는 비물질이다. 이것은 보이지도 않고 대상이 되지도 않는다. 기와 소리는 외부에 있는 대상이 아니다. 필자의 '역동적 장의 개폐 이론'은 음악의 신디사이저와 같다. 이들은 분자적 수준에서 활성화를 통해 존재를 새롭게 구성한다. 이런 관점에서 보면 신은 만들어 가는(만들어지는) 것이다.

　신이 만물을 창조한 것이 아니다. 가장 현재완료적으로 우주를 설명하기 위해서 만들어진 것이 '신'이다. 인간은 이것을 스스로 착각해 전도한 것이다. 마치 좌우를 바꾸는 거울처럼 말이다. 인간의 사고는 좌우뿐만 아니라 상하도 전도한다. 인간은 머리가 사물을 움직이게 한다고 생각한다. 그러나 움직임은 머리가 있기 때문에 가능한 것이 아니라 움직임(복잡한 움직임)이 있기 때문에 머리가 있는 것이다.

　인간이 이것을 전도한 이유는 무엇인가. 바로 무엇을 설명하려고 한 때문이다. 설명은 과거(지나간) 시간에 일어난 것(사건, 사태)을 최초의 가정을 통해 복원하는 것이고, 그래서 신이 필요했던 것이다. 우리가 지금껏 신이라고 한 것은 신이 아니라 인간이었다. 신은 자연이 되어야 한다. 신이 자연이 될 때 신은 본래부터 있었던 것이 된다. 그렇게 될 때 신은 무엇을 새로 만들지 않아도 신이 된다. 그렇지 않으면 신은 인간과 마찬가지로 계속 무엇을 만들어야 한다.

　존재를 설명하려면 주어 혹은 목적어, 그리고 동사를 만들어야 하고,

주어를 만드는 문법 때문에 만물(존재, 자연)이 전도되어버린다. 진화의 끝에 창조가 있는 것이다. 이것을 종교적으로는 '달아나는 신', 이성적 으로는 '창조적 이성'이라고 말할 수 있다. 이(理)는 움직이지 않는 것이 아니라 기(氣, actual entity)의 형식일 뿐이며 영원한 대상이다.

진화와 창조, 창조와 진화는 하나의 몸뚱어리이다. 창조와 진화는 동봉체(同封體)이다. 그런 점에서 창진체(創進體)이다. 진화와 창조는 대립적이지 않는데 서양 문명의 문법은 항상 대립으로 본다. 진화와 창 조는 마치 음양과 같다. 진화와 돌연변이도 음양이다. 기는 심물일기 (心物一氣)이지 물심양면(物心兩面)이 아니다.

기는 '존재자-존재'의 존재이며, '과학-신비'의 신비이며, '물질-에 너지'의 에너지이다. 기는 드러나지 않거나 알 수 없는 것, 보이지 않는 것의 복합체이다. 기야말로 움직이는 것의 중심에 있으면서 움직이지 않는, 동학(東學)의 각지불이(各知不移)의 '불이'이며, 『천부경』의 용변 부동본(用變不動本)의 '부동본'이다.

세계는 하나이다. 누가 누구를 만든 것이 아니다. 신이 세계를 창조 한 것이 아니고 창조가 신이다. 신바람은 신의 바람이 아니고 바람의 신 이다. 세계는 창조 자체이고 바람 자체이다. 세계에는 중심이 있으면서 동시에 중심이 없다.

한국인의 르상티망

약자의 르상티망(rescentiment, 원한, 한, 반감)이 한국인의 지배적인 정서이다. 그런데 그 배경에는 여성성·모성성이 자리하고 있다. 이것은 역사적으로는 패배를 불러오며 저항이나 반대가 마치 정의처럼 느껴지게 하는 착각의 원인이 된다. 르상티망을 권력에의 의지로 바꾸어야 한다. '한(恨)'보다는 권력에의 '의지'가 낫다. 니체의 철학은 한마디로 '힘의 철학'이다.

니체는 일찍이 '힘의 이중성'을 깨달은 철학자이다. 힘에는 '권력의 힘'과 '비권력의 힘'이 있다. 전자는 존재자의 힘, 문명의 힘이며, 후자는 존재의 힘, 자연의 힘이다. 르상티망은 강자가 표현하는 욕망(힘)을 '악한 것'으로 정의한다. 부(富), 쾌락, 아름다움 등은 '악한 것'이다. 반면에 약자는 '선한 것'으로 규정한다. 강자는 스스로의 힘으로 자신을 정의하는 반면에 약자는 강자에 대한 반발로 자신을 정의한다.

한국 문화를 '하면 된다'라는 단 네 글자로 바꾸어놓은 인물이 박정희이다. 한국 문화의 자연 친화주의와 낙천주의의 '된다(becoming)'는 자칫 하면 '한'으로 변질되기 쉽다. 다행히도 한국인은 한과 함께 '하면(doing)'에 가까운 신바람[神明]을 가지고 있기에 한의 비생산성을 생산성으로 돌려놓는다. 신(神)은 미래로 향하게 한다.

한은 항상 과거에 매달리게 한다. 한은 귀신에 매달리게 한다. 한은 '속(마음과 몸)'에 쌓인 것을 푸는 데 매달리게 한다. 신은 그래서 한국인에게 '한'을 주는 대신에 '춤[舞]'을 주었는지도 모른다. 권력에의 의지는 미래에 매달리게 한다. 의지는 '밖'으로 무엇을 표상하려고 한다. 그렇게 보면 의지야말로 권력이다.

'의지가 권력'인 것을 '권력이 의지'인 것처럼 표현한 것이 바로 니체의 '권력에의 의지'이다. 이때 의지는 존재이고 권력은 존재자이다(이것은 니체를 하이데거 식으로 해석한 것이다). 의식은 개체의 안에 있지만 의지는 개체의 밖에 있다. 의식은 시간(공간) 안에 있지만 의지는 그것의 밖에 있다. 니체는 '권력에의 의지'를 통해 동양의 기(氣)와 같은 것을 설명한 셈이다.

기가 권력화되면 이(理)가 되고, 기는 이를 낳지만 이는 기를 낳지 못한다. 세계는 누가 창조한 것이 아니다. 세계는 저절로 낳아진 것이다. 낳아진 것을 설명하고자 하니 창조한 것이 된 셈이다. 이제 무엇을 설명하고자 하는 철학에서 탈피해 무엇을 즐기는 철학으로 넘어가지 않으면 안 된다. 세계를 설명하려고 하는 철학은 세계를 황폐화시키고 말 것이다.

물론 삶에서 설명은 필요하다. 그러나 설명은 무엇(세계)이 있은 뒤에 일어난 것으로 설명이 세계를 앞설 수는 없다. 위가 음식을 소화시키는 것은 설명이 아니다. 사람이 사는 삶은 설명이 아니라 사는 것이다. 설명이 잘 되지 않는다고 해서 삶이 없는 것이 아니다. 설명은 인간이 뒤에 붙인 것이다.

권력에의 의지는 단순히 물리적인 힘(강제력)만이 아니라 삶에 대한 긍정적이고 진취적인 힘도 내포하고 있다. 환원주의나 이상주의보다는 긍정주의나 진화주의(창조적 진화주의)가 더 중요하다. 인간은 앞으로 나아가며 살 수밖에 없는 존재이다. 어떤 어려움이나 고통이 다가오더라도 그것을 극복할 수밖에 없다. 때로는 죽음도 그 극복의 하나가 된다.

한국인은 욕망을 긍정하는 것을 악으로 여긴다. 그렇기 때문에 삶은 위선(僞善)이 되고 사회 곳곳에서 이율배반이 넘치게 된다. 그러나 한국인은 다행히도 한과 함께 신바람을 가지고 있다. 신바람이 한의 비생산성을 생산성으로 돌려놓는다. 어느 민족이나 지구상에 살 수 있는 자격, 존재할 능력이 있기 때문에 지금까지 존재하는 것이지만 한국인은 한과 신이라는 두 바퀴로 역사를 이끌어가는 민족이다. 신바람은 그야말로 신(神)의 바람[風]인지, 바람처럼 왔다가 바람처럼 사라지는 경향이 있다. 지속적이지 못한 흠이 있다.

한국인은 우뇌가 강하고 좌뇌가 약하기 때문에 좌파가 많다. 서구의 좌파는 좌뇌적 좌파인데 한국의 좌파는 우뇌적 좌파이다. 이는 묘하게 서구의 민족주의(국가주의)는 우파가 점령하고 있는데 반해 한국의 민족주의는 좌파가 점령하고 있는 것과 평행 관계에 있다. 이것을 교차-평행 관계라고 할 수 있을 것이다. 좌파가 많다고 하면 서구 기준으로 보면 합리적인 사고를 하는 철학자들이 많다고 생각하기 쉬운데 실은 이와 정반대이다. 한국의 좌파들은 스스로 생각하는 능력의 결여로 인해 외래 이데올로기에 종속적이다.

한국에는 좌파는 없고 좌익만 있다. 한국에는 우파는 없고 우익만 있다. 이들은 외래 이데올로기를 맹목적으로 따른다. 급기야는 외래이데올로기를 마치 스스로 생각한 것처럼 착각한다. 외래 이데올로기를 따르는 것이 철학을 하는 것인 양 착각한다. 외래 이데올로기를 맹목적으로 따르는 데는 좌파이든 우파이든 가릴 것 없다. 한국인은 어떤 기회나 계기에 한 번 뇌리에 꽂힌 외래 이데올로기에서 벗어나지 못한다. 이는 마치 여성의 임신에 비유할 수 있다. 어떤 경로를 거치든, 심지어 강간을 당한 것일지라도 한 번 잉태된 것은 지울 수 없다. 이것이 한국 문화의 외래 문화에 대한 여성성(자궁성)의 부정적인 측면이다. 이는 모두 한국인이 우뇌적인 데서 기인한다.

천재는 우뇌적이고 수재는 좌뇌적이다. 그러나 우뇌적인 천재도 좌뇌적인 수재의 뒷받침, 즉 철학의 이론화 없이는 진정한 철학자가 되지 못한다. 좌뇌와 우뇌의 균형이야말로 새로운 철학을 탄생시키는 바탕이 된다. 한국인은 좌뇌가 약하기 때문에 세계적인 철학을 내놓을 수가 없다. 단지 세계적인 철학을 수입하는 것에 만족할 뿐이다.

역사는 우뇌적인 민족에게 불리하다. 우뇌적인 민족은 논리에 약하기 때문이다. 우뇌적인 민족은 역사에서 모두 사라졌다. 그중에 남은 민족이 스코틀랜드와 아일랜드의 국민을 이루는 셀트(켈트)족(이들은 프랑스 원주민이었다), 아메리카의 인디언와 인디오들, 그리고 스페인의 바스크족, 그리고 고대의 수메르족 등이다. 오늘날 스코틀랜드인은 매우 낭만적인 까닭으로 '세계 낭만 축제'를 벌이고 있고, 아일랜드인도 음주 가무에 강하다. 한국인도 우뇌적인 민족에 포함되는데 한국이 역사에서 사라지지 않은 것은 기적에 가까운 일이다. 아마도 한자문화권에 소속되어 좌뇌의 영향을 받았기 때문일 것이다.

한국인은 우뇌적이기 때문에 남의 장단에 춤을 춘다. 또 설사 자기 장단을 가지고 있어도 그것이 자기 것인 줄 모른다. 한국은 좌파가 아니라 좌뇌가 보완되어야 세계적인 선진국이 될 수 있다. 좌뇌는 논리를 담당하는 곳이다. 이성과 감성이 균형을 이루는 민족과 국가라야 세계를 지도할 수 있다.

한을 한으로 풀면 역사적 생산성의 결여로 인해 망하게 된다. 한국인은 '한'을 '신'으로, 신바람으로 풀었기 때문에 계속 넘어지면서도 일어설 수 있었다. 흥할 수 있었다. 이때 응어리졌던 '한'은 끝없는 '신바람'의 끝없는 에너지가 되어 역사적 생산성을 증대시켰다. 그래서 한국인은 니체의 말처럼 신을 죽일 필요가 없다. 이것은 니체를 넘어서는 길이고 놀이를 향하여 가는 길이다.

흔히 판소리를 '한의 소리', '한의 천구성(혹은 수리성)'이라고 한다. 아마도 우리 민족은 그 소리를 지름으로써 역사의 질곡을 건너온 것이 아닌가 생각이 든다. 소리는 자신을 비우게 한다. 한이 어떻게 쌓인 것인지를 묻지 않고 소리를 내지름으로써 결과적으로 자신을 비운다. 이 얼마나 현명한 일인가? 여성성의 극치이다.

판소리는 남창에서 시작해 여창으로 넘어가면서 완성되었다. 지리산 동쪽 경남 함양을 중심한 동편제에서 지리산 서쪽의 남원으로 넘어가면서 서편제로, 그리고 보성제로, 충청도의 중고제로 퍼져갔다. 소리가 퍼져가면서 세계에서도 보기 드물게 이탈리아의 벨칸토 창법과 맞먹는 또 하나의 창법을 만들게 했다. 인생은 소리로 시작해 소리로 끝나는 것인가. 기(氣)여! 소리여! 포노로지여!

철학은 하나의 특이점, 특이성

후기 근대 철학에 이르러 철학은 하나의 특이점·특이성에 도달했다. 역설적으로 철학이 해체를 통해 구조가 해체의 한 특이점임을 알았기 때문이다. 우주는 겹쳐져 있다. 그 겹쳐진 교집합의 부분을 흔적이라고 말하든 이중성이라고 말하든 애매모호함이라고 말하든, 그리고 거기서 등식을 산출하든 안하든 상관이 없지만, 가장 중요한 점은 우주가 단 한 순간도 끊어진 적이 없다는 사실이다. 인간이 그것을 끊어서 나름대로 다시 연결하면서 여러 이름을 붙였을 따름이다.

우주는 상대적인 것이다. 그런데 인간은 그것을 대상이라고 했다. 바로 그 대상으로서의 우주로부터 탈피하거나 도망하는 철학이 후기 근대 철학의 존재 철학, 해체 철학이다. 하이데거에 따르면 존재자인 인간은 존재 그 자체를 이해하는 하나의 특이점이 된다. 인간이 존재의 의미를 묻고 존재를 향하는 것이 '개존(開存)'이고 존재를 망각하는 것이 '폐존(閉存)'이다.

들뢰즈와 가타리에 따르면 존재는 특이성의 다발인 다양체이다. 존재의 변양(변형)은 무수히 많다. 존재는 모든 것이 질료(대상으로서의 물질이 아닌)인 것처럼, 음을 조성하는 신시사이저처럼 욕망을 편성하고 합성한다. 그것은 새로운 욕망을 원하는 신체적 합성이다. 음악적 다양체는 하나의 멜로디가 되어도 각 음들은 변수로 작용하는 특이성을 띠며 중첩되어도 개별적인 차이를 잃지 않고 하나의 조성을 이룬다.

빅뱅 이론에 따르면 그 안에 담고 있는 하나의 아주 작은 '특이점'이 폭발·팽창하면서 우주가 탄생했다고 한다. 이 특이점 이론은 결정론적 우주관과 목적론적 세계관에서 벗어나서 보다 열린 '개방적인 복잡성의 체계'로서 우주를 인식하게 만들었다.

이에 진화론이 새롭게 각광을 받게 되었다. 진화론은 결과에 중점을 두는 적응-생성론(생태-적응론)이다. 진화론은 가장 열린 체계이다. 진화의 끝에 있는 돌연변이가 창조이다. 따라서 진화와 창조는 한 몸이다. 창조론은 진화라는 열린 체계, 가능성의 세계를 모르고 있을 때의 이론이다. 점은 우주이다. 그 점은 선, 면, 체가 된다. 우주는 점으로 환원될 수도 있다. 우주는 점, 선, 면, 체의 순환체이다.

자연은 의식적으로 거론되지 않는다

자궁과 모성애, 햇빛과 물과 공기 등 자연에 속하는 것들은 으레 그러한 것이기 때문에 의식적으로 거론되지 않는다. 따라서 의식적으로 혹은 인위적으로 이루어지는 것은 자연적인 것의 역전이나 전도이다. 하느님 아버지는 그러한 것의 대표적인 상징이다.

이성 중심 철학과 역사주의도 그러한 것의 대표적인 사례이다. 이러한 것들은 시각-의식-절대적인 것으로 모두 재구성된 것이다. 이에 비해 자연적인 것은 청각-무의식-상대적인 것으로서 구성적이지 않고 직접적이다. 물론 후자도 기억이라는 장치를 완전히 벗어나는 것은 아니지만 기억보다는 항상 현재(현재완료 혹은 현재진행)에 집중한다.

자연은 의식이기보다는 무의식이고 창조론이기보다는 진화론이다. 진화론에 대한 잘못된 이해는 진화론을 발전론이라고 생각하는 것이다. 진화론은 발전론이 아니다. 진화론은 다원인(多原因)에 의한 결과이다. 여기엔 우연(偶然)이 개재된다. 자연은 인간이 디자인한 대로 움직이는 것이 아니다. 삶은 알면서 사는 것보다는 모르면서 사는 것이 많다. 만약 아이를 생산하는 과정을 지식으로 알아야 임신할 수 있다면 아예 출산을 포기하는 여성도 많을 것이다. 자연에는 모르는 것이 더 많다. 모르기 때문에 재미있는 것이다.

지구 생명의 탄생 과정을 보면 이산화탄소와 암모니아가 우연히 번개 등 전기적 작용을 통해 아미노산을 만들고, 그것이 액체 상태의 물이 있는 지구적 환경에 가라앉아 생명체가 탄생했다. 진화론은 우연을 포함하는 열린 우주 체계에 속한다. 결과적으로는 인과론이지만 발생학적으로 보면 진화론이다.

인과론은 진화론(존재론)을 환원적으로 본 것(존재자론)이고, 환원적이 되는 순간 닫힌 체계가 된다. 그런 점에서 창조 과학이라는 것은 기독교(종교)와 과학이라는, 최초의 원인과 원인에 독립 변수를 두는, 동일한 인과론적 체계의 자기 마스터베이션에 지나지 않는다.

눈은 사물을 고정시키려고 한다

눈은 사물을 고정시키려고 한다. 이는 폐(閉) 상태의 존재이다. 폐 상태의 존재는 대상적 존재를 말한다. 대상적 존재는 존재자이다. 인간이 아무리 밖에서 발견해도 그것은 이미 대상적 존재이다. 밖에서 발견하는 존재는 폐 상태의 존재이다. 예컨대 인간이 아무리 멀리 혹은 영원히 우주를 여행하며 존재 자체를 발견하려고 해도 존재 자체를 발견할 수 없다.

역으로 존재 자체는 '나와 거리가 없는'(조금의 빈틈도 없는) 상태의 것이다. 그것은 내 안에 있는, 더 정확하게는 나 자체가 바로 개(開) 상태의 존재이다. 존재 자체는 내 마음 먹기에 달린 것이다. 내가 닫으면 닫힌 것이고 내가 열면 열리는 것이다. 이 점을 깨닫는다면 인간은 죽음에 안심입명 할 수 있다는 점에서 의미가 깊다. 그러나 그것을 인식한다는 것은 그것의 사실성을 바꿀 수 없다는 점에서 알아도 그만이고 몰라도 그만이다. 자연은 인간의 인식 유무(의식 유무)에 의해 좌우되지 않는다.

그런데 개 상태의 존재라는 것은 모든 인간에게 죽음으로 달성된다. 죽음은 그러한 점에서 진정한 안식이다. 죽음은 결코 직접 당하면 두려운 것이 아니다. 도리어 죽음에 대한 생각이 죽음을 두렵게 한다. 죽음은 안식(眼識)을 버림으로써 안식(安息)하는 것이다. 죽으면 앞으로 이 세계를 보지 못한다는 안식(眼識)의 공포에서 해방되어야 한다.

인간은 자신을 볼 수 없다

눈의 시선(視線)이 아무리 복잡해도(엇갈려도) 귀의 공명(共鳴)에 이르지 못한다. 시선과 시선 사이에는 사이가 있다. 공명은 사이가 없다. 중심을 통과하는 시선이 아무리 많아도 공명에 이르지 못한다. 공명은 중심이 없기 때문에 상황에 따라 중심을 만들어간다. 공명은 또 다른 미지의 공명을 위해 열려 있다. 공명은 열린 체계이다. 공명의 일시적 중심은 다른 중심(혹은 중심 이동)을 위해 열려 있다. 주변부가 되기 위해 열려 있다. 공명의 중심부와 주변부는 동시에 형성된다.

인간은 자기를 볼 수 없다. 그래서 대상을 보는 자기를 통해 자기를 본다. 자기를 볼 수 없기 때문에 관음(觀音)을 통해 자신을 본다, 관음을 하기 위해서는 내관(內觀)하지 않으면 안 된다. 관음과 내관은 문음(聞音, 소리를 듣는다)을 하는 것인데 이를 견성(見性)이라고도 한다. 소리의 파동은 촉각에서 청각에 이르는 매우 신체적인 것이다. 이는 시각이 수행하는 반성(반성적 사고) 및 반사(기억)와는 다른 것이다.

귀는 자기 공명의 열린 세계가 될 수도 있고 닫힌 세계가 될 수도 있다. 귀를 밖으로 열어놓으면 우주의 파동과 연결되어 자신을 열려 자기 공명 장치(磁氣共鳴裝置)가 되게 할 수 있다. 이것이 성인(聖人)이다.

무당은 자신의 신체를 열어놓고 우주의 소리를 들으려고 하는 존재이다. 몸주신은 매개(영매)일 따름이다. 작은 무당은 자신의 몸주신에 매인 무당이고 큰 무당은 매인 곳이 없는 무당이다. 가장 큰 무당이 바로 성인이다. 성인이란 바로 '귀[耳]로 듣고 말[口]을 하는 왕(王)'인 것이다.

세계는 매개(媒介)의 연속이다. 그 매개의 네트워크에서 무엇이 중심인지 모른다. 매우 한시적인 중심이 있을 뿐이다. 한 인간이 자신을 볼수 있을 때는 자신을 포기하였을 때뿐이다.

천지인간과 인중천지

천지인간(天地人間)과 인중천지(人中天地)는 서로 이중적이고 가역적이다. 인간은 천지 사이에 있는 존재이기 때문에 인간(人間)이라고 말한다. 인간을 왜 사람 인(人)에 사이 간(間)자를 써서 표현했을까. 어쩌면 스스로 인간(人間)이라고 말했기 때문에 사이 간자를 써서 시간(時間)과 공간(空間)을 만들어냈는지도 모른다.

인간은 확실히 무엇과 무엇의 '사이'에 있는 존재이고 동시에 '사이'를 따지는 존재이다. 물론 인(人)이라고 할 때도 인간(人間)을 가리킨다. 그러나 인간은 '천지인간'인 동시에 '인중천지'이기도 하다. 이는 인간 속에 천지가 숨어 있다는 뜻이다.

인중천지는 바로 인간이 천지라는 뜻이다. 사이 간이 없다. 간 자가 개입되지 않는다. 그렇다면 사이 간이 있는 것과 없는 것은 어떤 차이인가. 전자는 무엇을 잴 수 있고, 후자는 무엇을 잴 수 없다. 전자는 과학을 만들어내는 인간을 말하고, 후자는 삶의 깨달음에 도달하는 인간을 말한다. 전자는 과학적 인간이고, 후자는 종교적 인간이다. 전자는 이성적 공간이고, 후자는 상상적 공간이다.

한국의 조상들은 일찍이 『천부경(天符經)』이라는 81자로 된 경전을 만들었다. 이 『천부경』 가운데 '인중천지'라는 구절이 있다. 인중천지는 오늘의 철학으로 보면 '존재'를 말한다. 그렇게 보면 한국의 선조들은 고대부터 이미 존재와 존재자를 터득하고 있었던 셈이다. '천지인간'은 존재자를 말하고, '인중천지'는 존재를 말한다.

인간은 양면성을 가지고 있고, 이들 양면성을 왕래하는 존재이다. 그런데 바로 그러한 양면성·이중성을 가진 존재이기 때문에 예술이 가능하게 된다. 인(人)과 인간(人間)을 왕래하는 존재가 인간이다. 이를 서양 철학적으로 설명하면 '하늘과 땅은 뒤에서 만난다'고 말할 수 있다. 인간이 하늘과 땅의 교통을 막기 때문이다. 간혹 인간 중에 자신의 몸을 소통의 도체(導體)로 사용하는 인물이 나타날 때는 그 몸에서 하늘과 땅은 만난다. 이를 인중천지일(人中天地一)이라고 한다.

주체와 객체는 뒤에서 만난다. 보편성과 일반성도 뒤에서 만난다. 그래서 세계는 영원한 대립하는 평행선이 아니다. 주체와 객체는 어느 지점에서 교차한다. 주체는 자신을 대신하는 것으로 자아를, 객체는 자신을 대신하는 것으로 대상을 설정했다. 주체와 객체는 인간이 알 수 없는 하나의 몸(몸짓)이다. 그래서 자아와 대상을 설정하고 그 사이를 의식이라고 명명했다. 그리고 보면 주체와 객체는 무의식이고 무의미이다.

주체와 객체는 물 자체에서 만난다. 더 정확하게는 주체와 객체는 물 자체에서 증발하고 만다. 자아(정체성)는 인간이 만들어가는 문화적(교육적)인 것이고, 대상은 시각과 이성에 의해 설정된 가상이다. 청각은 눈에 보이지도 않고 대상도 없다. 청각에서는 신체의 안과 밖이 구분되지 않는다. 더욱이 청각은 보이지 않는다. 청각의 재료는 소리의 파동일 뿐이다.

『천부경』은 일시무시일(一始無始一)에서 시작해 일종무종일(一終無終一), 즉 '일'에서 시작해 '일'로 끝나는 시작도 끝도 없는 미궁도(迷宮

圖), 만다라이다. 오늘날 과학의 시대에는 미(迷)를 부정적으로 사용하지만 존재의 본질은 미(迷)이다. 존재는 혼돈 혹은 혼미(昏迷)이다. 이것은 무질서가 아니라 무질서의 질서이다. 혼돈이야말로 진정한 하나, 일(一)이다.

시간의 지속, 공간의 거리

시간의 지속과 공간의 거리와 이동을 없애면 세계는 그대로 음양 상징체이다. 세계는 나선형으로 확대되는 음양의 운동이다. 사람들은 시간을 무한이라고 생각하고, 공간을 한정된 양식으로 생각한다. 그러나 시간도 한정된 양식이다.

시간과 공간은 모두 양식이다. 시간은 그것을 따라서 인간이 살아간다고 생각하기 때문에(시간의 흘러가는 표상성 때문에) 존재처럼 느껴진다. 그러나 시간은 없다. 그런 점에서 존재는 무(無)이다. 생각이라는 것이 무(無)의 존재를 유(有)의 존재자로 만든다. 있기[有] 때문에 생각하는 것이 아니라 생각하기 때문에 있게 된다. 이것이 데카르트의 코기토이다. 하이데거가 존재를 발견함으로써 존재는 존재자가 되었다. 하이데거가 일반성의 존재를 발견함으로써 데카르트의 존재는 특이성의 존재자가 되었다.

자궁과 그 이전

인간이 만든 모든 것에는 그 이전에 무엇이 있다. 그 무엇은 마치 자궁과 같다. 자궁은 여자(어머니)이다. 서양은 처음부터 자연을 전도시키고 자연의 자궁에서 이데아라는 환영을 만들어냈다. 그리고 적반하장으로 이데아를 본질이라고 했다. 인간의 머리가 세상을 만든 것처럼 말이다.

자연은 인간을 저절로 만들었을 뿐이다. 자연은 주어(주체)가 아니다. 자연을 주어로 삼는 것은 인간이 자신의 습관을 자연에 투사하기 때문이다. 아마도 신도 그러한 투사의 일종이리라. 거울의 반사는 많은 것을 인간에게 가져다주었지만, 결정적으로 인간에게 거울의 경계(벽, 얇은 금속막)를 동시에 주었다.

인간이 자연에 이룩한 모든 경계는 인간의 것이다. 경계는 자연의 것이 아니다. 자연은 겉으로 보면 경계가 있는 것 같지만 실은 하나이다. 이것은 차이의 경계이다. 그러나 문명은 경계뿐이다. 문명의 경계는 어떤 기준에 의한 차별의 경계이다.

자연의 부사와 명사

자연은 '저절로'(부사)이지 '자연'(명사)이 아니다. '자연'이라고 말하는 것은 '신'이라는 말과 같다. 전체를 절대화하면 바로 절대신이 된다. 그래서 절대과학과 절대신이 만나는 것이다. 전체는 부분(개체)의 집합(집단)이 아니라 전체라는 일반성으로 그냥 있어야지 그것으로 군림해서는 안 된다. 만약 군림한다면 절대성에 빠지게 된다.

상대성은 어떤 절대성도 부정해야 하는 것이다. 절대성도 상대성 원리도 포함되는 것이다. 상대성이라는 것은 자연과학(물리학)의 상대성 원리가 아니다. 상대성 원리는 물리학의 절대성을 파괴한 것이지만, 그것이 원리인 한에서는 여전히 절대적이다. 그게 핵이라는 것이다.

핵이라는 절대성을 소멸시키지 않으면 인간은 멸망할 수도 있다. 자연의 '저절로' 속에 인간의 멸망이 포함되지 않았으면 하는 희망 사항이 있지만, 언제까지 그것을 보장받을 수 있을 것인가. 철학의 일반성은 아직 드러나지 않는(규정되지 않은, 규정을 거부하는) 그 무엇이다. 바로 그 일반성 때문에 우리가 아직 살고 있다. 드러나지 않은 그 무엇 때문에 인간이 살고 있는 것이다. 인간은 드러난 것에 의해 사는 것이 아니다.

세계에는 중심이 없다. 중심이 없기 때문에 시공간과 역사 속에서 중심(주체)을 설정해야 하는 것이 인간이다. 중심이 없기 때문에 중심을 설정하고 그 중심 사이를 왕래하는 것이 인간이다. 다시 말하면 왕래하는 우주의 한 경우가 등식이고 인간이다. 인간은 등식의 생산자이다. 등식의 세계에는 중심이 있다. 그러나 등식의 세계는 등식으로만 보는 세계이다. 세계는 얼마든지 부등식으로도 볼 수 있다.

시간 자체는 4차원

4차원은 시간 자체이다. 여기서 시간 자체는 변수로서의 시간이 아니다. 4차원의 공간은 '시간이 서로 다른 공간'이라는 점에서 공간적으로 말하면 3차원의 연장이다. 단지 '시간이 다른 공간들'이다. 따라서 순수한 4차원은 없다. 4차원은 시공간 자체가 없어지는 공간이다. 4차원은 인간의 순수 시간, 순수 공간 혹은 순수 시공간 자체(잴 수 없는 시공간)를 의미한다.

4차원은 3차원을 유추해서 얻은 차원이다. 1차원, 2차원, 3차원과 같이 눈으로 확인한 차원이 아니다. 다시 말하면 3차원에서 1차원, 2차원을 추리하는 것과는 근본적으로 다른 유추이다. 과학자들은 4차원을 마치 입체파 화가들이 화면을 다면체로 합성해 입체로 하는 것과 같이 '다시공간합성체(多時空間合成體)'로 생각한다.

그러나 이것은 4차원이 아니라 3차원이다. 시간과 공간이 있는 곳은, 그것의 기준과 정도가 다를지라도 무조건 3차원이다. 3차원적 사고방식에서 1차원과 2차원을 설명할 수는 있지만, 3차원적 사고방식을 4차원에 연장시키는 것(시간이 다른 여러 고차원의 공간)은 합리적이긴 하지만 4차원을 완전히 설명하지 못한다.

4차원은 합리의 방식으로 설명되는 세계가 아니기 때문에 합리적 설명 방식은 불합리하다. 도리어 4차원은 0(제로)차원, 차원이 없는 차원일 가능성이 높다. 일반성의 철학으로 보면(쌓아가는 방식이 아니라 해체하는 방식으로 보면) 4차원은 0차원이 되어야 한다. 종래 보편성의 원리로 보면 차원은 N차원까지 올라가야 한다. 그러나 일반성의 차원으로 보면 가장 기본적인 차원으로 돌아오는 것이 4차원이다.

상징의 대립과 대칭

대칭과 대립은 상징일 수밖에 없다. 예컨대 하늘과 땅은 대칭이면서 대립이다. 하늘은 땅이 없으면 존재할 수 없다. 땅도 하늘이 없으면 존재할 수 없다. 하늘과 땅은 상대의 의미를 내포하고 있는 상징이다. 이때의 하늘과 땅은 메타포이다.

하늘과 땅을 대립으로 사용하는 것은 둘을 이원적으로 생각하기 때문이다. 대립으로 사용하면 둘은 상대의 의미를 내포할 수 없다. 다시 말하면 하늘은 땅을 배제해야만 하고 땅은 하늘을 배제해야만 한다. 하나가 다른 하나를 지배하든가 복종해야 한다. 둘의 경계선도 뚜렷해야 한다.

하나의 대칭을 대립으로 사용하면 그것은 메타포가 아니라 메타니미가 된 순수한 시간과 공간에서의 의미를 갖는다. 메타니미란 물리적·시공간적 의미이며 운동이다.

주체, 객체, 주관, 객관, 그리고 대상

철학의 진화는 주체와 객체, 주체와 대상, 주관과 대상, 주관과 객체로, 다시 말하면 대립의 중심을 바꾸는 것과 관련 있는 것 같다. 주관과 객체이란 무엇인가. 주관은 결코 객체를 어떻게 규정할 수 없다. 객체(사물 자체)는 아무리 주관이 발버둥쳐도 사라지는 것이 아니다. 주관은 객체에 포함되고 마는 것이다. 이때의 객체는 철학의 처음에 등장하는 주체와 객체와는 다르다. 주체가 없어졌기 때문에 객체도 없어질 가능성에 놓인 것이기 때문이다.

주체와 객체가 동시에 없어지면 철학은 이원적 대립에서 벗어나서 하나의 일원론으로 귀착하게 된다. 이때 철학의 대상은 대상으로 할 수 없는 대상이면서 눈으로 볼 수 없는 대상이다. 그 대상을 기(氣) 혹은 소리라고 말한다면 우주는 드디어 기파(氣波)이든 음파이든 파동체로 일반화되고 만다. 기는 철학의 마지막 대상이면서 소리이다.

일반성의 철학은, 철학이 언어를 포기하는 것이거나 철학이 언어를 초월하는 것이다. 언어가 기호(문자)에서 소리로 귀의하는 것이다. 소리는 세계를 은유한다. 세계의 전체성(존재성)은 소리로밖에 접근할 수 없다. 형상으로 접근하는 세계는 전체가 아니라 부분이며, 입체적이라고 하더라도 평면의 합성에 불과하다. 언어 시각에 의한 입자에서 출발하는 세계와 파동에서 출발하는 세계의 기로(岐路, 境界)가 있다. 소리의 세계는 기운소통의 세계이다. 소리는 입자를 넘어선다.

문명의 교차와 비밀: 서양 시각 문명 대 동양 청각 문명

인류 문명에는 교차와 강화의 비밀이 숨어 있다. 서양 문명은 눈-시각에서 출발하고 있다. 플라톤은 '눈에 보이는 것'은 사물의 표면에 불과하기에 사물의 이면에 '눈에 보이지 않는' 사물의 실재가 있다고 보고, 사물의 실재를 이데아(idea)라고 불렀다. 여기에 기독교의 신의 음성(말씀)이라는 '눈에 보이지 않는 것'이 강화되어 헬레니즘과 헤브라이즘의 융합이라는 서구 문명이 완성된다. 이 과정에서 눈-시각을 출발점으로 해서 눈에 보이는 것에서 눈에 보이지 않는 것의 교차와 눈에 보이지 않는 것의 강화로서 신의 음성이 있었던 셈이다.

눈-시각 문명으로서의 서구 문명은 인간의 신체와 관련해서는 시각-페니스 문명으로 전개된다. 이것은 인간의 대명사로 대문자 M의 'Man'을 사용하는 데서 확연히 볼 수 있다. 시각-페니스 문명은 언어와의 연합 전선을 구축한다. 언어는 사물에 대한 언어를 말한다. 언어는 페니스와 같고 사물은 백지와 같다. 사물은 언어가 이름 붙이는 대로 혹은 규정하는 대로 존재한다. 과학은 사물의 언어로의 환원에 다름 아니다. 눈-시각-페니스-언어의 연쇄가 서구 문명이다.

눈-시각-페니스-언어의 연쇄는 남성적(남성 위주의) 특성이다. 이에 비해 귀-청각-버자이너-상징은 여성적(여성 중심의) 특성이다. 양을 남성이라고 하고 음을 여성이라고 할 경우 음양은 대칭 관계인데 양음은 대립 관계가 된다. 양이 앞서면 대립 관계가 된다. 음양의 자연은 양음의 문명이 됨으로써 오늘에 이르렀다. 그 양음의 관계를 문명사로 보면 가부장제(국가)의 시작이라고 말할 수 있다.

인류 문명은 인구 증가와 함께 어느 순간부터 가부장제를 운명하지 않으면 안 되었다. 가부장제에는 생존 경쟁에서 살아남아야 하는 경쟁과 사냥과 전쟁에 대한 강박관념이 숨어 있다. 서구 문명은 그래서 사물에 대해 폭력적이고 사디즘적이다. 그래서 구원과 평화와 평등도 목표로 설정하지 않으면 안 된다. 그리고 종합적으로 목표를 위해서는 사물과 인간을 수단화하지 않으면 안 된다. 그리스의 이데아는 로마에 이르러 이성으로 강화되고, 이성은 중세 스토아 교부 철학을 거쳐 근대에 이르러 과학으로 진행되었다.

오늘날 서구의 해체주의 철학자들은 이러한 서구 문명의 이성 중심주의를 극복하기 위한 여러 방식을 선보이고 있다. 그런데 재미있는 것은 이러한 서구적 시각 문명의 과정에서 데리다는 그 출발점인 눈-시각의 과정을 간과하고 알파벳 표음문자의 '말-소리 중심주의(logo-phonocentrism)'에 그 책임을 돌리고 우를 범하고 있다. 표음문자의 표음에 치중하는 모습이다. 그래서 데리다는 표음이 아닌 문자에서 철학적 탈출구를 모색하고 있다. 이것이 그의 '에크리튀르'이고 '표지학' 또는 '문자학'이다. 이는 다분히 중국 한자문명권의 영향 혹은 한자에게 구원을 요청하는 모습이다.

이에 비해 하이데거는 플라톤의 이데아 대신에 사물의 실재로서 '존재(Being)'을 설정하고, 우리가 시각적으로 확인하는 표면은 존재의 드러난 모습이라고 말한다. 플라톤의 이데아와 하이데거의 존재의 다른 점은 전자는 이데아를 찾기 위한 계속적인 발굴과 파악과 관찰 — 이것은 과학적 언어에 의해 수행된다− 에 강박관념을 갖는 데 반해 후자는 존재의 드러나지 않는 부분을 본질로서 인정하고 있다는 점이다. 후자는 사물과의 화해를 시도하고 있는 셈이다.

그러나 하이데거는 여전히 사물을 존재자로 규정한다. 이는 하이데거가 언어가 '존재에의 그릇(도구)'라는 입장을 버리지 못하고 있기 때문이다. 언어의 메타포적(은유적) 기능을 알면서도 메타니미적(환유적) 기능을 인정하고 있기 때문이다. 사물은 더 이상 도구가 아니다. 언어의 메타포적 기능이 사물의 도구화(대상화)를 약화시킨다고 하더라도 사물의 물활성에 이르지는 못한다. 그래서 하이데거의 물학(物學, physis)은 한계가 있는 것이다.

물학은 유물론과는 다르다. 헤겔의 정신현상학의 절대정신과 자본주의에 대한 반대로 일어난 마르크스의 유물론이나 유물사관과 그것을 기초로 한 공산 사회주의도 실은 서양의 이성 중심주의 문명을 벗어나려는 노력의 일환으로 볼 수 있지만, 과학적 사회주의(사회적 과학주의)로 인해 서구 문명의 이상주의와 유토피아의 마지막 실패로 끝나고 말았다. 서양 문명의 언어주의에 의해 이성적 순환론(이성적 늪)에 빠진 셈이었다.

서양의 언어주의는 라캉에 의해 극단을 보인다. 라캉은 언어인 상징계(A)가 실재계(a)과 상상계(á)를 좌지우지하며, 주체는 욕망의 대상으로서의 주체가 되어 결핍이 되어 있다고 말한다. 라캉의 언어는 팔루스(phallus)와 결탁해 여성의 희열을 도착적인 것으로 바라본다. 라캉의 상징계와 실재계와 상상계의 관계는 남자(상징계)가 여자(상상계)를 통해 욕망(실재계)하는 것과 같다. 욕망의 나타남은 '상상적인 관계'(a-á)를 통해 이루어지고, 언어(상징계)는 그것을 분석하게 된다. 언어로 욕망을 모두 분석할 수 있다는 것은 '언어＝사물'의 등식에 충실한 서양 문명의 특징을 보여준다고 할 수 있다.

라캉은 여성의 희열을 도착이라고 했지만, 이런 도착이야말로 자신의 몸과 상대방의 몸을 바꾸는 것을 통해 완전한 복종과 완전한 해방을 동시에 실현하는 완벽한 것이다. 이리가라이는 프랑스어 주이상스(jouissance)를 남성의 '눈'으로 보는 관점이 아니라 여성의 '전신적 기쁨'으로 해석하면서 주이상스를 분절하면 j'ouis sens(나는 의미를 듣는다)가 된다고 말한다. 이는 '듣는다'는 의미가 여성의 귀와 나아가서 신체로 연결됨을 의미한다.

여성은 오르가즘을 몸 전체(이때의 몸 전체는 자연으로 연결된다)로 만끽하는 것이다. 단지 남성처럼 항상 만끽하는 것은 아니다. 여성은 소리를 듣고 소리를 질러야 오르가즘에 오를 수 있다. 이에 비해 남성은 시각에 의해 페니스가 직접 반응하고 포르노 잡지 등에 의해 시각과 더불어 오르가즘에 도달할 수 있다. 여성의 귀는 버자이너인 셈이다.

남자의 페니스는 분기탱천한다. 끝없이 군림을 위해 하나가 되고자 한다. 이때의 하나는 이기적 하나, 남을 완전히 배제하는 하나이다. 이에 비해 여자는 자신의 자아(이기심)인 클리토리스(클리토리스는 페니스와 상동 기관이다)로 보잘것없게 만드는 대신 커다란 자궁이라는 빈 구멍을 하나 더 준비하고 있다. 여자는 언제나 남을 받아들일 신체적 준비가 되어 있는 둘을 향하는 존재이다. 바로 그렇기 때문에 여자의 오르가즘은 훨씬 오래가고 몸 전체로 퍼져가는 것이고, 경우에 따라서는 몸 전체가 페니스가 되는 총체성을 갖는다.

예컨대 여성적 희열 같은 것이 아니면 결코 인간의 신체적 오르가즘은 자연 전체와 동일시되는, 무의식의 깊은 곳까지 미치는 오르가즘이 될 수 없다. 남성의 오르가즘은 자아에 매진하지만 여성의 희열은 무아지경으로 들어간다. 무아지경은 결코 결핍이 아니다. 여성은 남성과 교차하면서 오르가즘에 오른다. 따라서 교차할 시간을 주지 않으면 오르가즘에 도달하지 못한다. 이에 비해 남자는 자신을 고집스럽게 견지하면서 제왕으로 만들면서 여성의 오르가즘과 상관없이 이기적으로 그것을 달성한다. 여성은 남성이 오르가즘에 도달하기 전에 도달하는 법이 대체로(특별한 경우는 예외이지만) 없다. 남성과 함께 오르가즘에 도달하기 위해서 기다리도록 신체화되어 있다.

사물은 혹은 여성은 더 이상 언어에 의해 좌지우지되는 것이 아니다. 이것은 서양의 눈-시각-언어-이성(환유)-자연과학(물리학)으로 연결되는 자연과학주의라고 말할 수 있다.

서양 문명의 이러한 특성의 대척점에 있는 것이 동양 문명이다. 동양 문명도 인류사의 발전 과정에서 가부장제를 채택하지만 그래도 과거 모계적·모성적 특성을 가지고 있다. 이것이 동양의 자연주의(자연과학주의가 아닌)와 음양 사상에 집약되어 있다. 동양 문명은 서양 문명과 비교적 관점에서 귀-청각 문명의 특성을 가지고 있다.

특히 동양의 한자문명권은 서양의 알파벳과 달리 상형문자인 한자, 즉 에크리튀르에서 출발했기 때문에 그것을 어떻게 읽느냐에 따라 차이를 발견해야 하는 강박관념에 빠져 있다. 그래서 소리, 즉 '보이지 않는 것'에서 출발한다. 그러나 소리(말씀)에 대해 절대성(절대적인 의미)을 부여한 알파벳 표음문자와는 다른 입장을 취한다. 처음부터 소리의 차이에 민감한 문명을 이룩했다.

데리다는 문자에서 뒤늦게 차이를 발견했지만 한자문명권은 일찍이 소리에서 차이를 발견했다. 소리의 차이를 기초로 문명을 이룬 것이 바로 동양의 한자문명권이고 한의학이고 음양론이다. 한자문명권은 이데아를 설정하지 않았고 소리에 절대성을 부여하지 않았다. 소리 그 자체를 존재(실재)라고 여겼다. 이것은 귀-청각-상징(음양)-은유(詩)-한의학(기운생동)으로 연결되는 자연주의라고 말할 수 있다.

후기

소리와 기(氣)에 민감한 한국인은 포노로지의 철학을 만들어낼 수밖에 없는 운명인지도 모른다. 기란 '결코 대상화할 수 없는 존재의 동사'이다. 소리는 종교적 성향과 관련이 깊어 보인다. 보이지 않는 세계에 대한 인정과 그것에 대해 귀 기울이는 것은 샤먼의 특징이다. 샤먼은 굿을 통해 허공(하늘)에서 공수를 받는다.

공수를 한자로 적으면 '空手'가 되고, 요즘 말로 직역하면 '보이지 않는 손'이다. 아담 스미스가 자유 시장 경제론을 펼치면서 제안한 '보이지 않는 손'(invisible hand)은 일찍이 샤머니즘에서 써 먹은 것이다.

소리의 세계는 물활(物活)의 세계이다. 포노로지는 샤머니즘의 철학화라고 할 수도 있다. 필자가 '소리철학'과 '니체야 놀자'라는 표제가 붙은 철학적으로 어마어마한 책을 펴내면서 서두에 샤머니즘을 들고 나오는 것은 참으로 철학의 원시반본과 같은 작업이다.

샤머니즘은 인류 종교의 원형이다. 동양 미술의 세계적 전문가인 존 카터 코벨은 신라의 금관은 바로 샤머니즘의 결정적 증거물이고 샤머니즘을 꽃피운 세계적 보물이라고 주장한 적이 있다. 벽안의 이 여성학자는 놀라운 직관력으로 한국 미술과 문화의 정수를 갈파했던 것이다. 한국의 학자와 예술가 중 그 누구도 코벨만큼 한국 문화를 바라보지 못했다. 샤머니즘은 소리 혹은 음악과 떼려야 뗄 수 없다.

"옛날 이 금관은 경이로운 음악적 소리를 내는 관이자 악을 물리치는 힘의 상징인, 복합적 차원의 보물로 과시되었을 것이다. 그때의 원초적인 힘은 복잡 미묘한 구성과 정교한 세공에 깃들인 채 오늘날 밀폐된 진열장 유리 뒤에 누워 있지만 그 옛날 이 금관이 음악적 기능을 지녀야 했던 것은 무속에서 음악이 매우 중요한 요소였기 때문이다."

그는 특히 금관의 곡옥(曲玉)을 무속 굿의 음악적 요소로 해석하기도 했다. "무속 왕이나 왕비는 하늘의 뜻을 묻거나 축원이 필요해 벌어지는 의례에서 신을 청하는 춤을 출 때 금관을 썼던 듯하다."

코벨은 종합적으로 금관을 샤먼-킹의 모습을 상징하는 물건으로 보았다. 한국 문화의 원형에 대한 샤머니즘적 해석에서 단연 독보적인 존재인 그는 인간의 발생학과 토테미즘과 샤머니즘을 연결시키는 데 성공한 것으로 보인다. 나의 포노로지는 바로 한국 문화가 세계에 내놓을 수 있는 철학인지 모른다. 아니, 철학일 것이다.

'니체를 넘는다'고 호언장담하는 철학 에세이의 서문에 니체는 별로 없고 샤머니즘만 잔뜩 늘어놓았다. 자연의 소리를 들을 수 있는 것이 철학의 종점인지도 모른다. 그렇다면 옛 샤먼들이야말로 가장 위대한 철학자들이 아니었을까. 단지 그들은 철학적으로 정교한, 개념화된, 지극히 분류학적으로 칸막이 된 언어를 사용하지 않았을 따름이다.

외래 문화의 토착화는 그것을 먹고 몸에서 완전히 소화되지 않으면 결코 먹은 것이 아니다. 과연 우리의 철학자들이 자기 몸에서 완전히 소화된 철학을 한 자가 몇이나 될까. 이것은 말로는 쉽지만 너무 어려운 일이다.

최근 한국에는 K-POP 열풍이 한창이다. 노래와 춤추기를 좋아하는 한국인이 경제성장과 더불어 자신감을 얻은 끝에 이제 대중가요 분야에서도 한국적 성장을 노리고 있다고 해도 과언이 아니다. 한류의 시작은 태권도였다. 태권도에서 산업으로, 산업에서 음식으로, 음식에서 영화로, 영화에서 드라마로, 드라마에서 대중가요로 한류의 폭을 넓히고 있다.

이제 K-POP은 삼성 그룹의 스마트폰이나 현대자동차 그룹의 자동차 못지않게 세계 시장에서 질주하고 있다. 머지않아 한국의 철학과 인문학도 한류를 탈 것으로 점쳐지고 있다. 그에 대한 하나의 답으로서 이 책을 세상에 내놓게 되었다. 한국이 OECD에 들어간 것은 세계적으로 선진 혹은 양반 국가에 가입한 것을 상징한다. 그러나 진정한 양반 국가가 되려면 인문학적 뿌리가 깊어야 한다. 인문학적 이해와 상상력이야말로 최고의 국가 자산이기 때문이다.

이 책을 정리하게 된 계기는 SBS 방송국의 인기 프로그램인 〈힐링 캠프〉에 출연한 박진영의 담론 때문이었다. 그의 담론은 이 책을 촉발하기에 충분했다. 아무쪼록 이 책이 그의 대중음악 발전에 철학적 자신감을 불어넣어주는 데 기여했으면 하는 바람이다. 니체의 '음악으로부터 비극의 탄생'에 중심 주제가 되는 디오니소스적 음악, 축제의 음악은 오늘의 대중음악이 그 역할을 맡고 있다.

K-POP 열풍 속에서 JYP 엔터테인먼트를 이끌고 있는 가수 박진영에 대한 관심이 커지고 있다. 현재 박진영은 가수로, 작곡자로, 프로듀서로 활동하고 있다. 앞으로도 세계 대중음악계를 선도할 재목이라고 여겨진다. 그의 행보를 보면 놀랍게도 매우 실존적이다. 기존의 제도적 타성에 얽매이지 않고 거침없이 발언을 쏟아내며 유의미한 질문들을 던지고 있었다. 질문 자체가 매우 철학적이었다. 그의 담론 중 몇 개를

보자.

지금의 나의 성공은 30%가 나의 노력이고 70%가 운이라고 생각했습니다. 그렇게 생각하니까 갑자기 시선이 하늘로 향하며 '누군가 있구나'라고 생각했습니다. 그다음부턴 만나는 모든 일, 모든 사람에게 겸손히 감사하다고 표현했습니다.

어느 날 문득 "고맙다면서 나 안 찾아와"라는 소릴 들었습니다. 그에 대한 그의 답변은 "제가 찾아가겠습니다. 하나님인지 부처님인지, 외계인인지, 그냥 에너지인지, 초월적 존잰지 모르겠지만, 찾아가겠습니다"였다.

남들처럼 종교에 빠져 신의 존재에 대해 생각해보면 되지 않겠냐는 사회자의 질문에는 이렇게 답했다.

종교를 원하는 것이 아니다. 진정 이 세상과 인간을 누가 왜 만들었는지 그 사실이 정말 궁금합니다.

박진영은 놀랍게도 현대 철학의 결정적인 주제들에 상당히 깊숙이 들어와 있었다.

우리의 손과 발은 움직이지 않아도 살 수 있지만 심장과 폐는 누군가 움직여주고 있습니다. 따라서 우리 인간은 자기 삶의 주체가 될 수 없고 자기 몸의 주체가 될 수 없다고 생각합니다.

이상의 담론 내용을 보면 철학이 답해야 할 모든 주제를 망라하고 있다. 무엇보다도 그의 삶의 태도와 질문 방법이 철학적이었다. 박진영은 여러 인터뷰나 발언에서 매우 철학적인 질문들을 하고 있다. 특히 사랑과 섹스 등에서 진솔하면서도 기존의 도덕적 위선들을 거침없이 제거하고 있었다.

그는 연세대 지질학과와 동대학원 정치외교학과를 졸업했는데도 철학과 출신인 양 알려져 있다. 아마도 그의 여러 행태에서 철학적인 냄새를 풍기기 때문일 것이다. 이 책이 박진영의 철학적 고민을 풀어줄 책이 되었으면 하는 바람이다.

5천 년 동안 '소리의 문화'를 배양해온 한국, 한민족은 소리가 기록됨으로 인해 세계 문화를 선도하게 될 위치에 있게 됐다. 음악은 소리 문화의 제왕 자리에 있는 예술이다. 그런 점에서 K-POP의 미래는 밝다. 이 글은 그러한 K-POP의 부흥에 철학이 응대하는 K-Phonology이다. 한국인은 소리와 시와 음악으로 세계를 정복할 수 있을 것이다.

음악 가운데서도 클래식은 보편성을 지향하지만 대중음악은 보편성보다는 일반성을 지향한다. 음악의 일반성은 멜로디보다는 리듬에 그 중요성이 있다. 요즘 대중음악에 같은 멜로디의 반복이 더욱 많은 것은 그 멜로디를 리듬화하는 것이다. 음악은 점점 낮아지고 있다. 철학도 이제 보편성보다는 일반성을 중요시할 때가 되었다. 일반성의 철학은 우주를 리듬으로, 파동으로 느끼는 것이다. 전통 기 철학의 현대 철학화이다.

한국에서 자생 철학인 필자의 소리철학 '포노로지'의 탄생은 참으로 의미심장한 사건이다. '포노로지(Phonology)'의 첫 글자를 대문자로 쓴 것은 언어학의 음운론(phonology)과 차별성을 기하기 위함이다. 포노로지가 어떤 철학인지를 보다 깊게 알고 싶은 사람은 이 책을 읽고 주제별로 용어와 철학적 감각을 익힌 뒤에 『철학의 선물 선물의 철학』과 『소리의 철학 포노로지』를 별도로 읽기를 당부한다.

이 책은 소주제별로 정리한 까닭에 여가에 조금씩 읽을 수도 있고, 매우 소피스트적인 문장을 곱씹으면서 띄엄띄엄 읽을 수도 있다. 독자에게 혼자 사색할 수 있는 시간을 마련해주는 책이 될 것이라고 기대하게 된다. 이제 남의 철학을 앵무새처럼 배우기만 하는 시대가 아니라 스스로 철학하는 국민이 될 것을 염원해본다. 철학 공부를 하는 것과 철학하는 것은 다르다.

서양 철학의 모든 가정과 업적을 무너뜨리는, 동양의 천·지·인 사상과 음양 사상을 현대적으로 해석했을 뿐만 아니라 그것을 바탕으로 동서 간의 철학적 소통을 위해 노력한 한국의 '소리철학'에서 한국인이 철학적 자부심을 갖길 희망해본다.

어려운 니체의 책은 철학적 사치와 허영으로 읽으면서도 이 책을 단지 어렵다는 이유로 피한다면 당신은 사대주의에 빠진 한국인임이 분명하다. 그러한 불명예를 얻고 싶지 않으면 제발 제대로 철학하기를 바란다. 우리 사회의 모든 혼란과 갈등의 근원은 의식주가 아니라 철학이 없기 때문이다. 한국에 자생 철학이 계속 태어나기를 기대한다. 한국은 지금 세계 철학사에서 철학의 노예로 계속 사느냐 아니면 새로운 철학의 주인이 되느냐의 기로에 서 있다.